Memorias olvidadas

Memorias olvidadas

Andrés Pastrana

DEBATE

Primera edición: noviembre de 2013

© 2013, Andrés Pastrana
© 2013, Penguin Random House Grupo Editorial, SAS
Cra. 5A No 34A-09
Bogotá - Colombia
PBX (57-1) 7430700

Diseño de carátula: Ana María Sánchez Baptiste
Diagramación: Claudia Milena Vargas López

Printed in the United States of America - Impreso en los Estados Unidos De America

ISBN: 978-958-8806-30-3

01

Índice

Para Nohra, Santiago, Laura y Valentina

La libertad, Sancho, es uno de los más preciosos dones que a los hombres dieron los cielos; con ella no pueden igualarse los tesoros que encierran la tierra y el mar: por la libertad, así como por la honra, se puede y debe aventurar la vida.

Miguel de Cervantes

Nota preliminar

Mucha gente alrededor del mundo, para la que Colombia no deja de ser un enigma, se asombra con relatos que en nuestro país no tienen ya mayor trascendencia. "Es un refrito", es el lugar común que utilizan desde un extremo aquellos a quienes no les conviene el recuerdo, para banalizar y encubrir lo que aspiran a ver desvanecido en la niebla del olvido. La misma sorpresa del extranjero la he encontrado en Colombia entre los jóvenes, incluso en mis hijos, cuando escuchan de mi boca hechos para ellos inauditos de un país reciente que hoy no reconocen.

La reflexión sobre mis recuerdos me ha conducido, en la distancia del tiempo, a dejar por escrito algunos episodios personales que retratan una Colombia amenazada por la violencia, la corrupción y la decadencia moral, en la cual luchan por prevalecer —día a día— los valores, la fe y el optimismo. Lo que aquí entrego es un *collage* de época de un país en el que, para muchos que han tenido el valor de dar la batalla, el simple hecho de estar vivos es un verdadero milagro. Lo hago bajo la convicción de que en estos contados hechos históricos —a buen entendedor, pocas palabras— hay elementos apasionantes y entretenidos que, conocidos sus detalles íntimos, aún pueden tener una moraleja.

Lo que le he contado a mi viejo amigo Gonzalo Guillén, el cronista de la Colombia increíble, está ligado a personajes y hechos que han sido decisivos en la historia reciente de Colombia y cuyas consecuencias están todavía por determinarse en toda su dimensión por razón de que muchos de los actores de estas páginas son aún, con nuevas o viejas máscaras, protagonistas de la política colombiana.

Los dos grandes carteles históricos del narcotráfico, la guerrilla más antigua del mundo, las fuerzas militares y la Policía derrotadas que resurgen; Alberto Fujimori, quien irónicamente desemboca como el mejor amigo de las FARC; Ingrid Betancourt, solitaria fiscal moral en el Congreso de un régimen corrupto; y el más grande de los buenos amigos de Colombia, Bill Clinton, son algunos de los personajes de relatos vividos en carne propia en medio de la vorágine de los acontecimientos de un país único.

Quiero hacer aquí un reconocimiento especial a mi hermano Juan Carlos, amigo, consejero, compañero y en ocasiones contradictor de mis luchas.

Estas páginas son, espero, un aporte al implacable juicio de la historia al cual deben estar sometidos todos aquellos que han detentado el poder en nombre de sus conciudadanos. Son testimonio franco de momentos difíciles sobre los que todos los días doy gracias a Dios por haberme iluminado en la oscuridad y dado valor cuando flaqueaba mi corazón.

I
EL CASTIGO DE LOS DIOSES

—Oiga, Andrés, debo hablar urgentemente con usted —me dijo, en 1983, Carlos Romero, líder comunista y colega mío en el Concejo de Bogotá.

—¿Qué pasa, Carlos?

—Ayer estuve en una fiesta a la que fue Pablo Escobar…

—¿Cómo? —lo interrumpí.

—Sí, me encontré con Pablo Escobar en una fiesta y me pidió darle una razón: "¡Dígale a ese hijueputa de Andrés Pastrana que lo mato porque lo mato. Válgame lo que me valga, cuésteme lo que me cueste!".

Vivíamos en Colombia la era del "narcoterrorismo", expresión demencial del narcotráfico, articulada con sectores de la vida pública, ejércitos irregulares y prósperas bandas de sicarios. A diario eran asesinados periodistas, jueces, políticos, policías, militares y el país entero era atemorizado con atentados terroristas contra todo tipo de objetivos que causaban muertes indiscriminadas. Los periodistas de los medios de comunicación colombianos decidimos vencer el miedo mediante una alianza para poner al descubierto al poderoso Cartel de Medellín, publicando todos la misma denuncia cada día. La versión de televisión de la primera de ellas fue narrada por mí, en vista de que nadie más quiso hacerlo.

El odio de Pablo Escobar hacia mí provenía, además, de las investigaciones y denuncias constantes contra el narcotráfico que publicaba en *TV Hoy*, noticiero de televisión propiedad de mi familia que yo dirigía. En abril de 1984 el Cartel de Medellín ya había asesinado en Bogotá a Rodrigo Lara Bonilla, el ministro de Justicia que por primera vez lo combatió frontalmente. Además, en diciembre de 1986, la organización de Escobar también asesinó al director de *El Espectador*, Guillermo Cano Isaza, una acción criminal de tal magnitud que hasta ese momento no creíamos, ingenuamente, que la mafia fuera capaz de cometer contra la prensa.

No me quedaba mucho qué decir tras recibir el mensaje del capo. A los pocos minutos, bastante alterado, tomé mi auto y me dirigí a la casa de mi padre a pedir su consejo.

—Habla ya con el Gobierno —me recomendó tan pronto oyó mi atropellado relato, visiblemente preocupado, pero con la serenidad que a sus sesenta y dos años le daba el hecho de haber ejercido la presidencia de una nación tan turbulenta como Colombia.

De inmediato pedí una cita en el Palacio de Nariño con el presidente Belisario Betancur, quien un par de horas más tarde, sin titubear, me dijo:

—Tranquilo, Andrés. Yo le voy a garantizar su vida.

Me asignaron un guardaespaldas que me acompañó por años. Uno solo contra la organización criminal más sanguinaria del mundo.

El mismo guardaespaldas que estaba conmigo el lunes 18 de enero de 1988. Ese día tenía una entrevista en el programa de Margarita Vidal, *Al banquillo con Margarita,* el de mayor sintonía en televisión de la época. Aspiraba a ser el primer alcalde elegido por voto popular en Bogotá, la capital de cinco millones de habitantes en el más bello altiplano andino, fortín político del partido liberal. A mis treinta y tres años y siendo conservador, esta era la osadía máxima.

La entrevista fue en casa de mi padre, donde estábamos alojados provisionalmente con Nohra, mi esposa, y mis hijos Santiago y Laura por razón de retrasos en la entrega de nuestro nuevo apartamento.

Esa mañana me acompañaba uno de mis mejores amigos, Luis Alberto Moreno[1], gerente de *TV Hoy* y condiscípulo mío en el Colegio San Carlos. Antes de terminar la entrevista, mi padre salió de su estudio con Oscar Lombana, el gran encuestador político de la época.

—Oiga, Andrés, le tenemos una gran noticia —exclamó Lombana.

—¡Al fin! —le dije en chanza.

—Oscar dice que vas ganando —reveló mi padre—. Termina con Margarita y nos encontramos al almuerzo para ver los números.

Concluida la entrevista invité a Luis Alberto a que me acompañara al restaurante Romano Gálico, uno de los sitios predilectos de mi padre.

Al llegar no vi a los escoltas y le llamé la atención a mi padre:

—Mientras estoy en el restaurante los mando a almorzar —me respondió.

—Entonces, el día que te quieran secuestrar, te secuestran. O te matan a la hora del almuerzo. Esas son las imprudencias que uno nunca debe cometer —le dije.

Examinamos la encuesta alrededor de la mesa. En efecto, era la primera vez que estaba por encima de todos los candidatos. En ese momento ya le ganaba a María Eugenia Rojas

---

[1] Es una destacada figura de la vida pública colombiana. Ha sido presidente del Banco Interamericano de Desarrollo por dos períodos consecutivos, ministro de Desarrollo Económico y embajador de Colombia ante Estados Unidos.

—la hija del dictador que mi padre derrotó en 1970— y a los poderosos barones liberales, unidos en la alianza denominada Sagasa, conformada por Julio César Sánchez, Luis Carlos Galán y Ernesto Samper[2].

Ese día por la tarde tenía una reunión con el comité financiero en la sede de la campaña, ubicada en la Calle 26, cerca a la plazoleta del Concejo de Bogotá y se encontraba llena de escoltas. Luego, para la noche, tenía previstas tres salidas a los barrios, pero me cancelaron dos. Así que quedaba una, pero pedí que la cancelaran también para permanecer en la sede y ver el programa de televisión de Margarita Vidal, muy importante para mí, pues era la primera vez que expondría mi programa de gobierno a través de un medio de comunicación.

Ese programa era a las 8:30 p. m., una hora antes de los noticieros. Me quedé en la sede con dos personas: Pablo Bickenbach, tío de mi esposa Nohra, y Samuel Navas, buen amigo y mi director financiero. Ambos se acomodaron en dos sillas que tenía en la oficina al lado del escritorio.

—¿Qué se quieren tomar? Tomémonos un whisky para relajarnos —les ofrecí.

Salí de la oficina y le pedí a una de las secretarias que nos mandaran hielo y agua. Eran las siete o siete y media de la noche, hora del día en que más gente hay en las sedes políticas.

Mientras llegaba el hielo, pasé a la oficina de Francisca Beltrán, "Pancha", la fotógrafa, que era muy querida.

—¿Qué hubo, Pancha? ¿Qué más?

Acababan de llegar los nuevos elementos de publicidad, entre ellos unas gafas que tenían impreso el lema de mi campaña:

---

[2] Los tres líderes liberales más fuertes de la ciudad y, por consiguiente, con la mayor cantidad de votos.

"Diciendo y haciendo". Me puse unas, Pancha me tomó unas fotos, nos tomamos del pelo y volví a mi oficina.

Me recliné en la silla de mi escritorio y comencé a conversar tranquilo con Pablo Bickenbach y Samuel Navas.

—¿Qué hubo, Pablito? ¿Entonces, vamos a ver más tarde el programa de televisión?

Pero Pablo no alcanzó a contestarme porque, en ese momento, casi tumban la puerta de un golpe dos tipos que irrumpieron enloquecidos. En fracciones de segundo uno de ellos me puso en la cabeza el cañón de una pistola enorme y el otro corrió a arrancar los cables de los teléfonos de las paredes; luego, se paró en la puerta con el fusil desasegurado que traía. Mucho tiempo después supe que el tipo que me puso la pistola en la sien era "Popeye", John Jairo Velásquez Vásquez[3], el tenebroso jefe de sicarios de Pablo Escobar, solamente que en ese tiempo era desconocido. Entre los dos asaltantes que se tomaron mi oficina me esposaron y gritaron:

—¡Somos del M-19[4]! Venimos a llevarnos a Andrés Pastrana para enviar con él un mensaje al gobierno nacional.

Alguna vez, cuando le conté el cuento de la pistola grandísima al maestro Rodrigo Arenas Betancourt, escultor colombiano, quien también sufrió un secuestro, me concretó: "Andrés, la pistola es tan grande como el susto de uno, ¿no?".

---

[3]   John Jairo Velásquez Vásquez, alias "Popeye", el sicario más famoso y temible de Colombia. Nació en Yarumal, Antioquia, el 15 de abril de 1962. En 1992 se entregó a la justicia, confesó doscientos cincuenta homicidios, entre otros crímenes, y fue condenado a veinte años de cárcel. Su libertad estaba prevista para septiembre de 2013.

[4]   Movimiento guerrillero 19 de abril. Surgió cuestionando los resultados de las elecciones del 19 de abril de 1970 en las que mi padre le ganó la presidencia al ex dictador militar Gustavo Rojas Pinilla por 63 557 votos. Se desmovilizó a mediados de los años noventa y se convirtió en movimiento político.

En el momento que los asaltantes dijeron "somos del M–19" me tranquilicé por la advertencia de Carlos Romero, cuando me dijo que Escobar me tenía amenazado de muerte.

"No son los narcos", me calmé a mí mismo.

Pablo Bickenbach se paró abruptamente del susto.

Aquí es cuando digo que uno no sabe cómo va a reaccionar la gente en situaciones complejas, en situaciones difíciles. Todos tenemos una forma distinta de responder y ese día me di cuenta de que en los momentos de mayor dificultad es cuando estoy más tranquilo. Ha sido una constante en mi vida: ante las situaciones más delicadas y peligrosas he mantenido la calma. A mí me sacan de quicio asuntos distintos, me ponen nervioso o me exasperan otras cosas. Pero no tengo problema con los temas difíciles.

Pablo Bickenbach empezó a echarse para atrás, para atrás, y el tipo que le apuntaba con el arma se desesperó.

—¡Quieto o lo mato! ¡Quieto o lo mato!

Sentí que debía intervenir y también grité:

—¡Pablo, quieto! —el asaltante le metió entre la boca la trompilla del fusil y Pablo se quedó quieto.

Hay que entender que los asaltantes también están muy nerviosos.

Enseguida me sacaron de mi oficina y me bajaron al primer piso. Mientras descendía, veía que mis colaboradores y simpatizantes acurrucados en las escaleras me miraban aterrorizados. Vi la cara de angustia, por ejemplo, de Juan Hernández[5], Camilo Gómez y mis secretarias que estaban ahí, muertos del susto. En el camino hacia la calle, en una oficina a la derecha,

---

[5]   Compañero de universidad, buen amigo y secretario de la Presidencia de la República en mi mandato.

me tropecé con Jaime Garzón, quien intentó bromear con los secuestradores.

—¡Oiga, hermano! —le gritó Jaime al secuestrador principal—. Yo soy el jefe de giras y el candidato no puede irse sin mí. Llévenme con él.

En respuesta, los asaltantes le pegaron una patada en la cara.

Jaime, abogado y pedagogo, tenía veinticuatro años y trabajaba en el Departamento de Giras. Luego, lo designé como alcalde menor de la localidad de Sumapaz —zona rural del sur de Bogotá, de extraordinaria belleza y valor ecológico—, pero abandonó la carrera que lo esperaba en la administración pública, se convirtió en el humorista político más importante de Colombia y fue asesinado en 1999 en un complot de paramilitares, políticos, narcotraficantes y militares que la justicia todavía no ha esclarecido totalmente.

Al salir de la sede, Popeye se fijó en mi guardaespaldas, llamado Alfonso Ortiz.

—¡Mátenlo, este es un *tira*! —ordenó Popeye, que era el jefe del asalto.

—¿Para qué lo va a matar? —intervine en defensa de Ortiz—, si ya me tiene a mí ¿para qué mata al guardaespaldas?

—Es un *tira*, es un policía y hay que matarlo.

—¡Pero si ya me lleva a mí!

—¡Mátenlo!

—No. ¿Para qué lo va a matar?

Al fin, Popeye desistió, aunque le pegó un cachazo y le rompió la cabeza, pero no lo mató.

Salimos de la sede y me subieron a uno de los tres carros que los secuestradores habían estacionado en frente. Años después supe, por informes de prensa, que para mi secuestro el Cartel de Medellín compró dos de esos autos: un Mazda 626 y otro 323 y fueron matriculados con las placas HB1991 y

AS3734. Los adquirió en Bogotá el operario de la organización Jorge Aristizábal Vélez con un cheque de gerencia por siete millones de pesos del Banco de Crédito y Comercio a favor de Fabio Hernán Pérez. El cheque fue adquirido en una sucursal de Envigado (municipio adjunto a Medellín) por Víctor Geovani Granada.

A mí me metieron en el Mazda 626. Iba esposado, era de noche. Adelante se montaron Popeye y el chofer. Atrás nos subimos tres: uno a cada lado y yo en el centro.

De repente arrancamos, y cada uno de los carros partió hacia un lado diferente, con el fin de despistar al que intentara seguirlos. En el que yo iba, siguió más o menos la ruta que siempre utilizaba a través del viejo barrio La Soledad para tomar el Park Way. Me di cuenta de que los secuestradores estaban desorientados.

—¡Por esta, a la derecha! —gritó uno.

—No, a la izquierda —contradijo otro.

—No, no, derecho.

—No, a la derecha…

"Estos tipos no son de Bogotá", presentí. No conocían la ciudad. En la confusión no sabía precisar si eran paisas, caleños o bogotanos. Avanzamos unas diez cuadras desde la sede hasta una callecita absolutamente oscura en la que estaba esperándonos un carro Renault 18; los que me llevaban secuestrado estacionaron detrás y pensé: "estos tipos me van a meter entre el baúl". Me bajaron para pasarme al carro de adelante y uno de ellos gritó:

—¡Al baúl!

Me angustié por la asfixia y la claustrofobia que iba a sentir. Me metieron entre el baúl y también se metió un tipo conmigo, armado de una ametralladora Uzi con la que me apuntaba a la cabeza. Éramos dos en el baúl y el ahogo iba a ser peor. Si uno solo no respira, menos dos. Arrancamos de nuevo yo esposado, con el bafle del radio pegado a un oído y el secuestrador al otro lado, con el cañón de la ametralladora en mi cabeza. El carro arrancó a toda velocidad.

—No vayan a hablar, puede haber retenes de policía, quédense quietos —nos ordenaron los que iban en la silla de adelante.

Ahí fue cuando me pasó todo por la mente y me dije: "Voy secuestrado. ¿Para dónde me llevan? ¿Quién me lleva?". Pienso en Nohra, en Santiago, en Laura, en la familia "¡Dios mío!", exclamé. Lo único que hice fue rezar y pedirle a Dios que todo saliera bien: "Estos son del Eme, ojalá me devuelvan en dos horas, como ellos dijeron".

Encendieron el radio, y entonces comencé a seguir mi propio secuestro a todo volumen. En vivo y en directo.

"¡Extra, extra! Acaban de secuestrar al candidato a la Alcaldía de Bogotá, Andrés Pastrana Arango. La ciudad está absolutamente militarizada para evitar que lo saquen…".

En ese momento Nohra acababa de salir de una reunión de copropietarios del nuevo edificio en el que íbamos a vivir, entró al carro, encendió el motor, el radio se activó al mismo tiempo y oyó la noticia de última hora:

"Acaban de secuestrar a Andrés Pastrana, uno de los candidatos a la Alcaldía de Bogotá".

—¡Dios mío, que no vaya a ser cierto! —imploró, se bajó del carro, regresó a la reunión, pidió un teléfono y llamó a la casa de mis padres. Los teléfonos estaban ocupados, pero insistió hasta que logró comunicarse con mi padre:

—¿Es verdad lo que acabo de oír en la radio?

—Nohrita, tristemente, es verdad.

—¡No lo puedo creer! —exclamó acongojada.

Yo seguía oyendo las noticias sobre mi secuestro, encerrado en el baúl del carro, que iba muy rápido. Tiempo después hasta contaba un cuento:

—Me pegaba en la cabeza contra el suelo del baúl debido a todos esos huecos callejeros entre los que iba cayendo el carro y me dije: si algún día llego a la Alcaldía, lo primero que hay que arreglar son los huecos de las calles.

El carro continuó volando por las vías de Bogotá, y en un momento uno de los secuestradores lanzó un grito de alerta:

—¡Parece que adelante hay un retén de policía! ¡Quieto todo el mundo, callados!

Este Renault tenía una pequeña tapa improvisada en el respaldar del asiento de atrás, de manera que si la corrían podían mirar a los que íbamos entre el baúl.

"Si pasamos ese retén a 150 kilómetros por hora, o se dan cuenta de que aquí va un secuestrado, la policía va a disparar", pensé. "¿Y a dónde van a disparar? Pues al baúl, y ahí nos matan".

Quedamos callados, pasamos el retén y más tarde llegamos a un sitio en el que me bajaron, fuera de Bogotá, a unos cuarenta y cinco minutos o una hora de camino. Después supe que era una zona rural del municipio de Sopó. Me bajaron en una casa, entramos por un garaje y me llevaron hasta una habitación, a mano derecha. Tenía un ventanal grande a mano izquierda, otro ventanal grande al frente, un televisor y, en un costado, la cama.

—Siéntese en la cama —ordenó Popeye y me esposó a ella.

Empecé a hablar y a hacerle preguntas a Popeye.

—Oiga, ¿dónde está el jefe de ustedes?

—No, no, no. Es que, mire, lo que va a pasar es lo siguiente: a usted no lo vamos a devolver ahora, sino mañana por la mañana. Va a venir un helicóptero que lo llevará a otro lado, allá lo recogerá otra gente y lo llevará a ver al jefe. Luego, lo regresarán en el mismo helicóptero y nos lo devolverán a nosotros para dejarlo libre.

—Pero ustedes me dijeron que me iban a devolver en dos horas.

—Sí, pero eso ya no será así.

—A ver, explíqueme algo, ¿ustedes son del Eme, cierto?

Veinticuatro años después fui a entrevistar a Popeye en la celda de la helada cárcel de máxima seguridad de Cómbita, Boyacá, al norte de Bogotá, donde purga sus penas aislado en un patio de hormigón, y me confesó que mis preguntas lo ponían muy nervioso, porque carecía de respuestas.

—¿Y ustedes por qué tienen helicóptero? —indagué, esposado a mi cama de secuestrado. Aun así le sale a uno la vena periodística—. ¿Dónde está el helicóptero?

—No, no, no, es que el helicóptero nosotros se lo robamos a los narcos.

—Y ¿cómo tienen pilotos?

—Bueno, es que nosotros capacitamos pilotos y por eso tenemos pilotos —inventó Popeye.

Con esas respuestas comencé a dudar: "Estos tipos no son del Eme". Y decidí hacer una prueba: ir al baño. En estas circunstancias tan difíciles uno siempre se acuerda de que existen cosas muy sencillas.

—Quiero ir al baño —solicité con voz de mando.

—¿Para qué?

Pienso: si me dejan ir solo, es porque son guerrilla; pero si me acompañan, es porque estos tipos son secuestradores que están protegiendo la presa. Una cosa es que a uno lo retengan por un día y si pide ir al baño, pues le señalen: "Vaya, que está ahí, a la izquierda". Y otra cosa muy distinta es como me sucedió a mí: dos tipos, incluido Popeye, me escoltaron, uno se metió a la ducha a custodiarme, y el otro permaneció en la puerta. Era la prueba infalible para ver de qué clase de gente se trataba. "Estos tipos están protegiendo a su presa", pensé: son los narcotraficantes.

Al otro lado de la escena, mi padre también se preguntaba si realmente yo había caído en poder del M-19, y decidió consultar al ex ministro conservador Álvaro Leyva Durán, conocido experto en temas de paz.

—Álvaro, averigüe si en verdad son del M-19.

—¿Por qué?

—Necesitamos saber si realmente es el Eme.

Leyva, entonces, llamó a un contacto.

—Oiga, ¿ustedes tienen a Andrés Pastrana?

—Un momentito, déjeme y averiguo.

Leyva lo llamó de nuevo al cabo de media hora y el tipo le contestó con certeza:

—Nosotros no tenemos a Pastrana.

—¿Usted por qué sabe eso?

—Por un detalle pequeño: porque fue esposado.

—¿Y eso qué tiene que ver?

—Nosotros no esposamos, ese es el peor acto de humillación al ser humano. Son códigos que existen, nosotros no esposamos, nosotros, definitivamente, no lo tenemos.

Por otro lado, amigos de mi familia que fueron a visitarla esa noche, llamaron a algunos esmeralderos. El principal fue Gilberto Molina, distinguido en aquel tiempo como "El rey de las esmeraldas", y socio de Víctor Carranza. En las minas casi siempre habían sido conservadores, y en esa época aseguraban que estaban peleando a brazo partido para impedir que se les metieran los narcotraficantes en el negocio de las esmeraldas. Rápidamente, según me contaron después, Gilberto Molina llamó a su paisano y narcotraficante José Gonzalo Rodríguez Gacha, alias "El Mexicano", socio de Pablo Escobar en la jefatura del Cartel de Medellín.

—Oiga, ¿ustedes tienen a Andrés Pastrana?

—Pues, sí. Lo tenemos —respondió El Mexicano.

—¡Lo sueltan ya, lo liberan ya, o hay guerra!

—Pues no lo vamos a soltar, no lo vamos a liberar y hay guerra. ¡Listo, hay guerra!

Fue entonces cuando se desató el famoso enfrentamiento entre los esmeralderos y los narcos, que culminó un año después, el día en que un comando de El Mexicano asesinó a Gilberto Molina, a su socio Pedro Cárdenas y a dieciséis de sus guardaespaldas durante una fiesta en una quinta de recreo del balneario de Sasaima, cerca de Bogotá, por el noroccidente.

Al regresar del baño a la habitación, estaba realmente asustado. Era claro que no me tenía el M-19.

—Tranquilo, doctor, que a usted no le va a pasar nada. Mañana va a hablar con el jefe y lo devolvemos— insistieron mis secuestradores.

Esa noche ya estaba sentado y esposado a mi cama, con mi televisión en frente.

—¿Usted qué quiere tomar? —me preguntaron.

—Tinto[6] —y trajeron tinto endulzado con panela[7]. Fue lo único que tomamos en toda la noche. ¡Quién iba a dormir!

---

[6] Infusión de café negro, clásica presentación colombiana.

[7] Alimento fabricado con jugo de caña, de textura firme y cristalizada, como un dulce, con forma de ladrillo o de hogaza de pan. Se utiliza para endulzar alimentos y bebidas. En Granada y Canarias (España) se conoce como piloncillo, mientras que en Perú, Chile y Argentina tiene el nombre de chancaca. En Venezuela se denomina papelón.

A las 8:30 de la noche encendimos el televisor de mi habitación y vimos la entrevista que Margarita Vidal me había hecho en la mañana, y que me había dispuesto a ver con atención en mi oficina con Pablo Bickenbach y Samuel Navas, antes de ser secuestrado por estos tipos que a esa hora me tenían en ese cuarto glacial, en medio del campo.

Vimos el programa de Margarita y luego los noticieros. Pero, qué curioso, el único que no informó sobre mi secuestro fue el mío: *TV Hoy,* que se transmitía a las 9:30 de la noche. Incomprensible, todo el mundo hablaba del secuestro de Andrés Pastrana y *TV Hoy* hablaba de otras cosas totalmente diferentes.

En medio de la angustia intenté medir, mediante un diálogo informal, el grado de nerviosismo de mis secuestradores. En tono reposado, como si yo no fuera su rehén sino su contertulio, les pregunté su parecer sobre la entrevista con Margarita Vidal, y dijeron estar de acuerdo con mis tesis y programas.

Esa noche el gobierno nacional dejó prendida la señal de televisión esperando que yo regresara, o que el M-19 emitiera un comunicado. Pusieron un aviso fijo, una plaqueta, diciendo que no se apagaba. Por esa época, a la medianoche en punto sonaba el himno nacional en los dos únicos canales públicos que existían, y se daba por terminada la emisión del día.

Ya tarde, insomne, entre mis reflexiones sobre este día tan estremecido, recordé un detalle: desde el primer momento Popeye me había llamado "doctor". Si el tipo me decía doctor era porque había un respeto, pensé.

Resultaba imposible dormir. Unos perros ladraban y ladraban afuera. No sabía si había una perra en celo o qué era lo que sucedía. Ladraban y ladraban y estos tipos vigilaban por las ventanas para saber si había gente merodeando. Estaban muy nerviosos y eso agudizaba mi angustia.

Popeye y otro tipo se acostaron sobre periódicos en el piso, para pasar la noche. Y yo, amarrado a la cama. Pero era imposible dormir y entablamos conversación. Él se refirió a la vestimenta que él llevaba, de vestido y corbata.

—Mire, doctor, lo bien que me fue. Estuve en Unicentro y me compré mi ropita, mire el reloj que a última hora me compré también. Mire lo bien vestido que vengo.

Empezamos a hablar y siempre he recordado un tema que él me planteó esa noche:

—Oiga, doctor Pastrana, explíqueme una cosa.

—Cuénteme.

—¿Por qué a la gente del servicio militar no la mantienen en su propia zona sino que la trasladan? Mire, yo, digamos, soy de Bogotá y me trasladan, por ejemplo, al Urabá. Allá yo no conozco a nadie, nadie me conoce a mí, no puedo ver a mi familia, estoy alejado. ¿Por qué no me dejan en un sitio donde yo conozca gente, tenga amigos, tenga cosas?

Le dimos vueltas al asunto. Me pareció extraño que esa fuera la preocupación principal de un secuestrador en la mitad de un secuestro. Y creo que algún día se lo pregunté a los militares. ¿Por qué? Precisamente, me explicaron, para romper los vínculos que puedan tener los reclutas. Pero siempre es un tema discutible que me llamó la atención.

—Mire —argumentó Popeye, quien fue infante de marina y de ahí resultó su apodo como criminal—, si lo dejan en la tierrita de uno, uno tiene su familia. Es un año y medio, dos años de servicio militar en que está uno con su gente, puede tener más contacto, lo pueden poner a hacer cosas…

Hacía muchísimo frío. Hablamos toda la noche y me seguía llamando la atención el tema del vestido elegante.

—Los zapatos sí me quedaron chiquitos, doctor. Me sacaron ampollas.

Deliberadamente, desvié la conversación al tema de mi secuestro y Popeye comenzó un relato.

—Mire, doctor Pastrana, nosotros estuvimos mucho tiempo detrás de usted, pero usted se cuida muy bien. Hace dos semanas le quisimos hacer una de las intentonas en una manifestación que tenía mucha gente, pero decidimos no hacer nada.

Curiosamente, una foto de esa manifestación fue portada de la revista *Semana*. Y el viernes anterior a mi secuestro, mi único guardaespaldas me advirtió sobre determinados peligros en la seguridad.

—Doctor Pastrana, el lunes próximo van a reforzar las escoltas de todo el mundo porque hay datos de que pueden ocurrir hechos complicados.

De acuerdo con Popeye, el domingo me habían hecho una segunda intentona en el transcurso de una manifestación en el barrio Candelaria La Nueva, en Ciudad Bolívar, al suroccidente de Bogotá. Ese día, por fortuna, cambié mi manera de hacer campaña. Se me ocurrió alejarme de la concentración callejera para visitar las casas del vecindario y hablar adentro con los moradores. En un momento dado, el coronel de la Fuerza Aérea Colombiana, FAC, Belarmino Pinilla[8], que me ayudaba en el tema de la seguridad, me llamó aparte:

—Oiga, Andrés, al final de la calle hay unos carros muy raros, con una gente muy rara. ¡Ojo con eso! —me advirtió Pinilla.

—Belarmino, tráigame los carros. Voy a pasar a la próxima casa, luego salgo, nos montamos y nos vamos.

Así lo hicimos, arrancamos y los carros sospechosos comenzaron a perseguirnos. Aceleramos a fondo hasta dejarlos atrás, y se perdieron. Pero no le prestamos atención a ese episodio.

---

[8]   Fue edecán y piloto de Misael Pastrana Borrero en la Presidencia de la República. Hoy en día es general.

En el barrio siguiente al que llegamos, una amiga, Martha de Arévalo, me reclamó:

—¡Oiga, Andrés, ojo. No anden tan rápido que se van a matar!

Yo no le dije a nadie lo que había pasado. En los temas de seguridad he tenido una constante: no me gusta contarle nunca a mi familia los episodios amenazantes. ¿Para qué? ¿Para qué los preocupa uno? ¿Para qué llegar a la casa a decir que cinco tipos me estuvieron persiguiendo? ¿Para qué? ¿Para qué angustia usted a sus hijos, a su señora?

Siempre he manejado muy callado el tema de la seguridad; desde la Alcaldía, con Germán Jaramillo, en ese momento capitán, y luego en la Presidencia de la República, cuando ya era coronel y dirigió el DAS[9].

—Usted solamente me cuenta a mí las cosas y las resolvemos entre ambos —era la instrucción mía, permanente, que tenía el capitán Jaramillo.

Aquel domingo llegamos al otro barrio sin ningún problema, pues a los tipos que nos seguían afortunadamente se les dañaron los carros, y por eso fue que, en últimas, optaron por secuestrarme en la sede.

—Oiga, a usted lo seguimos, a usted lo perseguíamos —me contó Popeye la primera noche de mi secuestro—. Usted se nos voló dos veces porque pasó por la calle con las luces apagadas. Fíjese lo que es la vida, usted iba con las luces apagadas y cuando lo vimos ya había pasado, usted se sabe cuidar muy bien.

Sí, cuando uno bajaba por la calle 134, rumbo a mi casa, debía cruzar por donde vivía el empresario José Alejandro Cortés

---

[9]   Departamento Administrativo de Seguridad, Policía secreta de la Presidencia de la República, abolida por el presidente Juan Manuel Santos.

y en el momento que transitaba la recta final, por la oscura calle que llevaba a mi edificio, apagaba las luces de mi carro, de modo que me volvía virtualmente invisible. Siempre me he sabido proteger. Desde que mi padre salió de la Presidencia de la República aprendí el concepto de seguridad, lo tengo metido en la cabeza. Por eso, siempre me acuerdo de cambiar las rutas y, así, en esa época unas veces llegaba por la Carrera Séptima y otras por la 15 o la 11. Pero, cuando ya iba andando por la última calle, apagaba las luces del carro y avanzaba dos cuadras en la oscuridad en caso de que alguien me estuviera esperando. Así, no se daban cuenta de que mi carro pasaba.

—Doctor, nuestra gente estuvo un año detrás de usted, mucho tiempo, y no podíamos secuestrarlo porque usted se hacía invisible cuando pasaba en la recta final hacia su casa con las luces del carro apagadas. Eso nos sucedía siempre —confesó Popeye.

—Me alegra saber que mi obsesión por la seguridad haya sido efectiva tanto tiempo —anoté.

—Cuando yo confirmo que usted no está tan protegido como a nosotros nos habían dicho —reveló Popeye— nos dio por entrar a una cafetería para llamar al patrón y contarle, me siento en la barra y pido un tinto. De pronto, veo ahí a Mauricio Gómez[10] solo, el hijo de Álvaro Gómez. Pido prestado el teléfono y llamo al patrón.

—Quihubo, hombre, ¿qué le pasó? —preguntó Escobar.

—¿Es que se acuerda que yo estoy por aquí paseando?

---

[10]   Periodista, director del noticiero de televisión *24 Horas*, hijo del ex candidato presidencial conservador Álvaro Gómez Hurtado, quien fue asesinado por sicarios, en Bogotá, el 2 de noviembre de 1995. Este crimen continúa en la impunidad.

—Sí —responde Escobar.

—Revisé y es fácil. El hombre no está tan protegido como nos habían dicho. Ese trabajo se puede hacer. Pero le quiero contar: aquí está el señor Mauricio Gómez solo y a mí me queda muy fácil cogerlo y llevármelo porque tengo a toda la gente regada por aquí. Los de armas cortas están adentro y los de armas largas afuera. Usted dirá, patrón.

—¡Yo lo mandé a usted por Andrés Pastrana! ¡Sólo Andrés Pastrana! ¡Ese otro no me sirve para nada!

Con las primeras luces del amanecer reconfirmé que me tenían secuestrado afuera de Bogotá, en una casa campestre.

—Un helicóptero vendrá ahora por usted —me avisó Popeye.

Los secuestradores recogieron colchones, sábanas, almohadas, tazas… Todo se lo llevaron para quemarlo y borrar cualquier evidencia. Solamente dejaron la funda de una almohada para vendarme los ojos.

—Doctor —advirtió Popeye—, cuando venga el helicóptero le vamos a cubrir el cuerpo con una gabardina y los ojos con la funda de la almohada para que usted no vea dónde está, ni la matrícula del aparato, que es legal, pero también para que nadie lo reconozca —con seguridad, si veía la matrícula después averiguaría el historial de la aeronave y el nombre del dueño.

Y nos quedamos ahí. Seis de la mañana, seis y media; siete, siete y media; ocho, ocho y media… El helicóptero no llegaba y estos tipos se angustiaban. Hablaban entre ellos.

—¿Qué hacemos? ¿Qué hacemos? —preguntó el más atemorizado de todos.

—Nos tocará irnos por tierra —propuso Popeye.

En un secuestro lo peor que le puede pasar a usted es que lo muevan, ahí es cuando uno corre el mayor peligro de que lo maten.

De repente oímos un *ta, ta, ta, ta…* Me taparon la vista afanosamente con la funda de la almohada y me cubrieron con la gabardina. El estrépito lejano del motor, sin embargo, no se acercaba ni se hacía más fuerte. Todo el tiempo tenía la misma intensidad y provenía del mismo sitio. Resulta que no era el sonido de un helicóptero sino de una bomba de agua que encendieron para irrigar un cultivo en una finca contigua.

Popeye planteó la posibilidad de que la Policía llegara de manera inesperada.

—Si llega, déjenme yo les hablo —propuse.

—No, doctor, me da pena con usted pero el jefe del operativo soy yo —contestó.

Continuamos esperando.

—En el helicóptero lo transportaremos lejos de aquí, se lo entregaremos a otros miembros de la organización y ellos lo llevarán en un carro a ver al patrón —me explicó Popeye.

No sabía si eran las ocho, las nueve o las nueve y media de la mañana cuando volvieron a avisar:

—¡Ahí viene el helicóptero!

Para ese momento ya estaba de nuevo con los ojos vendados, las manos esposadas, la gabardina encima y subimos, al fin, al helicóptero. Iba con dos tipos, uno a cada lado.

—¡Coronamos! —vociferó Popeye cuando alzamos vuelo.

Y vino mi angustia: ¿Quién me tiene? ¿A qué y a dónde me llevarán? Traté de mirar de reojo y alcancé a ver unos árboles, seguramente volábamos muy bajo y presentí que íbamos en un helicóptero pequeño.

De acuerdo con mi entrevista en la cárcel con Popeye, el helicóptero hizo la operación sin despertar sospecha alguna, debido a que "yo lo tenía haciendo las rutas Medellín-Bogotá y Bogotá-Medellín a las mismas horas". De esta manera no llamaría ninguna atención el último vuelo que haría a ese lugar para sacarme de ahí.

Volamos durante un poco más de una hora y media hasta un sitio irreconocible. El helicóptero aterrizó, me bajaron muy rápido y me metieron otra vez en el baúl de un carro. Seguía esposado y con los ojos tapados. El nuevo carro en el que me llevaban embaulado y el helicóptero que me había traído partieron al mismo tiempo, con rumbos distintos.

Algún día, Luis Alfredo Ramos, político conservador y ex alcalde de Medellín, me dijo que ese helicóptero, a su modo de ver, aterrizó conmigo cerca al aeropuerto de Rionegro, en una planicie donde hay muchas fincas, entre ellas la de él y la del empresario Augusto López Valencia.

Andando de nuevo entre un baúl, mi nueva angustia consistía en que los secuestradores informaban que me iban a entregar a otras personas en la mitad del camino.

En efecto, el carro se detuvo, sentí que se bajan unos tipos, se subían otros y arrancábamos. En ese momento volvió la pregunta: "¿En manos de quién estoy ahora?". Porque, al fin y al cabo, siempre hubo respeto hacia mí de los primeros secuestradores. El carro seguía andando, subimos por una carretera destapada y se detuvo. Permanecí esposado dentro del baúl. Nadie hablaba, timbró un teléfono fijo y oí movimientos de personas que se acercaron y me sacaron. Permanecí esposado y con los ojos vendados pero sin la gabardina. Oí sonidos campestres, de pajaritos, insectos... "¿Dónde estoy? ¿A dónde me trajeron? ¿Quién me va a ver?". En esas circunstancias el tiempo discurría de una manera indescifrable, no distinguía entre el transcurrir de un minuto o el de una hora. Me subieron a un segundo piso, me metieron en una celda y me quitaron la venda. Había una cama y el cuarto debía de tener metro y medio por tres metros o, incluso, menos. Lo describo: había una cama en diagonal. Antes de la puerta había una reja que se aseguraba con un candado. Es decir, estaba la reja primero y la puerta después, lo que significaba que la puerta podía permanecer abierta pero antes, cortando el paso, estaba la reja cerrada con candado, como una cárcel. Al lado de la cama, curiosamente, me habían puesto un radio-casete, un televisor, un banquito y otro mueblecito.

Me senté en la cama y llegaron los primeros tipos que veía encapuchados, vestidos con sudaderas y armados de fusiles nuevos (después supe que eran los R15), ametralladoras Uzi y unas insignias en los brazos con la sigla incomprensible "M-UPM". No decía M-19 sino M-UPM, que no me significaba nada. Muy rara.

—¿Usted ya desayunó? —preguntó el encapuchado.

—No, no he comido nada.

—¿Quiere comer?

—Bueno, gracias.

—Dígame cuál es su talla de ropa y zapatos para traerle algo.

Le di mis tallas. Cerró la reja con candado, luego la puerta y se fue.

Quedé solo, todavía esposado y con mi vestido de paño azul oscuro y corbata que llevaba desde el día anterior. Repasando la celda, descubrí una cadena de eslabones, cada uno de los cuales podía pesar media libra; una cadena de las que en otros tiempos les ataban a los presos en los tobillos, con grilletes en uno de los extremos, para limitarles la movilidad. Esta cadena estaba asegurada a la pared por un extremo.

—Si usted molesta o hace algo, le ponemos eso —me amenazó luego uno de los tipos, señalando la cadena con el dedo índice de la mano derecha.

No veía ni una ventana en la celda. "¿Quién me tiene? ¿Dónde estoy?".

Desde que entré, a las diez u once de la mañana, hasta la medianoche, una de la mañana, cada quince a veinte minutos, no sé, quienes me custodiaban abrían la puerta durísimo, a través de la reja me apuntaban con los R-15, los bajaban y se iban.

Y era cada quince minutos, para destruirlo a uno sicológicamente.

No me conversaban. Escasamente hacían preguntas.

—¿Usted qué quiere?

Me llevaban el almuerzo con fríjoles, arroz, hogao[11]… Todo servido en recipientes plásticos: plato plástico, vaso plástico, cubiertos de plástico. Pensé que, sin duda, eran profesionales. ¿Por qué los secuestradores experimentados les dan todo de plástico a sus secuestrados? Para evitar que rompan platos de losa y se corten las venas con las astillas o ataquen al secuestrador.

Me comí un plato muy grande, me lo comí todo. Luego, me trajeron un cepillo de dientes, agua y un balde.

—Quiero ir al baño —exigí.

—Todo lo que usted quiera hacer lo tiene que hacer en su cuarto, en ese balde —contestó un tipo.

Más humillación todavía, todo era humillante. Me lavé los dientes y escupí ahí, porque no había más. Y cada quince o veinte minutos llegaban estos, abrían la puerta, me apuntaban,

---

[11] Salsa muy común en la gastronomía de América Latina, hecha a base de tomate y cebolla. En Bogotá y otras zonas de Colombia se conoce como "hogo".

cerraban y se iban. Abrían, cerraban, abrían, apuntaban, cerraban…

La primera noche en esa celda vi los noticieros. Cuando uno está secuestrado se pone a pensar si es bueno o es malo tener radio y televisión porque, al final, usted está viendo su secuestro en vivo y en directo. Viendo cómo sufren su señora, sus niños, sus padres, sus amigos, la gente, lo que pasa, todo lo que sucede.

Esa misma mañana vinieron unos tipos a quitarme las esposas pero no encontraron la llave. Los primeros secuestradores se habían quedado con ella y mis nuevos carceleros salieron a buscar unos alicates gigantescos, los encontraron y las rompieron. Quedé libre, al menos de los brazos.

Después de los noticieros, como a la medianoche, sentí que estaba muerto, llevaba dos días de tensiones y en vela. Reacomodé el colchón y las tablas de la cama que se caían al sentarme, me aflojé la corbata y me recosté…

De pronto, la casa se estremeció con agitaciones interiores y sospeché que me iban a trasladar de nuevo. Entró de repente uno de los encapuchados, puso una silla que ya estaba en la celda contra la pared y me vendó otra vez los ojos. A ciegas, sentí que ingresaban unas personas y se acomodaban detrás de mí.

—¡Buenas noches! —dijo uno de los que llegó.

—Buenas noches, si se puede decir buenas noches.

—Usted no tiene derecho a hablar. ¡Cállese!

Comenzaron a conversar entre ellos con murmullos.

—¿Lo hacemos adentro o lo hacemos afuera?

Sentí la peor de las angustias y deduje: me van a matar. Y comencé a rezar.

—No, hagámoslo adentro, que nadie nos ve —propuso uno.

—Mejor hagámoslo afuera.

—¿Qué van a hacer conmigo?

—¡Cállese, que usted no tiene derecho a hablar!

"Estos tipos me van a pegar un tiro en la cabeza y se van a ir", pensé.

Uno de los recién llegados me instruyó:

—Bueno, vamos a hablar con su padre. Usted va a llamarlo a él. Así que vamos a bajar al carro para hacer la llamada.

—Listo —contesté.

—Pero le voy a dar unas instrucciones: todo lo que usted le va a decir a su padre es lo que yo le diga. Eso es lo que va a decirle. Nada más.

—Bueno.

Bajamos, iba vendado, me subieron a un carro estacionado y noté que iba a hablar por un teléfono de esos enormes, larguísimos y pesados pero exclusivos, que las empresas telefónicas de algunas ciudades vendían en muy pocas cantidades para instalar en los carros.

—¿A qué número de teléfono nos podemos comunicar para comenzar a negociar su liberación?

—2188432, es el de la casa de mi padre.

—Listo —el tipo marcó pero no le contestaron y colgó.

—¿Cómo es el teléfono? Dígamelo otra vez.

—Marque otro: 2188354 —marcó, comenzó a timbrar y tampoco contestaron.

La casa de mis padres era grande, enorme. El teléfono timbraba en el cuarto del servicio, que estaba un piso abajo de la cocina. No lo podían oír si no había alguien ahí. Esa casa es muy grande. Pienso que en el caso de un secuestro lo primero que se debe hacer es apostar a una persona, a toda hora, al lado del teléfono para saber qué van a pedir los secuestradores.

—¿Y por qué no contestan? —interrogó, receloso, el secuestrador que había marcado el teléfono.

—No tengo ni idea.

—¿Entonces, a quién llamamos?

—A mi hermano Juan Carlos —pero se me olvidó el teléfono de él y los de mis otros hermanos. Después pensé que todos debían de estar en casa de mis padres.

Pensé: "Que llamen a Luis Alberto Moreno, es la otra persona que se me ocurre", pero ellos insistían en llamar a la casa.

—Tratemos otra vez —propuso el secuestrador, y al fin contestó la empleada del servicio.

—¿Qué hubo, cómo le va? Habla con Andrés.

—Ay, don Andrés, ¿cómo está?

—Páseme a mi padre, por favor, urgentemente.

—Un momento —trasladó la llamada a su habitación, donde estaba con mi mamá.

—¿Qué hubo, Andrés, cómo vas? Cuéntame cómo estás.

—Papá, mira: todo lo que te voy a decir no viene de mí, sino de un señor que tengo aquí, al lado. No sé quién es.

Percibí atormentado a mi padre, pero incólume. Ahí es cuando a uno se le revuelven todos los sentimientos.

—Hola, papá, ¿cómo estás?

—Bien —me respondió, haciendo de tripas corazón—. ¿Cómo estás tú, Andrés?

—Bien, no te preocupes. Hasta ahora me han tratado bien, afortunadamente. No sé quién me tenga, no sé en manos de quién estoy…

—Bueno, mucha fuerza, mucho ánimo, aquí estamos.

—¿Cómo está Nohra? ¿Cómo están los niños?

Esa noche me había enterado por el noticiero de que mi mamá había regresado de Miami.

—¿Cómo llegó mami?

—Muy bien.

—Bueno, mándale besos. Ahora, te voy a decir algo: lo que hable de aquí en adelante, no soy yo, es una persona que está a mi lado.

Y comenzamos:

—Dígale lo siguiente a su padre: que usted está en poder de "Los Extraditables".

Una capa de hielo me cubrió el cuerpo al oír eso. Y pasé el mensaje:

—Papá, que estoy en poder de "Los Extraditables".

—Tranquilo, Andrés —me responde.

—Dígale a su padre que busque un personaje para que podamos tener contacto con él, para hacer nuestras exigencias —me indicó el secuestrador que me manipulaba, y lo transmití a mi padre.

—¿Y quién se te ocurre? —preguntó.

Pensándolo mucho, imaginé un primer nombre:

—Andrés Uribe, mi tío —casado con mi tía María Elvira—. Andrés es amigo de Fernando Cepeda, ministro de Gobierno y, por tanto, ahí puede haber un camino con el Gobierno para no hablar directamente.

—Por ahora, me gusta tu tío Andrés Uribe. Puede ser.

—Andrés es un hombre serio, bueno y, además es familia. También está Roberto Arenas, que es gran amigo tuyo.

En esta primera selección de posibles intermediarios apareció el nombre del escritor Gustavo Álvarez Gardeazábal.

—Es que a nosotros nos gusta Álvarez Gardeazábal —planteó un secuestrador.

Por esos días, Álvarez había publicado una columna de opinión contra la extradición y era muy conocida en el país su posición en ese sentido.

—Yo no lo conozco, no tengo contacto con él, pero traten de consultarlo —propuse.

—Dígale a su padre lo siguiente, que a la persona que escojan la manden aquí, a Medellín. Que al llegar busque en el aeropuerto a taxistas de camisa roja, son de los nuestros. Estarán esperándola a la salida para subirla al Hotel Intercontinental, se registra y allá la contactamos nosotros.

—No te entiendo, Andrés —respondió mi padre.

—Pero ¿por qué no me entiendes? Manda a Andrés o a Álvarez o a quien escojan, aquí, a Medellín. Que busque en el aeropuerto a unas personas de camisa roja para que lo lleven al Hotel Intercontinental y allá lo contactan.

—No capto. ¿Qué me quieres decir?

—Pero, entiéndeme. Dicen que la persona escogida venga aquí, a Medellín, busque a los amigos de ellos, de camisa roja, estos la llevarán al Intercontinental y allá la contactarán.

—Bueno, voy a ver qué hago —concluyó mi padre, quien, en realidad, desde el comienzo entendió que, sin darse cuenta, los secuestradores habían dicho y ratificado el nombre de la ciudad donde me tenían. Una pista vital, ya que todo el mundo estaba convencido de que mis secuestradores me tenían en alguna parte de Bogotá.

Cuando el tipo dijo "dígale que vengan aquí, a Medellín" estaba indicando mi paradero, pero yo, en medio de las tribulaciones y la desesperanza, no caí en la cuenta. Mi padre, sí. Lo verificó tres veces o cuatro, fingiendo que no comprendía el mensaje. Su angustia aumentó con el presentimiento de que podrían matarme si se percataban del error que cometieron al revelar mi ubicación.

—Te voy a pasar a tu mamá.

—¡Hola, mami! ¿Cómo llegaste? Vi en las noticias que regresaste de Miami.

—Debes ser muy fuerte —me aconsejó con inmensa pesadumbre.

—Sí, mami —le respondí, a duras penas, con el alma encogida.

—Hay que tener coraje y mucha fe —me alentó mostrando fortaleza en sus palabras.

—Te voy a pasar a Nohrita —desde el comienzo la sentí melancólica pero fuerte y me quebré.

—¿Cómo está Santiago, cómo está la chiquita, Lala? —le pregunté.

—Bien. No te puedo negar que están muy preocupados. En el colegio a Santiago le preguntan por ti. Laura no entiende qué está pasando. Yo estoy tratando de entretenerlos para que el golpe sea menos fuerte.

Santiago tenía cinco años y Laura menos de tres.

—Mándales besos a los niños, esto va a ser muy duro.

—Mucha fuerza, mi amor. ¿Necesitas algo? ¿A dónde quieres que vaya? —tenía la plena certeza de que si le indicaba un sitio ella iría enseguida.

—No, mi amor. Esto va a ser muy duro, muy difícil. ¿Cómo se llama el remedio que tomo para la gastritis? —lo olvidó súbitamente, no consiguió recordarlo y sentí pesar porque este detalle le generó más angustia. Me dijo:

—Reza mucho, confío en que todo salga bien.

Volvió a pasar mi padre:

—Bueno, Andrés, esto va a ser largo, muy largo. Esto va a ser muy duro. Te quiero decir una cosa…

—Cuéntame.

—La vida te va a dar muchas oportunidades para ser candidato a la alcaldía o a un puesto público o a lo que quieras…

Los políticos dejamos siempre las inscripciones para el último momento con el objeto de hacer un acto vistoso y resultó que a mí me secuestraron el 18 de enero y el 27 vencía el plazo para inscribirme.

—No te preocupes, no te vas a poder inscribir pero la vida te va a dar muchas oportunidades, Andrés.

—No. De esto voy a salir. Me voy a inscribir y voy a ganar la Alcaldía de Bogotá.

—Eso no va a ser así, Andrés. Va a ser muy largo. Mucha fuerza. Mucha fe.

—Por último, hay una condición que imponen mis secuestradores: no se puede decir que estoy en manos de "Los Extraditables". No puedes divulgar eso.

Iba a ser la primera elección popular de alcaldes en Colombia. Hasta entonces los nombraban los gobernadores a lo largo del país y el propio presidente designaba al de Bogotá.

Poco tiempo antes tuve la oportunidad de ser alcalde de Bogotá por nombramiento presidencial, cuando renunció al cargo mi amigo Diego Pardo Koppel.

Estaba en Madrid recibiendo el primer premio Rey de España, de los dos que me gané con Gonzalo Guillén. Me encontraba en Casa Lucio con mis dos buenos amigos Palomo Linares, figura del toreo y amigo mío desde los años setenta, y Luis

Miguel Dominguín, otro de los grandes matadores españoles, muy amigo de mi padre desde cuando estudiaron juntos en el Colegio San Bartolomé, en Bogotá, quien me había invitado al debut como cantante de su hijo, Miguel Bosé.

El presidente Belisario Betancur me localizó en ese lugar y me llamó.

—Andrés, te ofrezco la alcaldía de Bogotá.

Le agradecí mucho pero no acepté por dos motivos: primero, no valía la pena por seis u ocho meses que quedaban de administración. Segundo, yo sí quería ejercer la alcaldía, pero por elección popular.

—En este momento es muy importante que aceptes porque Juan Pablo II está por venir a Bogotá y te tocaría organizar la visita papal.

No acepté. En ese momento mi meta solamente era la de ser el primer alcalde de Bogotá elegido por el pueblo.

Terminé la conversación con mi padre desde el teléfono del carro de los secuestradores y los tipos me regresaron al cuarto enrejado del segundo piso. Por primera vez estuve tranquilo desde cuando me capturaron en mi oficina. Creo que eso nos pasa a todos los secuestrados: cuando logramos hablar con nuestras familias sentimos un sosiego inmenso. Porque ellas ya saben que uno está bien. Mientras no hubo comunicación, los míos ignoraban si estaba herido o muerto y cuál era mi estado de ánimo.

Bastante liberado de angustias y tranquilo, me sentaron en la silla de mi celda y me dijeron lo siguiente:

—Bueno, doctor Pastrana. No mire para atrás, le vamos a quitar la venda, pero si mira para atrás nos toca matarlo.

—Con esa advertencia pueden estar tranquilos, no voy a mirar para atrás ni por equivocación.

Cuando me destaparon los ojos me di cuenta de que sobre mi cama había una pequeña grabadora y estaban grabando todo. Vi girar el casete y empezamos a hablar del tratado de extradición.

Detrás de mí estaban dos hombres. Eran los que no podía mirar o me mataban. Uno era abogado a todas luces y, por su manera de hablar, me resultaba muy fácil entender que se trataba de un experto en Derecho internacional, específicamente en el tema de la extradición. El otro hablaba de manera común y corriente.

"Los Extraditables" surgieron para luchar mediante el terrorismo y otras prácticas criminales contra la extradición a Estados Unidos, cuya justicia pedía a los principales narcotraficantes de Colombia.

El tratado de extradición con Estados Unidos había sido anulado por la Corte Suprema de Justicia que, entonces, examinaba los asuntos constitucionales (esa función ahora le corresponde a la Corte Constitucional), porque en representación de Colombia no fue firmado de su puño y letra por el presidente de la República, Julio César Turbay Ayala, sino por Germán Zea Hernández como primer designado, cargo que, de acuerdo con la vieja Constitución nacional de 1886, asumía una persona escogida por el Congreso para reemplazar al primer mandatario en sus ausencias definitivas o temporales. Estas últimas ocurrían con mayor frecuencia cuando viajaba al exterior.

El tratado se cayó, pues, por un vicio de forma y no de fondo. La Corte dictaminó que ese tipo de instrumentos jurídicos solamente los podía firmar el presidente de la República en ejercicio y, por tanto, el designado carecía de esas facultades. Al caer esa herramienta legal que permitía la extradición a Estados Unidos, el presidente Virgilio Barco buscó una salida: tomó la decisión de extraditar por vía administrativa con el Consejo de Estado, y "Los Extraditables" surgieron precisamente para abolir ese procedimiento sumario.

Mi secuestro fue parte de ese plan.

Belisario Betancur, presidente inmediatamente anterior a Barco, por primera vez hizo una extradición fulminante por la vía administrativa en respuesta al magnicidio de su ministro de Justicia, Rodrigo Lara Bonilla, asesinado por el Cartel de Medellín en Bogotá el 30 de abril de 1984. El 5 de enero de 1985 envió a Estados Unidos al empresario del fútbol Hernán Botero Moreno. Fue el primer extraditado colombiano a ese país.

Por su parte, el miércoles 4 de febrero de 1987, Virgilio Barco inició su seguidilla de extradiciones enviando a Estados Unidos a Carlos Lehder Rivas[12], de la jefatura del Cartel de

---

[12]   Carlos Lehder, tercero de cuatro hijos del inmigrante alemán Joseph Willheim Lehder, nació el 7 de septiembre de 1949 en la ciudad colombiana de Armenia, capital de Quindío. Siendo adolescente, se estableció con su madre en Nueva York, donde abandonó la escuela secundaria para dedicarse al robo de carros que enviaba a Colombia. A los veinticuatro años se hizo piloto y se dedicó a transportar marihuana desde la Sierra Nevada de Santa Marta, en el norte de Colombia, hasta Estados Unidos y Canadá. Luego, se concentró en el creciente comercio de cocaína que lo hizo multimillonario. Adquirió una isla en Bahamas (Cayo Norman) para usarla como escala y bodega en las rutas a Estados Unidos. En esta etapa se asoció con Pablo Escobar y los hermanos Fabio, Jorge Luis y Juan David Ochoa Vásquez, grupo que fue conocido como "Los Mágicos" y que después adquirió el nombre mundialmente famoso de "Cartel de Medellín". En una entrevista concedida por un vocero suyo (alias "El Papi") al periodista Juan Álvaro Castellanos, de mi noticiero, *TV Hoy*, ofreció pagar la deuda externa de Colombia. Fundó el movimiento Latino Nacional, de orientación Nazi. Fue capturado en febrero de 1987 y extraditado a Estados Unidos, donde recibió condena a cadena perpetua más ciento treinta y cinco años, y una multa de ciento treinta y cinco millones de dólares.

Medellín. Fue una muestra de que el Estado no estaba dispuesto a amedrentarse ante los carteles de la cocaína.

El experto en el tema de extradición que acababa de entrar a mi celda con otra persona y se había acomodado con ella detrás de mí para que no pudiera verlos, comenzó a hablar del tratado de extradición de 1979, firmado entre Colombia y Estados Unidos, y discutimos toda su historia.

—¿Ustedes qué quieren de mí? —los emplacé interrumpiendo la charla.

—Lo que queremos es que su padre ayude a tumbar la extradición por vía administrativa.

—Imposible mi padre no hará eso. Además, ese asunto lo decide una sala del Consejo de Estado, ustedes están equivocados, mi padre no es amigo de este gobierno, es el jefe de la oposición y no tiene contacto con el presidente. Ustedes me están pidiendo un imposible.

—¡No, su padre tiene que tumbarla! —impuso uno de los dos hombres que estaban detrás de mí.

Me tenían para hacer un chantaje monumental: ofrecer mi libertad o mi vida a cambio de la caída de la extradición por vía administrativa y, pensando para mis adentros, decidí que si mi padre llegaba a ceder yo me hacía matar ahí, pero a estos tipos no les dejábamos este país. Algo que, desde que se lo conté a Nohra, nunca me lo ha entendido:

—¡Cómo dijiste eso!

—Por mis hijos y por ti. Porque el ambiente de Colombia iba a ser distinto y esa Colombia no es la que quiero para ustedes —le respondí. Pero Nohra me sigue reprendiendo siempre que hablo de esta historia.

El debate en mi celda era intenso con los tipos que, sin poder verlos, conversaban conmigo a mis espaldas. De pronto, uno de ellos realizó un movimiento brusco que hizo saltar al piso la grabadora. El hombre se estiró para recogerla y quedó recostado sobre mi cama. No pude evitar verlo: llevaba una gorra de BMW, camisa azul, bluyines y tenis Reebok. La sangre se me congeló, nos quedamos mirándonos a los ojos. Lo reconocí y no salí de mi asombro, estaba más flaco de lo que lo había visto en fotos, no había la menor duda: ¡era Pablo Escobar Gaviria! Entiendo que también fue uno de los encapuchados que vi antes en esa casa.

En la entrevista de 2013 en la cárcel de Cómbita, Popeye sostuvo que el hombre de la cara tapada que acompañó a Escobar esa noche fue su cuñado Mario Henao, quien en algún momento cometió el error de llamarlo Pablo (habían quedado en no referirse entre sí por sus nombres para evitar que yo los reconociera).

Ante este descuido, mi interlocutor consideró que había sido descubierto y decidió dar la cara.

Pablo Escobar me tendió la mano:

—Doctor Pastrana, ¿cómo está?

Le respondí el saludo, continuamos mirándonos a los ojos y comenzó otro diálogo que puedo reproducir porque tomé nota minuciosa de todo en mi diario de secuestrado.

—¿Usted para qué me tiene aquí? ¿Para qué me secuestró?

—Para acabar la extradición —respondió Escobar—. Nuestro objetivo, doctor, es evitar la extradición por todos los medios y a toda costa.

—Sí, vamos a iniciar una acción ante el Consejo de Estado para que se caiga toda posibilidad de extradición y queden sin efecto los autos de detención y las órdenes de captura que se han dictado hasta ahora contra las cabezas del denominado Cartel de Medellín —advirtió el experto en el tema que se mantenía detrás de mí.

—Ustedes están en el derecho de iniciar todas las acciones legales que quieran —les dije.

—La extradición no debe aplicarse. El trato que la justicia americana nos da a los colombianos no es justo —se quejó Pablo Escobar—. Nos aplican las penas sin compasión. Estaríamos de acuerdo con que la máxima pena en Colombia fuera aumentada a treinta años de cárcel o más, pero que los colombianos sean juzgados aquí.

—La extradición es un mecanismo de cooperación judicial internacional y, francamente, no creo que vaya a dejar de operar y mucho menos a desaparecer.

—Los jueces en Colombia también nos castigan y sentencian sin compasión y muchas veces sin pruebas. Lo hacen para acumular méritos que les sirven para alcanzar cargos de magistrados —sostuvo Escobar—. Si un juez, en justicia, falla en favor nuestro, es porque nosotros lo compramos. Pero si ese mismo juez quiere ascender, quiere llegar a ser magistrado, nos clava, nos mete las peores penas. No tenemos salida aquí porque si en justicia nos va bien dicen que la compramos. Y los jueces, para ascender a magistrados, nos hunden.

Me resultaba imposible y, además, no era mi deber, ofrecerles o recomendarles nada contra la extradición, herramienta jurídica de cooperación internacional con la que siempre he estado de acuerdo, pero preferí no decírselo, aunque me extrañó que no lo supieran.

Escobar y su acompañante fueron quienes pusieron la mayor parte de los temas de conversación y estuvimos de acuerdo en algunos puntos.

—Es necesario introducir una reforma legal para encarar la drogadicción con grandes campañas de prevención y educación sistemática. Esa, incluso, es una de mis propuestas en la campaña para la Alcaldía de Bogotá —les expliqué.

—El basuco[13] es mortal —reconoció Escobar—, la marihuana es natural y la cocaína habría que manejarla. Pero nosotros no estamos de acuerdo con vender cocaína en Colombia.

—La droga se va a convertir en la mejor fuente de financiación de la guerrilla —advertí—. Eso puede llegar a ser la manera más fácil de conseguir recursos para sostener un ejército ilegal. Se dice, incluso, que ustedes ya tienen pactos con las guerrillas.

—Nosotros no tenemos pactos con las guerrillas —alegó Escobar— y no estamos de acuerdo con las declaraciones del embajador americano [Lewis Tambs] de que en Colombia lo que hay es una "narcoguerrilla".

—Lo que yo entiendo es que a las guerrillas les ingresa cada vez más dinero del narcotráfico —dije.

—Los que les están dando plata a las guerrillas son los campesinos que les pagan "impuestos" por sus cultivos, y no porque ellos quieran, sino porque son obligados por la fuerza —sostuvo Escobar—. Pero hay algo peor: son muchos los gobiernos del mundo que están comprometidos en el tráfico de estupefacientes. Son muchos los que nos llaman para hacer negocios con nosotros —aunque no dijo cuáles— y ahí, donde hay negocio, ahí estamos. Los personajes que usted menos piensa, doctor Pastrana, están involucrados en este negocio.

Tras horas de conversación me atreví a preguntarles cómo funcionaba el negocio de la cocaína.

—No tiene ningún misterio, doctor Pastrana —aseguró Escobar—. Se envían los paquetes de droga a la oficina prin-

---

[13] Droga de bajo costo (similar al *crack*), elaborada con residuos de la base de coca que en los laboratorios clandestinos se emplea para producir cocaína. El nombre "basuco" resulta de las palabras base y coca.

cipal de cada organización, se paga el flete a Estados Unidos en aviones que llevan de quinientos a ochocientos kilos. Los Turbo Commander, bimotores, llevan hasta mil kilos. El flete se paga cuando la mercancía llega a su destino. Cada kilo se vende, en promedio, en ocho mil dólares, de los cuales a los jefes nos quedan unos tres mil dólares. El resto se divide entre otras personas. Por lo general, hay colombianos en los Estados Unidos esperando los cargamentos para distribuirlos en las ciudades. Cada paquete de cocaína lleva una marca de su dueño y es reclamado en Estados Unidos por su respectivo contacto y este, por cada kilo entregado, se gana, más o menos, mil dólares. Los puntos principales para enviar la droga son Nueva York, Miami, San Luis o Los Ángeles. En algunas oportunidades especiales, cuando ya la droga está en los Estados Unidos, la reenviamos por helicóptero a distintas ciudades del país.

—¿Y la plata de las utilidades cómo la mueven? —le pregunté a Escobar.

—La plata que se recoge la envían a Colombia. La traen los aviones en los vuelos de regreso que despegan de fincas en condados que la Policía conoce y los *sheriffs* cobran lo suyo. Los colombianos van y vienen indocumentados pero la gente allá ya los conoce. Para transportar la droga dentro de Estados Unidos, la encaletan en carros, en casas móviles, en los puertos o en helicópteros. Por ejemplo, en un Hughes-500, pequeño pero ideal para el negocio, caben hasta doscientos kilos. Todas las autoridades que deben evitar el ingreso de la droga reciben dinero y a cada persona encargada le llegan de dos a tres viajes semanales de hasta ochocientos kilos cada uno.

—¿Cuáles son los carteles de la droga de Estados Unidos? —les pregunté.

—No se conocen públicamente, doctor Pastrana, pero existen. A ellos no los desenmascaramos porque se acabaría el negocio para ambos.

—¿Todos los grandes cargamentos salen desde la selva? —indagué.

—También salen de los aeropuertos más importantes del país —indicó Escobar—. A cambio de un millón de pesos que se distribuye entre los funcionarios de un aeropuerto sale un cargamento sin ningún problema. Es un gran negocio para ellos.

—¿Hasta qué nivel los funcionarios públicos reciben soborno? —indagué.

—Muchos personajes de la vida nacional han estado vinculados o están vinculados con nosotros de una u otra forma. También los ayudamos prestándoles helicópteros, avionetas y aun guardaespaldas —contestó Escobar sin molestarse de ninguna manera con mis preguntas.

—¿Hay políticos de Estados Unidos asociados con ustedes? —averigüé.

—En los Estados Unidos sí que hay políticos involucrados y son amigos míos. Gobernadores amigos míos de los Estados Unidos llevan allá las avionetas cargadas de droga —pero no me dio nombres.

Sin que se lo preguntara, Escobar se dedicó luego a narrar episodios de su vida.

—Mire, doctor Pastrana, esto es una guerra. Mire el carrobomba que me acaban de poner, la semana pasada, el 13 de enero, en mi edificio Mónaco, donde vivía. Me tocó sacar a mi familia y a mis niños. Pero ¿sabe qué es lo que más me duele, doctor Pastrana?

—No, no sé.

—Que se entraron, me robaron mis cosas, las de mi señora, las de mi familia. Acusaron a mi niño de ser un sicario porque tenía en los garajes subterráneos unas moticos que yo le había regalado para su cumpleaños. Se me robaron una estatua de Rodin, ese escultor le gustaba a mi señora y por eso le compré una. A ella también le robaron las joyas, se le robaron todo. Nos saquearon. ¿Usted cree que es justo? Mire, doctor Pastrana, nosotros estamos dispuestos a pagar las penas en Colombia. Auméntenolas, pero no nos extraditen.

Hablamos de las carreras de carros, a las que estuvo asociado por influencia de su primo-hermano, el también narcotraficante Gustavo de Jesús Gaviria.

Nos dieron las 5:30 de la mañana conversando con Pablo Escobar, que era noctámbulo, mientras yo estaba secuestrado por él.

El otro tipo, el político y abogado locuaz, siempre permaneció atrás, nunca se dejó ver la cara.

Durante esta extensa conversación nocturna con Escobar, la única que tuve con él, de pronto me notificó sin más preámbulos:

—El viernes voy a secuestrar al procurador general de la nación, Carlos Mauro Hoyos. Ese es un enemigo nuestro, vendido a los gringos.

Según tengo entendido, por averiguaciones que hice después, "Los Extraditables" querían distribuir una foto en la que estuviéramos secuestrados, esposados y amarrados, el conservador Juan Gómez Martínez, en ese momento candidato a la Alcaldía de Medellín; el procurador general, Carlos Mauro Hoyos, y yo. Que apareciéramos impedidos, humillados, esposados y encadenados, igual a como los americanos los amarraban a ellos para extraditarlos a Estados Unidos.

A Juan Gómez trataron de secuestrarlo pero lo salvó un hijo suyo que cerró la puerta del garaje de la casa cuando intentaron entrar para llevárselo.

Juan y yo lanzamos las candidaturas al mismo tiempo y él me invitó a Medellín, con mi padre, a participar en una concentración política en la que debí hablar. Y creo que ese es el discurso más violento que he pronunciado en la plaza pública contra el narcotráfico. También fue un discurso arrollador contra Pablo Escobar, unas semanas antes de mi secuestro.

Hice un llamado a unir esfuerzos contra el narcotráfico con el objeto de detener el avance de los estragos que le estaba ocasionando al país en todos los ámbitos. Reclamé mayor firmeza y acción del gobierno contra el Cartel de Medellín y contra los capos, entre los que mencioné a Pablo Escobar con nombre propio y sin rodeos.

—Oye, Andrés, qué discurso tan violento —me comentó mi padre—. Me sudaban las manos oyéndote.

Cuando regresé a Bogotá le conté a Nohra, y se asustó.

—Mi amor, algo te va a pasar, esos tipos te van a matar.

Fue un discurso demoledor contra Pablo Escobar, en Medellín, su ciudad.

—Bueno, doctor Pastrana —me dijo Escobar—. ¿Usted fuma? ¿Quiere cigarrillos?

—Yo fumaba.

Le había prometido a Nohra dejar de hacerlo cuando naciera nuestro primer hijo. Ahora teníamos dos y había cumplido mi promesa sin reincidencias. Uno cree que seguirá fumando porque nunca va a nacer ese primer hijo. "Claro, mi amor, yo dejo de fumar cuando nazca el primero", le había dicho varias veces.

—¿Quiere cigarrillos? —me preguntó de nuevo Escobar.

Comencé a divagar tocado por la tentación: "Aquí me voy a fumar los que me dejé de fumar hace varios años y los que me faltan por el resto de la vida". ¿Qué hace usted secuestrado si no es fumar?

—No, muchas gracias, no fumo —le respondí. Quería cumplirle mi promesa a Nohra.

—Bueno, aquí está su diario para que escriba —y me lanzó una agenda en la que al día siguiente comencé a reproducir la conversación con él y a anotar los demás pormenores de mi secuestro.

—Gracias.

En el secuestro se pierden las dos cosas más importantes de la vida: la libertad y la familia.

—Y aquí están estos libros —uno de Jeffrey Archer, *Una cuestión de honor,* y la última edición de los *Guinness World Records.*

En este momento no me quedó la menor duda de que quien me estuvo manipulando bajo amenaza ese día acerca de lo que debía decir durante la conversación con mi padre, hecha desde el teléfono de un carro en el que estuve con los ojos vendados, fue Pablo Escobar.

—No trate de escaparse —me advirtió Escobar antes de alejarse de mi celda.

—No lo haré.

Se volteó para instruir a los sicarios:

—Si él se trata de escapar, lo matan. Adiós, doctor Pastrana, que le vaya bien.

Pensé que si Escobar regresaba pronto, tendría una oportunidad para tratar de disuadirlo de secuestrar al procurador.

Me quedé en la celda absolutamente solo. Estaba comenzando a amanecer y pensé: "Pablo Escobar en mi cuarto, encima de mi cama, hablando conmigo. Me amenazó de muerte desde el año ochenta y tres, y hoy volvió a hacerlo en persona, estoy en sus manos. ¿Cuál es mi futuro?".

Traté de conciliar el sueño pero me lo impedía saber que Escobar iba a secuestrar al procurador general y no tenía ni la más mínima posibilidad de avisarle.

Poco tiempo atrás había viajado a Medellín en avión con el periodista Roberto Pombo, que acababa de entrar a *TV Hoy* como codirector con Luis Alberto Moreno. En el noticiero nos gustaba emitir desde ciudades y regiones para solidarizarnos con ellas cuando sufrían tragedias o tenían eventos especiales para celebrar.

Yo iba en una silla del avión contra el pasillo y Carlos Mauro Hoyos estaba en la vecina, también sobre el mismo pasillo que nos separaba.

—¿Usted conoce al procurador? —me preguntó Roberto.

—No, no lo conozco.

—Mire, viene en el avión, está a su lado. Se lo presento cuando desembarquemos en Medellín.

Carlos Mauro Hoyos estuvo muy querido, como era él. Muy afectuoso.

—Doctor Pastrana, ¿ustedes tienen carro para ir a Medellín? —me preguntó el procurador.

—No, no, Procurador, pero no se preocupe.

—Yo los llevo.

—No, gracias. Con Roberto podemos tomar un taxi. Hoy vamos a transmitir el noticiero desde Medellín.

—No, no, vámonos juntos —insistió el procurador y nos montamos. Solamente estaban el carro de él y otro de escoltas. Yo me imaginaba que iba a tener mil escoltas en Medellín.

—Oiga, Procurador, ¿usted no tiene más escoltas?

—No. Eso a mí no me pasa nada.

—Pero cómo no le va a pasar, Procurador, si usted sólo tiene cuatro guardaespaldas. El día que quieran hacerle algo, se lo llevan o lo matan.

—No, doctor Andrés. ¿Sabe qué hago yo todos los viernes? Tomo el último vuelo de Avianca a Medellín. Tengo una finquita de cinco hectáreas en El Retiro y paso allá los fines de semana con mi novia, Silvia Victoria. Paramos por aquí, en una fondita, más adelante, donde sirven choricito, arepita, guarito[14]; pico unas cositas y sigo para mi finca con ella. Me devuelvo a Bogotá todos los lunes en el primer vuelo…

—Pero, Procurador —le interrumpí—, ¿cómo se va a venir usted en el último vuelo y devolver en el primero a Bogotá? Usted tiene que romper la rutina, el día que lo quieran secuestrar o matarlo, pueden hacerlo.

—Aquí no pasa nada, doctor Andrés.

Al culminar en mi celda la extensa charla con Escobar y su acompañante anónimo, además del peso de todas las angustias y preocupaciones, estaba físicamente muerto del cansancio. No había dormido desde el lunes que fui secuestrado a eso de las 7:30 de la noche y en ese momento eran las 5:30 de la mañana del miércoles.

Dormí hasta las diez de la mañana del día siguiente y pedí bañarme. Los tipos abrieron la celda y me llevaron hasta el baño, que estaba al frente.

—Todo lo que vaya a hacer debe ser con la puerta abierta —gritó uno.

El agua no estaba muy caliente y el clima era tibio. No sabía dónde estaba. Me trajeron ejemplares del día de *El Colombiano* y *El Mundo,* los periódicos de Medellín. Pero, no sé por qué no uní nada con nada, no deduje que me encontraba en Medellín

---

[14]   Forma coloquial de llamar al aguardiente.

o muy cerca. Me seguí preguntando: ¿dónde estoy? Por la tarde me trajeron los diarios de Bogotá: *El Tiempo* y *El Espectador*. Con mucha angustia, los leí íntegros, de la primera a la última página. Luego, puse el noticiero de televisión del mediodía y vi a mi hermano Juan Carlos salir de la casa de mis padres a hablar para la prensa que se encontraba agolpada afuera.

—"Comunicado 001 de la familia Pastrana Arango —leyó Juan Carlos—. El doctor Andrés Pastrana Arango ayer se comunicó con su padre, con su madre y con su señora y les dijo que está muy bien, que hasta el momento lo han tratado bien y al final de la conversación dijo que está en poder de 'Los Extraditables'".

¡Increíble! Dijo exactamente lo que no podía decirse. Yo francamente casi me muero ahí. "¿Por qué lo dice si es la única cosa que "Los Extraditables" exigieron no revelar? Ahora, estos tipos me van a matar. No entiendo la estrategia de mi familia", pensé.

Al día siguiente, *El Tiempo* publicó en la primera página una noticia desplegada arriba, a cuatro columnas: "La mafia tiene a Andrés Pastrana".

Pablo Escobar se enfureció:

—¿Mafia? Mafia los periodistas, mafia los políticos, mafia la Policía, mafia el Ejército, mafia los empresarios…

Todos éramos mafiosos, menos ellos.

Las conversaciones para mi liberación se rompieron. Y yo, en mi cárcel, encaletado, ahí; vestido con sudadera y calzado con tenis Reebok, que en esa época eran como hoy unos zapatos Ferragamo y un perfume Cartier. Esa es la dotación de secuestrado que me mandó Escobar, que también incluía chancletas Nike y cinco pares de interiores Dior y Givenchy.

Las conversaciones estaban rotas. Pasó el jueves, pasó el viernes, pasó el sábado…

Creo que debido a mi forma de ser, mis carceleros dejaron de cerrar permanentemente la celda, pasaban a verme y se sentaban a hablar conmigo.

Una noche me sacaron a la salita en la que estaba el televisor de ellos y vimos la pelea de Larry Holmes en la que tristemente cayó derrotado por nocaut ante Mike Tyson. Holmes defendió su título con éxito veinte veces, solamente fue superado por Joe Louis, con veinticinco defensas. Cuando se retiró del boxeo, a los treinta y seis años de edad, quedó a una sola pelea del récord impuesto por Rocky Marciano, quien se retiró invicto con cuarenta y nueve victorias en cuarenta y nueve peleas.

Me senté con mis carceleros a charlar y ellos vieron mi preocupación por inscribirme como candidato a la Alcaldía.

—Tranquilo, a usted lo van a elegir —decían—. Mire cómo lo quiere la gente en este país.

Me dieron ánimo. Incluso un día me volvieron a vendar los ojos y me sacaron a tomar sol, sentí calorcito durante un par de minutos y me volvieron a entrar.

Aquella noche del boxeo me encerraron en la celda después de la pelea. Me llamaban "doctor Pastrana", me tenían respeto y, la verdad, me trataron muy bien dentro de lo mal que siempre está un secuestrado.

Pero mi angustia principal seguía viva: me iban a matar.

De noche hacía frío.

Mi cuidandero principal era Valentín de Jesús Taborda, uno de los doce lugartenientes y sicarios que se entregaron a las autoridades con Pablo Escobar en junio de 1991 para concentrarse en la cárcel "La Catedral" (en el municipio de Envigado, al pie de Medellín) que en realidad fue una suerte de hotel de lujo manejado por él, en el que estuvo hasta cuando decidió escapar, el 21 de julio de 1992, con el mismo séquito de sicarios con el que llegó. Valentín era de entera confianza de Escobar, y su cocinero de cabecera.

Hacía tres o cuatro días se habían roto las conversaciones para mi liberación y, de pronto, salió un comunicado de "Los Extraditables" con una lista de nombres para escoger entre ellos a un intermediario. Estaban Gabriel García Márquez, "Gabo"; el cardenal Alfonso López Trujillo, lo que se me hizo raro porque los narcos no lo querían; Enrique Santos Calderón, hermano del hoy presidente Juan Manuel Santos, y el periodista Darío Arizmendi, entre otros. Me pareció curioso que todos fueran liberales.

Gabo estaba en México y, entonces, mi padre escogió al periodista y socio del diario *El Tiempo*, Enrique Santos Calderón, quien, creo, estaba descansando en Anapoima, pero regresó a Bogotá a hablar con mi padre y recibió de él unos lineamientos para no negociar: "El ex presidente Pastrana fue claro en que la negociación que se preveía y que, por fortuna, no se dio en ningún momento, no podría comprometer la legalidad institucional ni la integridad del Estado", ratificó Santos Calderón tiempo después.

El papa Juan Pablo II envió, a través de su secretario de Estado, Agostino Casaroli, un mensaje para dar cuenta del pedido que hacía desde la Santa Sede para mi liberación:

"Vivamente apesadumbrado recibí la noticia del secuestro de su hijo Andrés, el Santo Padre compartiendo el dolor con usted y su familia, les asegura su recuerdo en la oración para que el Señor los asista en la dura prueba. Su Santidad, al expresar una vez más la reprobación por acciones que violan los derechos y la dignidad de la persona, ruega al Todopoderoso por su pronta puesta en libertad mientras en señal de benevolencia imparte a usted y a sus seres queridos confortadora bendición apostólica. Únome en sentimientos de cercanía y plegaria en esta hora de aflicción".

El presidente argentino, Raúl Alfonsín, amigo mío y a quien había entrevistado para *TV Hoy*, describió mi secuestro como "un atentado contra la democracia en América Latina". Jaime Lusinchi, presidente de Venezuela, llamó para expresar solidaridad con mi familia y el pueblo colombiano; Rafael Caldera, ex presidente de ese país y viejo amigo de mi padre, también expresó su solidaridad, lo mismo que Adolfo Suárez, expresidente del gobierno español, y León Febres Cordero, de Ecuador, con quien desarrollé una amistad muy cercana. La IDU, Unión Democrática Internacional, que aglutina a más de sesenta partidos de centro derecha del mundo, extendió su adhesión expresando "indignación y asombro por el secuestro". El escritor argentino Ernesto Sabato, autor de *El Túnel* y *Sobre héroes y tumbas*, declaró que "hechos como este impedirán el afianzamiento democrático en nuestros países".

Llegó el domingo y las cosas no avanzaban. Estaba muy angustiado. Esto iba mal. Veía que las cosas se habían enredado mucho. "Estos tipos me van a matar", pensé.

Pasó el viernes y no secuestraron al procurador, cosa que me alegró inmensamente. "Ojalá no lo secuestren el lunes, cuando esté regresando a Bogotá", pensé. El viernes vi en las noticias que Nohra siguió con la campaña política y me rompió el corazón. Estuvo de gira por algunos barrios y al inaugurar la sede de juventudes pronunció un discurso muy bello en el que dijo:

"En mi dolor hoy he valorado aún más el sentimiento del amor y de los seres queridos. He buscado el consuelo en la oración y he tomado fuerza de los mensajes, de las palabras amables de apoyo, de los rezos sinceros y de la presencia emocionada de las gentes que desde todos los rincones de la patria están presentes con un solo corazón grande que no distingue condición humana para expresarse en una hora en la que todos estamos heridos".

Y finalizó: "A todos ustedes, a quienes quiero decirles que los quiero mucho, les pido que sigamos hacia delante, recordando siempre que el futuro no nos lo pueden quitar".

Viendo uno la televisión y oyendo la radio a veces es peor. Veía a Santiago cuando salía para el colegio porque los periodistas se instalaban frente a la casa y permanecían ahí las veinticuatro horas del día. Incluso, me dolió un detalle de un periodista, no recuerdo quién: Santiago salió para el colegio y le preguntó:

—¿Usted qué siente por el secuestro de su papá?

¡Cómo le van a preguntar eso a un niño de cinco años! Hacerlo es un delito.

Ese domingo estaba muy deprimido. Vi al maestro Arenas Betancourt en televisión declarando que mi secuestro era abominable.

El lunes me desperté muy temprano, cerca de las 6:30 de la mañana y puse la radio.

"¡Extra, extra, acaban de secuestrar al procurador general de la nación".

—¡Caramba, se lo llevaron! —dije.

—Ábrale campo que viene para acá —me gritaron mis secuestradores.

En la radio narraron que mataron a dos escoltas y que el procurador llevaba un tiro en la espalda que lo estaba desangrando.

"Yo aquí, a punto de que me maten, y me van a traer al procurador herido, se me va a morir en mi cama. ¿Qué hago yo?".

"El hombre está herido de muerte", reiteró la radio.

Lo secuestraron entrando al aeropuerto, cuando iba a tomar el primer vuelo de Avianca a Bogotá. Lo que el procurador me había dicho.

Agobiado por la angustia, me dispuse a esperar a que llegara.

—No, tranquilo, doctor, ya no viene para acá —avisó de un grito uno de mis carceleros—. Lo llevan para otro lado, para otra finca del patrón.

Quedé angustiado, profundamente preocupado y pasé a bañarme a eso de las once de la mañana, mi única manera de romper la rutina. Era el único momento que tenía para salir del cuarto.

Me estaba vistiendo después del baño y oí bulla y movimientos extraños en la casa. Pensé que otra vez me iban a cambiar de sitio. En ese momento entró el moreno "Carrochocao", uno de mis secuestradores, y me esposó.

—¡Quieto ahí, parece que llegó la autoridad! —y se fue.

"Este tipo va a traer armas, me va a poner una almohada en la cabeza, me va a pegar un tiro, me mata y sale corriendo, como sucede en las películas", pensé.

El tipo volvió al cuarto con una gorra en la cabeza, dos fusiles R15, una ametralladora Uzi y cargadores pegados unos a otros para poder cambiarlos con facilidad en combate.

Me puso la punta del cañón de la ametralladora en la sien y pensé: "Me mató, hasta aquí fue, Dios mío.". Empecé a rezar.

—Usted es mi seguro de vida —rezongó.

—¿Por qué?

—Negocie por mí —me pidió.

—Bueno, déjeme negociar.

—¿Quién está adentro? ¿Quién está ahí? —gritó un policía.

—¡Soy Andrés Pastrana!

—¿Quién?

—¡Andrés Pastrana!

—¡Uy, vinimos por el santo y se nos apareció la Virgen! —exclamó.

Todo el mundo creía que yo estaba secuestrado en Bogotá, nunca nadie supo, aparte de mi padre, que me movieron a Antioquia ni cómo lo hicieron.

—¡Salga, doctor Pastrana! —gritó un policía.

—Estoy con un secuestrador —y el tipo me dijo al oído que me mataría si hacía algo indebido—. Yo estoy con un secuestrador que me está apuntando a la cabeza con una ametralladora Uzi y está dispuesto a matarme, así que no vayan a hacer nada. Estoy a tres pasos de la salida. Voy a salir, no vayan a disparar que me matan. Estoy a un paso, no vayan a disparar que ya voy. El primero que va a salir soy yo y el secuestrador está junto a mí. Ya salgo, veo a un policía a la derecha y otro policía abajo.

—Bajemos por las escaleras —me ordenó el secuestrador desviando la dirección que llevaba.

Bajamos y había dos puertas, una para el jardín y otra para el garaje. Nunca las había visto porque siempre que pasaba por ahí iba vendado.

—Métase a la izquierda —me ordenó Carrochocao y entramos al garaje, donde había una Toyota amarilla parqueada— .¿Usted sabe manejar?

—Sí.

—Siéntese en el timón —le obedecí, seguía esposado y él se sentó a mi lado.

—Prenda la camioneta.

—No hay llaves —le informé después de buscarlas.

—Entonces, bájese y abra el capó.

Levanté la tapa del motor y el tipo metió la cabeza debajo.

—Voy a hacer contacto directo para prender el carro —indicó Carrochocao.

Metió aún más el cuerpo bajo el capó y en ese momento, fracciones de segundo, pensé: "Se lo voy a descargar encima y me da tiempo de salir corriendo". Pero también pensé: "Le hago algo a este tipo, salgo corriendo, los policías van a creer que yo soy el secuestrador, me disparan y me matan". Sospeché que la casa estaba rodeada de soldados y policías. Después supe que no eran sino cinco policías despistados los que habían llegado a la casa sin sospechar lo que iban a encontrarse.

De acuerdo con la versión de Popeye cuando lo visité en la cárcel en 2013, "a usted lo tuvimos en una caleta muy bien manejada. Era una casita campesina [a la que] sólo entraba un *Suzukito* viejo a ciertas horas". Sin embargo, quienes llegaron a custodiarme "eran de un grupo nuevo. Llegaron en una camioneta Toyota amarilla [placas KB 3812]. Uno de los tipos sacó una chequera que le habíamos dado para los viáticos y se fue al pueblo", donde, agrega Popeye, "comenzó a darles trago a unos a policías" y "cuando empezaron a hablar del secuestro" el hombre se dedicó a sostener que "eso no fue así". Como consecuencia, "la Policía le informó al alcalde sobre un tipo muy sospechoso que está viniendo todos los días en una Toyota grande y hablando un poco de bobadas; nosotros creemos que es narcotraficante y que tiene un laboratorio en la finca". Debido a esto, termina Popeye, "la Policía empieza a seguirlo".

Mientras el secuestrador intentaba huir usándome como escudo, de todos los policías y militares que, de acuerdo con mis suposiciones, acababan de llegar para tratar de rescatarme, solamente logré ver a uno de ellos al salir de mi celda y a otro cuando bajamos hacia el garaje.

—No puedo prender el carro —masculló el secuestrador con la cabeza entre el motor.

Salimos al jardín en el que, con los ojos vendados, me habían puesto al sol en días anteriores. Descubrí que tenía una cerca con rollos de alambre de púas, como en los campos de concentración.

—¿Por dónde me voy a escapar yo? —me preguntó descorazonado el secuestrador.

—Tranquilo, hermano, yo negocio. Déjeme tranquilo —le respondí.

—¡Libere a Andrés Pastrana! —gritó desde afuera un policía.

—Si ustedes tratan de hacer algo, mato al doctor Pastrana —respondió Carrochocao.

—No, no. Espere, déjeme negociar —le insistí.

Los policías se inquietaron.

—¡No vayan a hacer nada porque este tipo me mata! —grité.

No sé si todo este forcejeo se demoró cinco minutos o dos horas.

Que lo suelte, que no lo suelto, que lo libere, que no lo libero, que lo mato. "Mi vida no vale nada", me digo.

—Si ustedes hacen un movimiento, lo mato —gritó de nuevo mi secuestrador.

Y yo, esposado, seguí comunicándome a gritos con los policías. Era lo que el secuestrador llamaba negociar.

—¿Por dónde me escapo? —me preguntó Carrochocao por enésima vez.

—Espere y miramos.

—Pero, ¿por dónde salgo? Es que no tengo por dónde irme, doctor.

—¡Espere! —estaba negociando al mismo tiempo con los policías y con el secuestrador.

De repente, el secuestrador hizo una propuesta:

—Si uno de esos policías se cambia por usted yo me voy con él.

—Sí, pero con una condición.

—¿Cuál, doctor?

—Que no mate al policía. Si el policía acepta el plan y usted me promete que no lo mata yo me cambio por él. Si no, prefiero irme con usted.

—Yo le prometo que no lo mato, le doy mi palabra.

El secuestrador consultó a gritos si algún policía quería cambiarse por mí.

—Yo acepto —contestó uno desde afuera.

Después supe que este héroe se llamaba Roberto de Jesús Zapata Carmona. Zapata se acercó caminando con los brazos arriba.

—Ábrale las esposas al doctor Pastrana y usted, doctor Pastrana, póngaselas al policía —ordenó Carrochocao.

—Mire —indicó el secuestrador dirigiéndose al policía ya esposado—, allá hay un hueco hecho por uno de mis compañeros que se escapó. Nos vamos por ahí.

El policía Zapata partió adelante y el secuestrador lo siguió, apuntándole con el arma en la espalda.

—No se muevan de aquí hasta dentro de una hora —exigió el secuestrador mientras partía—. No se muevan o mato al policía.

70

—No, no. No hay problema —le respondí, y al retirarse el tipo en su huida botó dos fusiles R15, agarró su ametralladora y se fue con el nuevo rehén.

De pronto, estaba inesperadamente libre, acompañado por cuatro policías que aparecieron de súbito: el dragoneante Walter Ariel Bedoya Muñoz, comandante de la subestación de El Retiro, y los agentes Narciso Constante Constante, José Vergara Londoño y Leonardo Castañeda Giraldo. Explican que me encontraron por causalidad, buscando un posible laboratorio de coca e indagando sobre movimientos extraños en la quinta El Fresal, vereda La Fe. Fue el último lugar donde me tuvieron. Después supe que era una de las caletas principales de Pablo Escobar. Incluso, dormía ocasionalmente en ella y la usó para tener secuestrado a un ciclista y narcotraficante del Cartel de Cali, Hugo Hernán Valencia. Esa propiedad estaba acreditada a nombre del testaferro José Humberto Gómez Vásquez y la administraban Jorge Hernán Carvajal Restrepo y Martha Lourdes Velásquez Vargas.

—¡Recojan los rifles o los fusiles esos y nos largamos! ¡Qué vamos a esperar una hora, a correr! —apremié a los policías.

Para salir a la carretera era inevitable trepar un portón inmenso lleno de alambre de púas. Si me preguntan cómo lo hice, no sé. Pero escalé la puerta, salté los alambres y caí al otro lado, sobre una carretera destapada. En ese momento ya sabía que estaba en Antioquia, pues en varios de los periódicos que me habían llegado a la celda venían volantes publicitarios de la droguería no sé qué cosa, con dirección en El Retiro, Antioquia. Aunque yo no sabía en qué parte del departamento estaba exactamente El Retiro, al menos ya tenía entendido que me tenían en Antioquia.

Echamos a correr por la carretera y, Dios mío, venía subiendo hacia nosotros una de esas camionetas de antes, "narco Toyota".

—¡Son estos tipos! —grité—. Me van a secuestrar otra vez.

Se acercó y los policías que me acompañaban se mantuvieron en estado de alerta. El tipo que manejaba bajó la ventana.

—Oiga, Andrés, súbase y lo llevo hasta El Retiro.

Resultó ser un hombre solidario y gentil cuyo nombre no recuerdo, pero supe que tiempo después fue secuestrado por otras razones. Nos subimos a ese carro y en el camino nos encontramos al policía Zapata que venía esposado. Lo recogimos y sus compañeros le liberaron las manos.

La historia que contó Zapata es cinematográfica:

—Yo me fui con el secuestrador a cambio de que liberara al doctor Pastrana. Buscamos la carretera y anduvimos hasta cuando se acercó a nosotros un carrito Simca. El tipo lo encañonó y bajó a la familia que venía adentro. No sé en qué momento, la persona que manejaba movió una de esas palanquitas de seguridad que al ser accionadas hacen que un minuto después se apague el motor, porque cortan el paso de gasolina. Solamente queda una ínfima cantidad de combustible en el conducto que va del tanque al carburador y eso sólo alcanza para andar un par de cuadras más. El secuestrador se montó conmigo al Simca y seguimos hasta que se apagó. Intentó encenderlo varias veces, se convenció de que no lo lograría, abrió la puerta y huyó solo. Pero antes de esto se despidió: "Tranquilo, hermano, yo soy simplemente trabajador de la mafia y a mí lo que me interesa es poderme volar. Adiós".

Zapata se montó con nosotros en la camioneta y llegamos todos a El Retiro. Nos bajamos frente a la estación de la Policía y luego pasé a la Alcaldía para atender una llamada del periodista Juan Gossaín, de RCN. Por esta entrevista, la primera que me hicieron y que fue retransmitida en tiempo real por casi todas las demás cadenas de radio, fue que el país supo de mi liberación. Curiosamente, Nohra había ido a RCN esa mañana con Luis Alberto Moreno. Como ella misma cuenta, "Tenía puesto un vestido verde, el verde de la esperanza".

Existe una foto del momento en que ella oye mi voz y en RCN se entera de mi liberación. Juan Gossaín la puso al aire enseguida y llamó a mi padre.

—Andrés, Dios te está dando una nueva oportunidad —declaró mi padre—. Hoy, más que nunca, tienes un compromiso con el pueblo colombiano que lo único que demostró siempre fue afecto, cariño y compañía. Nos da una lección política en ese diálogo. Te estamos esperando, comprenderás lo que fue la angustia de tu mamita y de todos. No sabes la emoción inmensa con la que te estoy dando este abrazo telefónico.

Más tarde, estos policías, temerarios y valientes, se devolvieron a la finca El Fresal y dijeron que, al llegar, encontraron siete "narco Toyotas" que estaban entrando. Era el ejército de Pablo Escobar que ese día llegó tarde por mí para llevarme a una caleta secreta en las selvas del Chocó, un escondite en el que me habría muerto.

Cuando visité a Popeye en la cárcel, me contó la historia completa.

"Pablo hizo dos o tres caletas subterráneas en las selvas del Chocó, nadie sabía dónde quedaban. Cómo serían de recónditas que un día pasaron unos indígenas y Pablo las abandonó porque en ese momento dejaron de ser secretas. Después construyó otras que sólo él sabía ubicar. Si usted hubiera sido llevado allá, doctor Pastrana, habría quedado confinado de por vida".

Esos calabozos de Chocó, la selva más lluviosa del mundo después de la de Senegal, "eran para guardar secuestrados norteamericanos" con los que Escobar, de acuerdo con Popeye, pretendía cobrar otro tipo de venganza más contra la extradición. "¿Qué pasa si al patrón lo matan estando usted en esas caletas y se pierden las coordenadas que solamente él conocía?".

Yo me río de gente que me ha dicho: "Pero su secuestro solamente duró una semana". Sí, una semana en que no sabía si en el minuto siguiente me matarían.

El presidente Virgilio Barco mandó a su ministro de Gobierno, César Gaviria, en el avión presidencial para recogerme en Medellín. Nohra y mis hermanos también viajaron en ese vuelo.

De El Retiro me llevaron en un helicóptero a Medellín, donde me recibieron el gobernador de Antioquia, Fernando Panesso, y Juan Gómez Martínez, candidato a la Alcaldía de Medellín. Fue también cuando me reencontré con Nohra, lo que jamás me pasó por la cabeza desde cuando me levanté ese día lleno de sorpresas que todavía no habían dejado de ocurrir, y nos estrechamos en el abrazo quizá más extenso y afectuoso que, pensándolo ahora, nos hemos dado en toda la vida. Regresamos juntos a Bogotá precisamente cuando nos esforzábamos para intentar resistir una separación prolongada.

Al llegar, nunca había visto una manifestación más grande de cariño y afecto. Fue una marcha de pañuelos blancos, pero el entusiasmo fue apabullado con una noticia devastadora que nos atropelló en el camino del aeropuerto a mi casa.

Al poner la radio, oímos:

"¡Acaban de encontrar el cadáver del procurador general de la nación!".

Y transmitieron una declaración de Popeye en la que reconocía que lo habían asesinado, e indicando que diez horas después de haberlo secuestrado, habían abandonado el cadáver en una finca a veintidós kilómetros de Medellín, en la vereda Carrizales del municipio de El Retiro.

—¡Anote! —comunicó atropelladamente Popeye por teléfono a una emisora de radio—. El cadáver está en el siguiente lugar: sitúese en el estadero La Tienda del Mago, hacia Medellín. Sube hasta que encuentren una cantera en una curva, allí hay una piedra grande. Trescientos metros más adelante de la piedra, a la derecha, hay un letrero que dice: "Venta de estacones". Por esa entrada está el cadáver. Informe que la guerra continúa. La guerra continúa. Le recalco: ¡la guerra continúa!

Cuando visité a Popeye en la cárcel me reveló que Escobar se encolerizó al saber que sus hombres no me encontraron cuando fueron por mí para trasladarme a las caletas selváticas del Chocó porque la Policía me había rescatado minutos antes.

—Se nos escapó el hijueputa de Pastrana —le anunció a gritos Escobar en una llamada telefónica a Popeye—. ¡Mate ya al procurador!

Carlos Mauro Hoyos asumió la Procuraduría en 1986 y en medio del baño de sangre al que estaba siendo sometida Colombia en ese momento, hizo célebre su frase: "Prefiero las guitarras a las ametralladoras".

De manera paradójica, cuando fue representante a la Cámara compartió curul con quien sería su asesino: Pablo Escobar. Este, en febrero de 1982, alcanzó la investidura de congresista como suplente de Jairo Ortega Ramírez, pues los dos pertenecían al movimiento Alternativa Liberal, del senador por el Tolima Alberto Santofimio Botero, hoy condenado y preso como coautor (junto con Escobar, Popeye y otros) del magnicidio del carismático candidato presidencial liberal Luis Carlos Galán Sarmiento. Escobar y Ortega inicialmente ingresaron al Nuevo Liberalismo pero fueron expulsados por el propio Galán, jefe y fundador de ese movimiento político que también llevó a Carlos Mauro Hoyos a la Cámara de Representantes.

En el camino a mi casa la Policía informó que el cuerpo de Carlos Mauro estaba amordazado y tenía en la cabeza quince tiros de fusil R-15.

El viernes, el procurador había llamado a mi padre. Ellos no se conocían.

—Presidente Pastrana, he estado estudiando un mecanismo para que Andrés pueda inscribir su candidatura sin estar presente. Quiero explicárselo.

—Muy bien, ¿cuándo nos vemos, Procurador?

—Yo viajo hoy a Medellín en el último vuelo pero regreso a Bogotá el lunes, en el primero. ¿Me recibe ese día por la tarde?

—Por supuesto, lo espero con mucho gusto a las tres en mi casa.

Quien entró a mi casa a esa hora por una gambeta del destino, sin embargo, fui yo, oyendo la noticia sobre el espantoso magnicidio de Carlos Mauro Hoyos.

Algunos meses después de mi liberación volví a El Retiro. En compañía de Nohra, Luis Alfonso Ramos y Augusto López Valencia fuimos a la quinta El Fresal, en la vereda La Fe. Recorrimos la casa, les mostré mi celda, y en el piso, cubierta de polvo, estaba la primera página de *El Tiempo* con el titular que pudo haberme costado la vida: "La mafia tiene a Andrés Pastrana".

En el transcurso de mi larga entrevista en la cárcel con Popeye, veinticuatro años después de mi secuestro, conocí pormenores todavía más escabrosos.

"El que le dice [a Pablo Escobar] que hay que matarlo a usted, el que dice que no lo vayan a dejar vivo por nada, que usted no puede ser liberado, que tiene que morir porque si es rescatado será presidente de la República de Colombia, es Alberto Santofimio Botero. Se lo dice a Pablo Emilio en El Bizcocho", que era una de sus caletas en la parte alta del barrio El Poblado de Medellín.

Continúa Popeye: "Yo recojo al doctor Alberto Santofimio en el parque de El Poblado y lo llevo a donde el patrón, porque a Santofimio no lo recogía cualquiera, sino 'El Arete'[15], 'El Mugre'[16] o 'El Chopo'[17]. Porque donde el patrón cualquiera no sabía dónde era, porque los bandidos sabían que el patrón valía cinco millones de dólares que daban los caleños, y cinco millones de dólares que daban los americanos. Solamente seis sabíamos dónde estaba el patrón. Entonces, nosotros nos llamábamos porque cuando eso no existía manera de triangular [interceptar] los teléfonos: 'Hombre, que recoja al *Santo*' y yo ya sabía dónde".

De acuerdo con su relato, tan pronto Santofimio estuvo en la caleta de El Bizcocho, Pablo lo llamó:

—Popeye, venga, siéntese. Necesito que me diga quién fue el héroe que secuestró a ese hijueputa —dijo Santofimio.

—Lo está mirando —le contestó Pablo.

Santofimio se paró y me dio un abrazo.

—Usted es un héroe, este hombre es muy valioso —me dijo Santofimio.

Entonces es cuando dice: "Andrés tiene que morir"[18].

---

[15]   Carlos Mario Alzate Urquijo, sicario de Pablo Escobar.

[16]   Luis Carlos Aguilar Gallego, sicario de Pablo Escobar.

[17]   Mario Alberto Castaño, sicario de Pablo Escobar.

[18]   Dicho durante el juicio en el que fue condenado como coautor del magnicidio de Luis Carlos Galán Sarmiento.

Usted sabe, doctor Pastrana, que Santofimio quería llegar a la Presidencia en una escalera de ataúdes. El patrón le decía: "yo no puedo matarlo. Me sirve más vivo, ¿sí me entiende?".

Yo no pensaba que usted fuera a salir vivo. Tenía encima al político más corrupto del país, estaba en manos del diablo.

Se lo juro por la vida de mi hijo: el que procuró que usted fuera asesinado fue Alberto Santofimio Botero. Yo lo dije en el juicio, lo mismo que de [Luis Carlos] Galán.

El relato de Popeye me regresó a la celda de mi secuestro y al momento en que estoy viendo por televisión a Alberto Santofimio salir de la casa de mis padres en compañía de Hernando Durán Dussán, ex alcalde de Bogotá, y dar estas declaraciones a los periodistas que permanecían afuera:

"Nosotros hemos expresado nuestra solidaridad al ex presidente Pastrana, a su familia, a su partido. Condenamos todo hecho que pretenda sustituir la democracia por violencia"[19].

En septiembre de 2013 contacté telefónicamente al escritor Gustavo Álvarez Gardeazábal, para conocer por primera vez los términos de su intervención de buena voluntad para mi liberación.

"Yo he sido", me explicó, "enemigo acérrimo de la extradición durante todo el tiempo. Colombia ha sido humillada

---

[19] Durante la audiencia pública del juicio que condenó a Santofimio, el 27 de junio de 2006, Popeye acusó a Alberto Santofimio Botero de ser el autor intelectual de mi secuestro y de haberle propuesto a Pablo Escobar que me asesinara: "Pablo, ejecútalo", "Pablo, mátalo". En la misma intervención judicial, expresó: "Andrés Pastrana Arango hoy está vivo de milagro".

por los Estados Unidos y en eso he sido constante durante cuarenta años". Por los días del secuestro había publicado en *El Colombiano*, de Medellín, una de sus muchas columnas en tal sentido y, por eso, "clasifiqué para ser emisario en el caso tuyo".

"A mí me localizó Roberto Arenas Bonilla, dijo que necesitaba hablar conmigo". Lo citó en su finca de Tuluá, "hizo el viaje hasta acá, me puso al tanto". Al día siguiente el escritor viajó a Medellín, se alojó en el Hotel Intercontinental, el mismo día le pusieron una cita en un restaurante al que "llegaron dos pelados para la única reunión que hubo petitoria". Desde el primer momento "plantearon que el secuestro era político" y fue llevado a un lugar "como de *politburó*" (cónclave sombrío del Comité Central del Partido Comunista Soviético) en donde "sólo hablaba un tipo" del que "siempre he creído que fue Pablo Escobar, pero no pude verlo". Este "explicó las condiciones del secuestro".

Luego, le advirtieron que una persona a la que llamaban "el Poeta" sería su interlocutor en adelante.

De Medellín, Álvarez Gardeazábal viajó a Bogotá a verse con mis papás, "que fueron muy cariñosos. Ellos estaban angustiadísimos". Les comunicó que los secuestradores pidieron no hacer ninguna otra reunión y continuar la negociación a través de "el Poeta".

El intermediario pronto llamó a Tuluá, dijo que volaría hasta Pereira, a donde Álvarez Gardeazábal fue en su carro a recogerlo, conversaron a lo largo del viaje hasta el aeropuerto de Cali y ahí tomó otro vuelo de regreso a Medellín. Otras veces el encuentro fue al contrario: llegó a Cali y conversaron hasta el aeropuerto de Pereira.

El intermediario "de poeta no tenía nada", y a través de su vocería los secuestradores "insistían casi en una declaración constitucional. Era muy extraño, la petición era netamente constitucional, un cambio, la extradición, obviamente, como primer objetivo, no se debe dar, el país debe ser distinto".

El Poeta, por regla general, "siempre me hablaba en términos políticos, jamás en términos criminales. Era como una conversación entre un par de filósofos. Era un tipo que había leído, sabía de Derecho y sabía de la Constitución, [sabía] qué era lo que ellos querían cambiar y [explicaba] cómo era que ellos lo querían hacer". Era un muchacho no mayor de treinta años al que Álvarez Gardeazábal nunca volvió a ver en persona ni en noticias o fotografías de prensa relacionadas con el Cartel de Medellín.

La última charla de Álvarez Gardeazábal con el Poeta fue a las siete de la mañana del día que me liberaron. "Él me puso en ese momento, en esa llamada, a copiar la declaración que ellos estaban haciendo porque ya estaba cuajado que te iban a entregar", me contó.

"En la última conversación", agrega Álvarez Gardeazábal, "el tipo dijo que ellos iban a buscar una figura de 'alto turmequé' (relevante) para entregarte". En consecuencia, "llamé a Roberto [Arenas] y le dije".

El escritor sospecha que la personalidad escogida para entregarme pudo ser el procurador general Carlos Mauro Hoyos, debido a que el día que mis secuestradores lo mataron llevaba un ejemplar de su libro más reciente, *El último gamonal*. Esto, cree él, podría ser algún santo y seña, pero tampoco descarta que fuera sólo "una coincidencia de la vida".

En otro esfuerzo para buscar que me liberaran, mi hermano Juan Carlos llamó a un amigo suyo, David Ronfeldt, una especie de joven Stephen Hawking por sus limitaciones físicas debidas a la polio y a su gran inteligencia. Era un experto en terrorismo y conflicto que trabajaba para Rand Corporation, empresa de California muy vinculada con la CIA en estudios estratégicos. Juan Carlos le planteó el caso de mi secuestro a lo que pronto le sugirió que llamara a su compañero Brian Jenkins, quien acababa de fundar un grupo de seguridad.

Jenkins comenzaba la hoy poderosa Kroll Associates, siendo él experto, entre otras cosas, en negociar rehenes de alto perfil para el Gobierno de Estados Unidos. Juan Carlos le describió telefónicamente la situación y respondió a sus preguntas durante cerca de una hora. "Francamente, no conozco antecedentes para un caso como este. Sin embargo, voy a investigar y hablamos de nuevo", le dijo Jenkins.

Al día siguiente, Jenkins llamó a Juan Carlos y le reportó que en los archivos que revisó no encontró nada asimilable al caso, con la posible excepción del secuestro de Guadalupe Duarte, la hija del presidente salvadoreño Napoleón Duarte, el cual finalmente descartó por el tinte puramente político. "Este caso es único, aún dentro del perfil de la mafia colombiana, dijo. Para ser franco, es poco lo que yo podría hacer. Por lo poco que sé, creo que no hay nadie con mejor juicio para asumir esto que su padre y gente como usted a su lado. Pero, por favor, sepa que estoy a sus enteras órdenes y no dude en llamarme cuando lo considere oportuno".

Juan Carlos y Brian Jenkins, quien colaboró generosamente como amigo, hablaron en adelante todos los días, y sus consejos y opiniones aportaban algo de las tan escasas seguridad y certeza en esos momentos de zozobra.

El Cartel de Medellín ya tenía horrorizado al país y en los meses venideros arreció su larga racha de magnicidios y acometidas terroristas que le costaron la vida a líderes como el candidato presidencial Luis Carlos Galán, el ex ministro de Justicia Enrique Low Murtra, decenas de periodistas y jueces, un centenar de pasajeros de un avión de Avianca derribado cuando volaba entre Bogotá y Cali, y millares de colombianos más caídos al paso de bombas devastadoras que explotaban a diario, principalmente en Bogotá, Medellín y Cali.

Inscribí mi candidatura por el Partido Conservador en la Registraduría Distrital, a pocas horas de que venciera el plazo. Enseguida, hubo una misa en la antigua capilla de La Bordadita, del Colegio Mayor de Nuestra Señora del Rosario, mi universidad. Le agradecí a la Virgen mi regreso sano y salvo.

Durante mi secuestro el ex presidente Alberto Lleras Camargo hizo la última salida pública de su vida para visitar a mi familia. Fue acompañado de su esposa, chilena, doña Bertha Puga, a quien nosotros conocíamos desde niños y le decíamos afectuosamente "la Puga". El presidente Lleras Camargo era nuestra institución presidencial y quiso mucho a mis padres[20].

Cuando mi padre fue tercer secretario de la Embajada de Colombia en Washington estaba recién casado con mi madre. Eventualmente salían a fiestas o a cenar, y a mi hermano Juan Carlos, el mayor, lo dejaban al cuidado de Alberto Lleras y su esposa. Desde entonces "la Puga" nos quiso entrañablemente.

Uno de los compromisos que debí cumplir a mi regreso fue visitar a los Lleras. El ex presidente había regresado enfermo de su casa de Chía para vivir en un apartamento, en la Calle 85 con Carrera Séptima, de Bogotá. Al llegar, "la Puga" me regaló con inmenso afecto una estampa en oro de La Milagrosa. El ex presidente, viejo liberal radical, bajó, me saludó con cariño, pero me advirtió:

—Usted no nos va a ganar la alcaldía de Bogotá a los liberales.

---

[20]   Misael Pastrana Borrero fue tres veces ministro de Lleras Camargo: de Hacienda, Fomento (hoy Desarrollo) y Obras Públicas.

—Quiero agradecerle inmensamente el afecto y cariño que mostró al salir para visitar a mis padres. Muchas gracias.

—Pero usted no nos gana la alcaldía de Bogotá. Bogotá es la capital roja de Colombia.

—Bueno, Presidente, seguiré haciendo todo el esfuerzo por ganar.

—No nos gana, Andrés, no nos gana a los liberales —me insistía con mucho afecto y confianza.

Pero "la Puga" trató de ponerle fin a la discusión:

—Alberto, deja tranquilo al niño.

Todavía hacía falta viajar a Madrid para recibir, dos días después, en el palacio de La Zarzuela, el segundo Premio Internacional de Periodismo Rey de España que gané con Gonzalo Guillén.

Dormí durante todo el vuelo a Madrid. Nos hospedamos en el Hotel Miguel Ángel, contiguo al Paseo de la Castellana, y allí concedí decenas de entrevistas y ruedas de prensa a periodistas de España y Europa, ansiosos por enterarse de aspectos desconocidos de las entrañas de la asombrosa industria del narcotráfico que, a sangre y fuego, florecía frenéticamente en Colombia.

En España estuvimos con el rey Juan Carlos y la reina Sofía, afectivos y cariñosos como siempre han sido con nosotros. Después, en Ciudad del Vaticano, tuvimos una audiencia con el Santo Padre, Juan Pablo II, algo que durante todos los días de mi secuestro pensé hacer cuando recobrara mi libertad. Pedimos, con Nohra, una audiencia privada que consiguió el entonces embajador en la Ciudad del Vaticano, el ex presidente Julio César Turbay Ayala.

El papa nos bendijo y me pidió hacerle un relato del secuestro, que siguió con cuidado y a veces con asombro.

Preguntó por el documental laureado que, marcado por mi secuestro y el premio, en esos días fue difundido profusamente en España y Europa.

—Es, Su Santidad, una larga investigación sobre lo que ocurre desde cuando indígenas de Bolivia o Perú cosechan hojas de coca, planta medicinal y milenaria cuyas propiedades prodigiosas les han permitido sobrevivir y hacer florecer sus civilizaciones en las alturas asfixiantes de los Andes, hasta que el extracto de esa planta llega a Estados Unidos trasformado en cocaína y otras substancias mediante procesos químicos que los indígenas desconocen y desaprueban. Para ellos, la coca es probablemente el mejor regalo que sus dioses les han legado.

Le expliqué cómo en ese tiempo un kilogramo de cocaína valía alrededor de quinientos dólares en Colombia o Perú, y sólo con llevarlo a Nueva York o Londres podía dejar una utilidad cercana a ocho mil dólares, además de algunos asesinatos de inocentes en el camino. Es una realidad diferente a la visión heroica y esforzada del negocio que me expuso Pablo Escobar en mi celda de secuestrado.

—La creciente guerra de los narcotraficantes por defender ese negocio —le expliqué al papa— ha dejado millares de muertos colombianos, corrupción, depredación y otros actos criminales, como por ejemplo mi secuestro, o el infame y reciente magnicidio del procurador colombiano.

—¿Cómo se llama el documental? —preguntó el papa.

—*El castigo de los dioses*, Su Santidad.

II
LA PRUEBA REINA

Voy a contar la realidad sobre los denominados "narcocasetes", nombre con el que pasaron a la historia las grabaciones furtivas que en 1994 pusieron al descubierto el ingreso de una suma estimada en diez millones de dólares a la campaña electoral para la presidencia de mi entonces contrincante, el liberal Ernesto Samper Pizano.

Han pasado diecinueve años y, por primera vez, tengo total autorización de protagonistas que me entregaron las grabaciones para relatar lo que sucedió, e identificar a quienes me revelaron secretos de esta historia, formada por un conjunto de episodios que, a mi modo de ver, han debido cambiar de manera positiva la historia de Colombia.

Hasta hoy había dicho que los "narcocasetes" me los entregó un desconocido en Cali al terminar una concentración política. Esta explicación tuvo el objeto de proteger a las personas que me proporcionaron el acceso a algunas evidencias. La realidad es que quien me entregó los casetes fue, ciertamente, un desconocido, pero la historia tiene otros elementos que voy a contar a continuación.

Era el jueves 16 de junio de 1994, tres días antes de la segunda vuelta presidencial, prevista para el domingo 19.

En la sede de mi campaña presidencial, en Bogotá, mi jefe de seguridad, el mayor Germán Jaramillo, me comentó que

87

un oficial de Inteligencia de la Policía Nacional quería hablar conmigo de manera urgente y en privado.

—Jaramillo, yo necesito hablar con el candidato —urgió el oficial.

—¿Dónde quiere que lo hagamos, mi coronel? —indagó Jaramillo.

—Digan ustedes dónde.

Antes de darle una respuesta, Jaramillo le advirtió que primero iba a definir conmigo el punto de encuentro.

—Un coronel de Inteligencia de la Policía Nacional asegura que tiene una información que será muy importante para usted. Quiere saber dónde puede hablarle personalmente y en privado —me anunció Jaramillo.

En ese momento tenía dos sedes políticas en Bogotá. La principal frente al Concejo Distrital, en la calle 26, y la segunda en el barrio La Soledad, donde también funcionaba el Centro de Estudios Ciudadanos, mi aparato político de análisis e investigación.

—Cítelo en la sede del Centro de Estudios —le concreté.

El oficial, a quien no conocía, llegó puntual a las nueve de la mañana. Jaramillo lo hizo pasar con rapidez a mi oficina tan pronto ingresó a la sede y me dejó con él.

—Mucho gusto, teniente coronel Carlos Barragán Galindo —se presentó extendiéndome la mano y me explicó que trabajaba en el Departamento de Investigaciones Judiciales de la Policía Nacional (Dijin), única entidad de seguridad del Estado colombiano en la que la DEA[21] tenía plena confianza en ese mo-

---

[21] Drug Enforcement Administration, por su sigla en inglés (Agencia Federal Antidrogas de los Estados Unidos).

mento. De acuerdo con Barragán, la DEA y la Dijin tenían un grupo de trabajo externo al que él pertenecía, dotado de salas de grabación para hacer seguimientos y espiar conversaciones telefónicas con el exclusivo fin de perseguir al Cartel de Cali, la prioridad más alta en ese momento de los servicios de seguridad de los Estados Unidos en Colombia, desde cuando fue abatido Pablo Escobar, el 2 de diciembre de 1993, en Medellín.

Después de presentarse, Barragán me pidió una grabadora, la mandé traer y puse a rodar las primeras grabaciones de lo que habría de pasar a la historia de Colombia con el nombre de "narcocasetes". Por primera vez, las oí con él y quedé absolutamente impactado, aturdido, sin saber cómo reaccionar ante eso. Básicamente, son cuatro conversaciones de los jefes del Cartel de Cali, los hermanos Miguel y Gilberto Rodríguez Orejuela, con el conocido y veterano periodista Alberto Giraldo, especializado en información política. En la grabación se escucha con plena claridad que los Rodríguez Orejuela tienen a Giraldo de intermediario para inyectarle fondos a la campaña de Ernesto Samper Pizano. Hablan con pelos y señales sobre ciertas cantidades de dinero que ya han sido entregadas, sobre otras que falta enviar de Cali a Bogotá, y también mencionan con nombres propios o apodos a la gente de mayor confianza de Samper inmiscuida en el asunto[22].

Una de las conversaciones no deja espacio para las dudas. En ella, Gilberto Rodríguez Orejuela pregunta por las opciones de triunfo de Samper y Giraldo responde: "Pues está en manos de ustedes, qué cosa tan curiosa ¿no?".

---

[22] Las conversaciones están disponibles en los siguientes enlaces:
http://www.andrespastrana.org/biblioteca/primer-narcocassette/
http://www.andrespastrana.org/biblioteca/narcocassettes-2-y-3/

En otra grabación Giraldo le notifica a Miguel Rodríguez que en la campaña de Samper ya saben que su financiación a la campaña tiene un precio: "Hay cinco puntos ahí, que son unos nombramientos que son fundamentales, ¿no?", a lo cual el jefe del Cartel responde: "Pues sí, pero no estén hablando de *eso* por teléfono".

En casetes que aparecieron posteriormente existe una novena grabación que contiene el diálogo de Jorge Rodríguez, hermano menor de Miguel y Gilberto, con alguien llamado "Omar", a quien le reconoce la financiación de su cartel del narcotráfico a la campaña de Samper y se jacta: "¡Todo el mundo nos tiene que respetar, todo el mundo nos tiene que admirar! ¡Porque somos gente inteligente! ¿Cómo te parece? Y es la verdad, ¿o no, Omar?".

Jorge Rodríguez agrega refiriéndose a mí: "Porque ese gonorrea está todo puto y está empezando a decir que de los dineros calientes y dizque no sé qué y él va a… Porque no le dimos billete de oferta ni mandó a pedir. O sea que se le dijo: 'No más que aquí estamos con el otro señor'. ¡Y es que no le dimos ni un culo! ¡Ese va a perder! Ese, a metros, hijueputa, ¿sí?".

Estas grabaciones son el producto de un mismo consejo que la DEA y la Policía colombiana recibieron de distintas fuentes de información apenas fue abatido Escobar: si ahora querían encontrar a los Rodríguez Orejuela, lo primero que debían hacer era seguir a algunas personas, comenzando por Alberto Giraldo. Así, las conversaciones telefónicas de este fueron intervenidas desde 1993, cuando se conformó un Bloque de Búsqueda con los mismos métodos y herramientas utilizados exitosamente en Medellín. Las actividades del número telefónico principal del periodista los condujeron a los de los jefes del Cartel de Cali y de políticos, policías, criminales y funcionarios públicos corruptos. Luego, para captar y analizar de manera permanente la mayor cantidad de conversaciones de la red, también entraron a hacer parte del espionaje los servicios de inteligencia de la Armada Nacional y del Ejército, articulados por agencias de inteligencia de Estados Unidos con base en la cooperación judicial binacional.

El coronel Barragán Galindo se retiró y quedé en la soledad de mi oficina. Medité sobre cómo debería reaccionar frente a un hecho de tamaña gravedad, sin antecedentes en Colombia. Estábamos hablando de que la organización narcotraficante más poderosa del mundo en ese momento, el Cartel de Cali, según lo que acababa de oír, estaba financiando la campaña de Ernesto Samper Pizano. ¡Iban a comprar la Presidencia de la República de Colombia!

Llamé a Luis Alberto Moreno, jefe de campaña, y le pedí que pasara a mi oficina. Entró enseguida, vio con preocupación mi expresión turbada y cerró la puerta.

—¿Qué pasó?

—Quiero que oiga este casete cuidadosamente —le pedí, y puse a rodar la grabadora.

Pocos días antes había estado en Cali y me encontré con que la ciudad estaba invadida de afiches, pasacalles, pancartas y todos los demás elementos publicitarios de Ernesto Samper, mientras que nosotros no teníamos prácticamente nada. Al regreso de ese viaje les llamé la atención a Claudia de Francisco, gerente de la campaña, y a Luis Alberto Moreno.

—¿Dónde está invertida la plata de nuestra campaña? —les pregunté.

Luis Alberto también quedó atónito al oír las grabaciones.

—Mire, Luis Alberto, este casete hay que sacarlo a la luz pública.

Moreno siguió mudo.

—Luis Alberto, esto puede acabar con mi vida pública, pero yo creo que se tiene que conocer en Colombia. Mi conciencia me lo dice. Estoy seguro de que si Nohra y mis hijos saben de esto y descubren que no hice absolutamente nada, no me lo van a perdonar por el resto de la vida.

Moreno no sabía qué aconsejarme, estaba pasmado.

—Luis Alberto, si después de publicar este casete la gente no está de acuerdo conmigo, el que se equivocó de profesión fui yo. Pero, de todas maneras, pase lo que pase, voy a divulgar esto. Si el casete acaba con mi carrera política quiere decir que el país no está preparado para combatir la corrupción ni el narcotráfico…

Moreno estuvo de acuerdo con que el casete había que divulgarlo.

—Pero ¿cómo? —preguntó.

—Usted puede ganar o perder una elección, perfecto —le comenté—. Si gana, quiere decir que lo hizo bien. Si pierde, se sienta y se pregunta: ¿qué hice mal? ¿Qué debo corregir? ¿Qué fue lo que pasó? ¿Qué lugares decisivos no visité? ¿Qué le faltó a mi programa político? En fin, pero dentro de los parámetros legítimos, legales y democráticos...

Antes de divulgar las conversaciones necesitaba confirmar que las voces de los Rodríguez fueran auténticas. Porque podía estar cayendo en una trampa. Examiné con Luis Alberto las posibilidades que nos imaginábamos para divulgarlas y decidí llamar a mi padre para conocer su opinión.

—Necesito reunirme urgentemente contigo para comentarte algo de la mayor gravedad. Voy para allá.

Qué mejor asesor que el padre de uno, en casos como este. Primero, por el político que era. "Cada centímetro de la piel y cada gota de sangre de Misael Pastrana Borrero eran absolutamente políticos", decía un buen amigo de mi padre y mío, el intelectual y político peruano Alfredo Barnechea.

Ya en su oficina, que está en su casa, le pusimos el casete. Fue la primera vez que él lo oyó, la segunda que lo hacía Luis Alberto, y yo la tercera.

—¿Qué hacemos? —le pregunté a mi padre cuando terminé de rodar la totalidad del casete en la grabadora.

Coincidimos en que el gran escollo para publicar de inmediato el contenido de los "narcocasetes" era que jamás habíamos hablado con los Rodríguez Orejuela y nos resultaba imposible reconocer las voces de ellos. Sobre la que no tenía duda era la voz de Giraldo, porque había hablado con él y lo había escuchado durante años en sus programas de radio y televisión. De hecho, fue director y conductor del *Noticiero Todelar*, el de mayor audiencia en el país durante una parte de los años setenta. A cualquier colombiano de mi edad le era fácil reconocerlo. Sacar esas conversaciones así, sin más ni más, podía ser un bumerán que se devolviera y me decapitara. Lógicamente, las grabaciones podían ser falsas.

—Lo mejor que se puede hacer, por ahora, es entregarle este casete al presidente de la República —aconsejó mi padre.

Cualquier otra posibilidad en ese momento nos pareció impertinente.

—Hay que entregarle esto al presidente de la República —reiteró mi padre—, es el primer magistrado de la nación y como máxima autoridad tiene en sus manos la obligación de avalar unas elecciones limpias y con todas las garantías. Él es quien debe tener ahora este casete.

Por último, fijamos una estrategia: entregarle, en efecto, el casete al presidente, y enviarle simultáneamente una carta a Ernesto Samper preguntándole si tenía o no conocimiento del ingreso de dineros del narcotráfico a su campaña electoral. Si no tenía conocimiento, era obvio que me contestaría eso mismo de inmediato, sin ninguna prevención, con lo cual cualquier conflicto estaría, en principio, superado.

Hoy, es triste pensar que el país debió atravesar por una prolongada crisis moral, política y económica porque Ernesto Samper no respondió esa carta. Sólo un año y medio después de haberla recibido, abrumado por angustiosas e inocultables evidencias que fueron brotando, tales como las delaciones ante jueces hechas por su propio tesorero, Santiago Medina, y luego por su jefe de campaña y mano derecha, Fernando Botero Zea, comenzó a utilizar una estratagema de última hora para no verse en la necesidad de confirmar ni negar: "Si hubo dinero del narcotráfico en mi campaña presidencial, en todo caso, fue a mis espaldas". Si esto hubiera sido cierto, con ese argumento me habría podido contestar de inmediato la carta que le hice llegar tres días antes de las elecciones, cosa que no sucedió.

En mi carta le propuse a Samper que ambos fuéramos a la segunda vuelta con una promesa solemne al país: ambos renunciaríamos a la Presidencia de la República si se comprobaban los crecientes rumores según los cuales a nuestras campañas habían entrado dineros del narcotráfico.

La divulgación de esta carta abierta me permitió exponer el tema públicamente y presionar a Samper para tratar de que respondiera.

Hacia el mediodía terminé la reunión con mi padre, volví a mi oficina y llamé al despacho del presidente César Gaviria. Me contestó Inés Bedoya, su secretaria. Me informó que el presidente no había regresado de Cartagena, donde estaba despidiendo a los últimos mandatarios que asistieron a la Cumbre Iberoamericana.

—¿Es muy urgente? —me preguntó Inés.

—Sí —le contesté.

Ella me aseguró que iba a buscar de inmediato al presidente y que me pondría en contacto con él lo antes posible.

Nos fuimos a almorzar con varios directivos de mi campaña: Luis Alberto Moreno, Claudia de Francisco, Juan Hernández, Juan Esteban Orduz, Gabriel Mesa y Mauricio Suárez, que en paz descanse.

Era la época del *beeper*, ese pequeño antepasado del celular que servía para recibir mensajes escritos.

En la mitad del almuerzo vibró el *beeper* que Luis Alberto Moreno llevaba sujeto a la correa de su pantalón. El mensaje venía de Palacio: el presidente pedía que yo lo llamara. Le llegó a él por su cercanía con el presidente: fue ministro de Desarrollo de Gaviria, en representación de mi movimiento, Nueva Fuerza Democrática.

Terminamos de almorzar y llamé directamente al presidente Gaviria desde el carro de Claudia de Francisco, la única que tenía ese tipo de teléfono.

Gaviria me contestó de inmediato.

—Presidente, necesito hablar urgentemente con usted, y le pido dos favores: que en la reunión esté el ministro de Defensa, Rafael Pardo, y que me deje entrar por la puerta de atrás de la Presidencia de la República, esto para evitar un espectáculo: si ingreso por delante, todo el mundo preguntará qué hace un candidato presidencial entrando a la Casa de Nariño a tres días de las elecciones.

—Voy a comunicarme con Rafael Pardo y le aviso —contestó Gaviria.

—Presidente, yo iré acompañado por Luis Alberto Moreno.

Colgamos y en pocos minutos el presidente llamó a mi sede para anunciar que nos recibiría a las 4:30 de la tarde.

Enseguida, hice una copia del casete para llevársela al presidente, dejé el original para mí y llegamos puntuales a Palacio. De acuerdo con lo convenido, entramos por la puerta posterior, que da sobre la Carrera Octava. Nadie se dio cuenta de que Luis Alberto y yo acabábamos de ingresar. Yo mismo iba manejando mi carro, una camioneta blindada Chevrolet Blazer azul. Estacioné en el parqueadero interno y de allí nos subieron al despacho del presidente.

Todo este relato lo estoy tomando de la bitácora que escribí cuando sucedieron estos episodios. Estas cosas a mí me gusta dejarlas por escrito. ¿Cómo me acuerdo yo de que era el 16 de junio, de que la secretaria se llamaba Inés Bedoya, exactamente con qué personas me fui a almorzar? Es una prueba de que lo escribí hace muchos años.

Subimos a la sala de espera del despacho del presidente. Rafael Pardo, ministro de Defensa, no había llegado y debimos aguardarlo. De pronto, apareció el presidente en compañía de Fabio Villegas[23], ministro de Gobierno, y de Miguel Silva, secretario general de la Presidencia, quienes iban de salida. Me paré a mirar por la ventana de la sala de espera que da al Capitolio Nacional, y me di cuenta de que Pardo estaba entrando. El presidente, recién llegado de Cartagena, estaba con saco pero sin corbata y nos pidió seguir a su despacho.

Acomodados para la reunión, al comienzo hablamos generalidades: de la campaña electoral, de la cumbre en Cartagena…

—Presidente, ¿tiene una grabadora para oír este casete que traigo? —pregunté para entrar en materia.

Él le pidió a Inés que le consiguiera una y a los pocos minutos llegó el aparato.

---

[23] Presidente de Avianca en el momento de entrar a circular este libro.

Puse el casete y, antes de oprimir el botón de *play*, hice una aclaración:

—Presidente, yo vengo a su despacho como simple ciudadano; no estoy aquí como candidato a la Presidencia. Quiero que oiga este casete que considero de gran importancia.

Los cuatro oímos completo el casete de las conversaciones de los jefes del Cartel de Cali con Alberto Giraldo. Pardo y Gaviria estaban muy impresionados, se miraron entre ellos. Yo diría que estaban aterrados pero no sé exactamente si por lo que acababan de oír, o porque esa información se encontrara en mis manos.

El presidente Gaviria se paró de su silla y comenzó a caminar por el despacho. Pardo hizo lo mismo.

—Esto es muy grave, lo peor que puede pasarle al país y a la democracia colombiana —sentenció el presidente mirando a través de la ventana de su despacho.

Se volteó hacia mí, se acercó y me dijo:

—Andrés, ¿qué quiere que yo haga?

—Presidente, ya le dije como ciudadano: usted es el presidente de Colombia, el primer mandatario, el garante de un proceso electoral, lo que usted haga estará bien, yo no le vengo a exigir nada. Haga lo que le dicten su conciencia y su autoridad como presidente.

Sin que me lo preguntara, le conté la historia de que las grabaciones me las había entregado en Cali un desconocido. En ese momento, no podía identificar al coronel Barragán ni contar lo demás que me reveló en mi oficina.

—Esa cinta fue grabada por la Dijin o por la DEA, y si es así seguro ya hay copias circulando por la calle y en los medios de comunicación, es lo normal —anotó el presidente.

Hoy es 18 de junio de 2013. Mirando en perspectiva, Gaviria me dijo a mí que el casete fue grabado por la Dijin o por la DEA y, efectivamente, lo grabó la Dijin… o ambas. ¿Por qué Gaviria me dijo eso?

Regresemos a la reunión.

El presidente se impresionó con la grabación en la que los Rodríguez y Giraldo sostienen que también financiaron la campaña presidencial del ex director del DAS, general de policía Miguel Alfredo Maza Márquez[24], quien solamente llegó hasta la primera vuelta.

—Yo sé de los vínculos de Maza con el Cartel de Cali —sostuvo el presidente Gaviria— y durante mucho tiempo creí que se debían a una estrategia suya para tratar de capturar a Pablo Escobar.

El presidente me confesó también que se alegró de haber relevado a Maza meses atrás porque en sus declaraciones permanentemente ponía en duda las actuaciones del gobierno contra el narcotráfico.

---

[24] Fue director del Departamento Administrativo de Seguridad (DAS), durante las administraciones de Belisario Betancur, Virgilio Barco y César Gaviria, quien lo separó del cargo. Maza ha sido cuestionado por, supuestamente, no haber perseguido al Cartel de Cali y, en cambio, ser cercano a él. En los "narcocasetes" se habla de aportes de esa organización criminal para la campaña del general. Después de la primera vuelta, durante una ceremonia celebrada en casa de Alberto Giraldo, Maza se unió oficialmente a la causa de Ernesto Samper, quien presidió la reunión, acompañado por su compañero de fórmula, Humberto de la Calle Lombana, y del futuro ministro de Defensa, Fernando Botero Zea. Maza siempre ha negado haber recibido dinero del narcotráfico y en su momento dijo ignorar que la casa de la reunión fuera la de Giraldo, pese a que este le hizo la invitación de manera muy especial.

En la actualidad Maza Márquez está preso, acusado de haber sido virtual cómplice del magnicidio del líder liberal Luis Carlos Galán Sarmiento, cometido el 18 de agosto de 1989 durante una manifestación política en la plaza principal de Soacha, al sur de Bogotá.

Ya avanzada la reunión, le comenté al presidente que había oído las grabaciones más de cinco veces desde que las recibí.

—La voz de Giraldo yo la identifico, presidente, porque es un periodista conocido; pero no puedo confirmar que las otras sean las de los hermanos Rodríguez Orejuela, porque nunca las he oído.

Coincidimos en que alguna autoridad debía identificarlas plenamente.

Pero el ministro Pardo estuvo de acuerdo en que, en principio, las voces debían de ser legítimas.

—Yo he oído muchas grabaciones en los últimos años —intervino Pardo— pero nunca unas tan comprometedoras. En esta grabación, al contrario de muchas otras que he oído, los involucrados hablan con nombres propios, no los esconden.

Todos estábamos convencidos en esta reunión de que el casete era auténtico. Tanto es así que el presidente, tal como está registrado en mi bitácora, me dijo:

—Andrés, tengo una razón más para votar por usted.

Seguimos hablando hasta que tomé la decisión de irnos. Agarré el casete y lo guardé en uno de mis bolsillos. No se los dejé. Salimos del despacho, el presidente me acompañó hasta la puerta y Rafael Pardo nos acompañó a Luis Alberto y a mí hasta el salón del palacio donde se encuentra el cuadro de Andrés de Santa María[25]. Allí seguimos hablando del tema.

—Oiga, ¿qué podemos hacer a tan pocas horas del debate electoral? —me preguntó Pardo y me recomendó entregarle

---

[25] Andrés de Santa María, pintor impresionista bogotano. Nació el 16 de diciembre de 1860 y murió en Bruselas, Bélgica, el 29 de abril de 1945. Su obra marcó el inicio de la pintura moderna en Colombia.

el casete a los medios de comunicación. También me aconsejó proporcionarle una copia a la Embajada de Estados Unidos.

En el transcurso de esta segunda conversación, ya sin el presidente, se planteó que las grabaciones las publicaran *La Prensa* y *Tv Hoy*, los medios de mi familia, pero coincidimos en que ninguno de los dos debía hacerlo; simplemente, no tendría credibilidad y hubiera sido visto como una artimaña mía contra Samper.

—Soy muy escéptico —le confesé a Pardo—, estoy seguro de que no hay en Colombia un periodista que se atreva a publicar esta noticia.

Pronto, esto quedaría plenamente confirmado.

—Regáleme el casete —me pidió Pardo.

—Claro, tómelo.

Al salir del palacio, pasamos por la oficina de Miguel Silva, quien acababa de llegar de una reunión de la OEA en Brasil. Hablamos un momento con él y nos fuimos con Luis Alberto para la oficina de la campaña.

Ningún periodista nos vio salir del Palacio de Nariño.

En la noche recibí un mensaje por *beeper* de Luis Alberto.

"Oiga, que Rafael Pardo quiere reunirse con nosotros".

Yo estaba en casa de Alfonso Mattos, quien organizó una reunión para recaudar fondos para la campaña.

"Trataré de salir lo más pronto posible", le respondí por *beeper* a Luis Alberto.

Salí cuanto antes de la casa de Mattos, situada en un edificio blanco que está detrás del Club El Nogal, en esa callecita cerrada, y me dirigí a la de Pardo, en el barrio Santa Ana.

Al llegar, Claudia, su esposa y a la vez tesorera de mi campaña, nos invitó a tomar algo y comenzamos a hablar de nuevo sobre las grabaciones.

De pronto, Rafael Pardo me propuso "hacer un pacto de caballeros". Fue, por lo que vi, el motivo principal de la reunión. Consistía en que nunca se revelara que yo le había entregado el casete al presidente Gaviria a través de él. Que si al presidente o a él les llegaban a preguntar por el casete, ellos dirían que su existencia no era cierta lo desmentirían de plano.

—Si no hacemos el pacto —me dijo Pardo— vamos a poner el casete en conocimiento de la Fiscalía y seguro que el fiscal va a comenzar toda clase de investigaciones.

Analizamos todas las situaciones hasta cuando nos percatamos de que era tarde, pasada la media noche.

—No estoy de acuerdo con ese pacto. Que investiguen, no hay ningún problema —le dije a Pardo antes de salir—. Mi posición es que se divulgue ese casete. Pero, si quiere, déjeme lo pienso más y lo llamo para contarle qué resolví.

Con esta respuesta me quedaba tiempo para ir a contarle esta bestialidad a mi hermano Juan Carlos y a mi padre también.

De la casa de Pardo, Luis Alberto y yo seguimos para la de mi padre.

—Esto es increíble: que un ministro me proponga callar cuando yo ya le había dicho al comienzo de la charla que estaba dispuesto a todo, por eso fui a ver al presidente de la República. El tema que se revela en el casete es muy grave para el proceso electoral.

Durante una hora analizamos las circunstancias del asunto y nos reafirmamos en la decisión que ya había tomado.

Con la discusión anotada, Luis Alberto tomó el teléfono de la casa de mi padre, llamó a Rafael Pardo, le explicó mi pensamiento y nuestra posición: que se hicieran públicas las grabaciones.

—Andrés está dispuesto a todo, no tiene nada que esconder —concluyó Luis Alberto.

—Entonces, vamos a dar los pasos necesarios para comprobar la veracidad del casete y luego procederemos a entregárselo a la Fiscalía —contestó Pardo.

Hablamos un rato más con mi padre, comentamos que en ese momento teníamos un as en las manos, y nos fuimos a dormir.

Me acosté atormentado por el tema de la plata del narcotráfico en la campaña de Samper. En verdad, se había comenzado a sentir la presión de ese dinero. En esos días habíamos oído versiones según las cuales a algunos lugares de la costa norte llegó abundante dinero en la famosa avioneta de José Guerra de la Espriella, "Joselito"[26], que habría llevado dineros del nar-

---

[26] José Guerra de la Espriella, político liberal del departamento de Sucre, fue viceministro de Agricultura (1989-1990) y senador en tres oportunidades. Hizo parte del gobierno de Ernesto Samper como asesor, y fue su embajador ante la Organización de Naciones Unidas, ONU. La justicia colombiana lo condenó en 1998 por enriquecimiento ilícito con dineros que recibió del Cartel de Cali, de acuerdo con documentos financieros y el testimonio otorgado a la justicia de Estados Unidos por el ciudadano chileno Guillermo Pallomari, confeso tesorero mayor de esa organización criminal. Esta sentencia ocurrió dentro del llamado "Proceso 8000" (matriz de la causa judicial que aglutina las investigaciones asociadas con el ingreso de aportes del narcotráfico a la campaña de Samper). La justicia colombiana encontró que las cuentas de José Guerra en el Hotel Intercontinental de Cali eran pagadas por una empresa fachada del cartel (Inversiones Aro Limitada). El asesinado ex directivo de fútbol, procesado por enriquecimiento ilícito, César Villegas, amigo íntimo y socio de Ernesto Samper en la firma Consultora VTS, aceptó que en sus cuentas bancarias fueron depositados 106 millones de pesos colombianos para la campaña samperista. Explicó que ese dinero fue recaudado entre la mafia por Guerra de la Espriella. En mayo de 2010, el Pacto Internacional de Derechos Civiles y Políticos, de la ONU, establecido mediante un protocolo del cual Colombia es parte, conceptuó que la sentencia contra Guerra debería ser revisada por la justicia colombiana.

cotráfico hasta esa zona del país con el objeto de financiar la consecución de votos para Samper.

Las conversaciones grabadas entre los Rodríguez Orejuela y Giraldo indican que el aporte a la campaña de Samper sumaba, al menos, cinco millones de dólares. Cifra que tendría gran incidencia en los resultados de las elecciones del siguiente domingo.

No obstante, dieciocho años después, el 15 de abril de 2013, en Miami, William Rodríguez Abadía[27], hijo de Miguel y sobrino de Gilberto Rodríguez Orejuela, reveló que los aportes fueron más grandes. Una comisión de la Fiscalía colombiana y otra de la Procuraduría lo interrogaron bajo la gravedad de juramento. Le preguntaron si sabía de los aportes a Samper en 1994.

"Sí, se le dio dinero a la campaña de Ernesto Samper. Fue un dinero considerable, fueron diez millones de dólares", afirmó.

En su declaración a la Fiscalía colombiana, en presencia de un fiscal americano, Rodríguez Abadía aseguró que, como contraprestación a los aportes para la campaña electoral de Samper, voceros del Cartel de Cali se reunieron por última vez con Horacio Serpa Uribe y Fernando Botero Zea (quienes llegaron a ser ministros del Interior y de Defensa de Samper, respectivamente) para tratar de convenir que la extradición de narcotraficantes a Estados Unidos fuera frenada, así como un proyecto de ley que estudiaba el Congreso, por petición de Estados Unidos, para permitir de manera retroactiva la extinción del dominio de los bienes de los narcotraficantes. A la larga, el escándalo no permitió que ninguna de las dos cosas fueran posibles.

---

[27] Rodríguez Abadía fue pedido en extradición a Colombia y se entregó a la DEA, en Panamá, en enero de 2002. Se declaró culpable de narcotráfico ante la Corte Federal del Distrito Sur de la Florida y fue condenado a diez años y cinco meses de cárcel. No obstante, logró una rebaja a sólo cinco años a cambio de colaborar con la justicia. Quedó libre en junio de 2010.

Este encuentro —declaró Rodríguez Abadía— ocurrió en la Escuela de Caballería del Ejército, en Bogotá.

Tan pronto triunfó Samper, Botero fue nombrado ministro de Defensa, pero debió dejar el cargo antes de un año y cayó preso como consecuencia de las relaciones que sostuvo con el narcotráfico en busca de apoyo económico para su candidato.

Mal dormido, el viernes 17 de junio, a escasos dos días de las elecciones, convoqué en la sede de mi campaña, en la mañana, a Claudia de Francisco, a Luis Alberto Moreno y al coronel Jaramillo.

—Oigan, vamos a hacer una cosa: Luis Alberto, Claudia, Jaramillo y yo pondremos en marcha un plan para enviarle de inmediato el casete a los medios de comunicación.

—¿Cómo así? —respondió Luis Alberto.

—Sí, vamos a grabar casetes y les enviaremos copias, en sobre cerrado, a todos los directores de los medios. A ver si alguno lo publica.

—Hagan unas quince copias, las metemos en los sobres y Jaramillo se encarga de distribuirlos —los instruí.

—Mandemos a un motociclista a distribuirlos —propuso Jaramillo.

—Sí, que diga: "Aquí traigo esto urgente para el director" y se vaya —le sugiero.

Antes de poner manos a la obra, Jaramillo llamó al coronel Barragán Galindo, quien nos había entregado las conversaciones, para saber si estaba de acuerdo con el plan. No tuvo ningún reparo.

Los sobres fueron distribuidos de parte de "Colombianos honorables", nombre que alguien se inventó a última hora.

Iban acompañados de un boletín de prensa que resumía su contenido. Llegaron a los directores de los medios escritos, la radio y la televisión.

Nadie publicó absolutamente nada.

En realidad, los directores ya tenían copias de las grabaciones que les había enviado el propio Gobierno, posiblemente tomadas del casete que dejé en la Presidencia.

Ni uno, ni un noticiero informó nada en absoluto. Cuando Pardo me propuso en Palacio que le entregara el casete a los medios yo mismo le advertí: "Nadie lo va a publicar".

El viernes anterior a las elecciones hice una gira por el país y la gente me preguntó con insistencia sobre las razones por las que invité a Samper a que renunciáramos a la Presidencia si se probaba que cualquiera de los dos habíamos recibido un solo peso del narcotráfico. Públicamente, en mis discursos me referí a ese llamado. Dije que fuera un pacto solemne, y aun así ningún medio publicó nada, en parte con el pretexto de que ese fin de semana se jugaba un partido de fútbol de la Copa del Mundo entre Colombia y Rumania.

A la gente de mi confianza que se me acercó durante la gira le confié que poseía el casete, e invariablemente me aconsejaron revelarlo.

Llegó el día de las elecciones y pocas horas después del cierre de las urnas fueron promulgados los resultados:

Samper: 3 733 336.

Pastrana: 3 576 781.

Diferencia: 156 555.

Los resultados de este triunfo son reales, pero no expresan la voluntad popular propiamente dicha, sino el poder abrumador del dinero de la mafia. Son el reflejo de las grabaciones que pocas horas antes le entregué al propio presidente de la República y luego distribuí entre los directores de los principales medios de comunicación del país, los cuales, por unanimidad, guardaron un silencio sepulcral. Al conocer los resultados oficiales, compartí mi primera reflexión con un grupo de mis asesores cercanos:

—No creo que uno pueda perder las elecciones presidenciales en manos de los narcotraficantes sin que pase nada. Estaría muy bien perder si nos hubiera faltado visitar sitios o hubiera fallado la propuesta política. En una democracia limpia un candidato debe perder y el otro ganar. En este caso, sin embargo, solamente puedo asombrarme al comprobar en carne propia que el poder del crimen hoy adquirió este tamaño. Los resultados electorales reales de esta noche son estos: el narcotráfico acaba de comprar la Presidencia de Colombia.

Más tarde, desde los salones que mi organización electoral había reservado en el Hotel Tequendama de Bogotá para recibir a mis seguidores, pronuncié un corto discurso.

"Doctor Samper, yo le reconozco a usted el triunfo numérico pero no le reconozco el triunfo moral", puntualiza la parte fundamental de mi intervención.

Los periodistas no entendieron el significado de mi declaración y por eso decido revelar las conversaciones en una rueda de prensa nacional e internacional que convoqué para el siguiente miércoles 22 de junio.

El martes 21 de junio, únicamente Álvaro Gómez[28] se refirió a los "narcocasetes" en su noticiero *24 Horas*. Antes de la emisión de las siete de la noche me llamó la directora, Diana Sofía Giraldo, en nombre de Gómez.

---

[28] Hijo del ex presidente conservador Laureano Gómez. Fue abogado, político, escritor y periodista. Nació en 1919 y en 1995 murió asesinado por sicarios en Bogotá, en circunstancias aún no esclarecidas.

—Andrés, me llegó un casete con esto, ¿es cierto o no?

—Es cierto, publíquelo que le va a ir bien con esa noticia —la animé.

Los directores de los medios recibieron los sobres antes de las elecciones pero ocultaron la noticia y no les revelaron a sus periodistas la existencia de los casetes. Los afamados reporteros investigativos Edgar Téllez, Mauricio Vargas y Jorge Lesmes, en su libro *El Presidente que se iba a caer* cuentan que la copia de la primera grabación que llegó a sus manos se las regaló su colega Miriam Ortiz, del noticiero de Álvaro Gómez. Sostienen que, días más tarde, las demás grabaciones se las entregó una fuente de la Policía Nacional no identificada. Estos tres periodistas especularon que la DEA habría repartido las primeras copias entre los medios, pues no estaban en capacidad de saber que eso fue obra de mi campaña.

La rueda de prensa tuvo lugar el miércoles 22 de junio en mi sede política de La Soledad, atiborrada de periodistas. Las grabaciones fueron divulgadas en directo por las cadenas colombianas de radio y algunas de televisión internacional, como CNN.

Entre la multitud de reporteros que pedían la palabra, uno me preguntó:

—¿Usted cree que el presidente Samper debe renunciar?

—Pues si esto es verdad, sí —respondí.

Tal y como lo había supuesto, dentro de Colombia se me vino el mundo encima. Desde ese momento, Ernesto Samper Pizano, presidente electo y próximo a posesionarse el 7 de agosto siguiente, me tildó innumerables veces de "apátrida", "antipatriota", "mal perdedor" y de "dañar la imagen de Colombia en el exterior". Yo pasé de tener ochenta por ciento de popularidad a ochenta por ciento de impopularidad. Sin la menor duda, se me vino el mundo encima. Pocos tuvieron el valor, aun hoy, de respaldar mi decisión de publicar las grabaciones. Las reacciones internacionales, en cambio, fueron rápidas, severas y permanentes sobre el presidente electo.

Dentro de Colombia, vinieron dos años de campaña en mi contra. Buscaron liquidarme políticamente por haber destapado las grabaciones.

Después de las elecciones, el fiscal general, Gustavo de Greiff, fue a hablar conmigo:

—Voy a tener que investigar su campaña —me anunció.

—¿Usted ya investigó a su hija, Mónica de Greiff, que fue tesorera de la campaña de Samper? ¿Ya investigó la campaña de mi adversario? Aquí, en la mía, todo está abierto.

El mismo de Greiff es mencionado en las grabaciones como "el Viejito". Poco tiempo después, le retiraron la visa de los Estados Unidos al fiscal de Greiff.

Desde ese momento, investigadores de la Fiscalía duraron dos años escudriñándolo todo, absolutamente todo. Obviamente, no encontraron nada.

Pero vino una persecución implacable en mi contra, creo que fui la persona más investigada durante el gobierno de Samper.

Ahora, veamos: ¿quién era el jefe real del teniente coronel Barragán? El general Rosso José Serrano Cadena, director operativo de la Policía Nacional y tercero en el mando de la institución (años más tarde ocupó la dirección nacional). Este último lideraba el grupo élite dedicado a perseguir a Miguel y Gilberto Rodríguez Orejuela. Para esta misión, la Policía Nacional tenía una célula policial externa de investigación a la que pertenecía Barragán, articulada con la Embajada de Estados Unidos, en donde la información era recogida y clasificada por el director de la DEA en Colombia, Joe Toft.

Samper y los suyos, por su parte, comenzaron a creer que quien había hecho las grabaciones era el mayor Óscar Naranjo, lo que era imposible porque en ese tiempo estaba desempeñando un cargo subalterno en la dirección de información de la Policía. De hecho, ocurrió una purga de oficiales en la Policía Nacional sobre los que hubo sospechas infundadas de haber participado en el espionaje al Cartel de Cali. A algunos les fueron allanadas sus casas y pagaron justos por pecadores, como el coronel Álvaro Esguerra Vélez, subdirector de la Dijin, quien fue separado de la institución.

Además de informarle al presidente antes de las elecciones sobre la existencia del "narcocasete" que me entregó Barragán, le pedí al mayor Jaramillo poner al corriente al general Serrano.

—Dígale que está circulando un casete con voces de los Rodríguez Orejuela y Alberto Giraldo en el que hablan de financiamiento a la campaña de mi adversario.

Jaramillo fue e informó a Serrano. Al oír el relato, se quedó mirando a Jaramillo y le indicó, sin inmutarse:

—Oiga, esto hay que comentárselo al director de la Policía Nacional, porque es gravísimo lo que usted está diciendo.

Serrano acompañó a Jaramillo hasta el despacho del director, general Octavio Vargas Silva, conocido con el apodo de "Benitín" y, además, mencionado amistosamente y con ese remoquete en las grabaciones de los "narcocasetes" de manera comprometedora.

—Mi general, Jaramillo trae una noticia y yo quiero que usted la oiga.

Jaramillo, entonces, le contó la historia de manera detallada a Vargas Silva, quien, lo mismo que Serrano, no se inmutó en lo más mínimo. Solamente exclamó como para decir cualquier cosa:

—¡Gravísima esa vaina!

Miremos este tema en perspectiva. Los libros que han publicado periodistas sobre la financiación del narcotráfico a la campaña de Samper dicen que a los Rodríguez Orejuela los estaban grabando desde diciembre de 1993. Es decir, seis meses antes de que el teniente coronel Barragán me entregara las conversaciones.

Pienso que, en todo ese tiempo, el presidente Gaviria y su ministro de Defensa necesariamente debieron haberlas conocido meses antes que yo. No puedo creer que alguno de los dos estuviera al margen del día a día con respecto a la persecución del Cartel de Cali, un empeño de máxima prioridad, compartido con el gobierno de los Estados Unidos. Considero que ambos las conocían y, por esa razón, no pusieron en duda su autenticidad cuando fui a enseñarles las grabaciones el 16 de junio de 1994.

Para grabar durante seis meses a los jefes del Cartel de Cali, la Dijin tuvo que haberle informado al presidente de la República. No puede haberlo hecho sin que él lo supiera. Imposible.

¿Desde cuándo estaba grabando el Gobierno? Si era desde diciembre, ¿por qué el presidente y su ministro de Defensa no hicieron nada a sabiendas de que el narcotráfico estaba financiando la campaña de Samper? ¿Qué pasaba? ¿Guardaron silencio solamente para defender al Partido Liberal, que también era el de ellos?

Porque, miremos esta historia: el presidente que sucedió a Samper en 1998 fui yo. Y en algún acto durante mi gobierno se me acercó el general Freddy Padilla de León, en ese momento comandante de la II Brigada del Ejército.

—Presidente, quiero hablar con usted. Debo contarle algo que llevo atragantado desde hace años.

Durante el gobierno de Gaviria, Padilla había sido comandante de la desaparecida Brigada xx de Inteligencia del Ejército.

—Cuénteme, general —le respondí.

—Es que yo tengo algo que quiero contarle, que he tenido guardado desde hace muchos años y que quiero compartir con usted.

—Cuénteme.

—Presidente, es que no me perdono porque antes de las elecciones de junio del 94 yo tenía los "narcocasetes" y no se los entregué a usted —con lo cual me confirmó que, además de la Policía Nacional, el Ejército también recogió información sobre los nexos del Cartel de Cali con la campaña de Samper Pizano.

Dos días antes de las elecciones, mientras mi campaña distribuía de manera anónima copias de los casetes entre los directores de los medios de comunicación y el coronel Jaramillo informaba a los directores de la Dijin (Serrano) y de la Policía Nacional (Vargas Silva), envié a Luis Alberto Moreno con una copia de las conversaciones para que se la entregara al embajador de Estados Unidos, Morris Busby, quien se preparaba para entregarle el cargo a Myles Frechette en julio siguiente.

—Entréguele esto al embajador —le pedí, y él se lo dio enseguida.

La revista *Time* informó que el gobierno de Estados Unidos supo de la financiación del narcotráfico a la campaña de Samper pero no dijo nada inicialmente porque "no podemos intervenir en las elecciones de Colombia", de acuerdo con "una fuente del Departamento de Estado". Esta versión jamás ha sido desmentida.

El 14 de julio de 2004, Sild Balman, periodista de UPI, informó desde Washington: "El gobierno del presidente Bill Clinton concluyó que el presidente electo de Colombia, Ernesto Samper Pizano, aceptó más de tres y medio millones de dólares en contribuciones a su campaña electoral por parte de poderosos narcotraficantes, y su jefe de Policía, general Octavio Vargas Silva, también aparece 'manchado'".

Hoy, mi preocupación consiste en saber por qué si Gaviria y Pardo sabían no hicieron nada. Pienso que si hubieran actuado a tiempo, la historia de Colombia habría sido distinta, hoy sería otro país.

Quince años después, en 2009, Rafael Pardo aseguró que él hizo examinar las voces el mismo jueves 16 de junio de 1994 en que les entregué en Palacio una copia del casete. "Yo mandé a cotejar las voces y comprobamos, efectivamente, que eran las mismas", dijo.

Hoy estamos en el año 2013, cuando ya es posible cotejar científicamente unas voces en cosa de minutos. En el año 94 no existían los equipos para hacerlo en un día. Tomaba más tiempo y hacía falta la intervención de peritos forenses especializados. Por tanto, creo que cuando me reuní el 16 de junio con el ministro Pardo y el presidente, ambos ya conocían las grabaciones y sabían que las voces eran reales. Por eso, una vez rechacé la propuesta de hacer un pacto, a pedido de ellos, para negar eternamente la existencia del casete, al día siguiente procedieron a entregárselo a la Fiscalía y a Samper, con la garantía de que era genuino.

Pero a mí el Gobierno no me informó nada. Debo reiterar: solamente mandó una copia de las grabaciones a la Fiscalía y otra al propio Samper. ¿Por qué no me dijeron a mí que las voces eran legítimas?

Si lo hubiera sabido oficialmente, cuando se lo informaron a la Fiscalía y a Samper, todavía existía la posibilidad plena de salvar las elecciones, porque yo habría hecho público el casete y exhibido su autenticidad, comprobada por el Gobierno.

Le habría dicho al país y al mundo: miren, el Cartel de Cali va a comprar las elecciones y al presidente de Colombia. En ese negocio ya ha pagado al menos cinco millones de dólares.

¿Por qué no me lo dijeron?

Me escondieron el elemento más importante, el que habría cambiado la historia de Colombia.

En 1994 perdimos las elecciones, entre comillas.

Poco tiempo antes de la muerte de mi padre, un periodista le preguntó:

—¿Usted cree que su hijo Andrés volverá a lanzarse a la Presidencia de Colombia después de todo esto?

—Yo creo que Andrés es el primer presidente que van a reelegir los colombianos —respondió.

Después salió el chiste callejero sobre las elecciones: "¿Cuál fue la diferencia entre las campañas de Pastrana y Samper? Que mientras Pastrana tenía afiche, Samper tenía cartel".

Antes de completar su primer año de gobierno, el segundo y último tesorero que tuvo la campaña samperista, Santiago Medina, cambió a su abogado Ernesto Amézquita Camacho. Le revocó el poder que le había otorgado para su defensa y el 28 de julio de 1995 confesó ante una comisión de fiscales el ingreso, consciente y deliberado, del dinero del Cartel de Cali.

Reveló que los dineros aportados por la mafia fueron manejados de manera directa por Fernando Botero y puso al descubierto una cuenta bancaria a la que iban a parar. "La cuenta", precisó Medina, "se llama Proyectos Dos Mil y corresponde, hasta donde me acuerdo, al Chase Manhattan Bank de Nueva York".

En enero de 1996, Fernando Botero Zea, jefe de la campaña y luego primer ministro de Defensa de Samper, había dejado este cargo, agobiado por el peso de sus inocultables tratos con la mafia, y estaba preso en la Escuela Militar de Caballería, en Bogotá. Desde allí, no tuvo más remedio que confesarle a la justicia los pormenores de la financiación recibida del Cartel de Cali y aceptar su participación en el crimen.

El peso de la financiación electoral con dineros del narcotráfico fue cada vez más escandaloso y asfixiante para Ernesto Samper. Dedicó los cuatro años de su gobierno a defenderse en todos los ámbitos y a tratar de enderezar el curso del país.

Extraigo de mi bitácora la historia que viene a continuación:

A las ocho de la mañana del miércoles 8 de noviembre del año 1995, entró a mi casa una llamada para mí, de la Presidencia de la República, que, por supuesto, nadie esperaba.

Yo acababa de comenzar a trabajar en Naciones Unidas para promover una academia de liderazgo en Ammán, Jordania, con el rey Hussein y su señora, la reina Noor.

Imelda, nuestra empleada del servicio, contestó la llamada y me buscó para avisarme.

—Doctor, lo están llamando de la Presidencia —anunció con voz alterada.

Pensé que Imelda había entendido mal.

—Debe ser algún periodista que quiere pedirme una declaración sobre el discurso que pronunció ayer el presidente en el décimo aniversario del holocausto del Palacio de Justicia[29] —le comenté a Nohra y no atendí la llamada.

---

[29] Evento de la historia reciente de Colombia conocido también como "la toma del Palacio de Justicia", en Bogotá. Fue cometida el miércoles 6 de noviembre de 1985 por un comando terrorista del Movimiento 19 de abril (M-19). Se extendió hasta el día siguiente. La guerrilla tomó trescientos cincuenta

Nohra pensó que podía estar equivocado. Antes de colgar, del otro lado de la línea, una voz le pidió a Imelda:

—Dígale al doctor Pastrana que llame al conmutador de la Presidencia y se identifique para ponerlo en contacto de inmediato con el señor presidente.

—Si es verdad que están llamando de Palacio, van a marcar otra vez —le aseguré a Nohra.

Es una dependencia donde sólo trabajan hombres que opera con una eficacia increíble. Si usted dice "búsquenme a Gonzalo Guillén" lo consiguen donde sea; si usted está en Butare, allá lo encuentran.

A eso de las nueve de la mañana, mi buen amigo el ex senador Jaime Ruiz[30] llegó a mi casa con el propósito de discutir algunos temas relacionados con una aparente convocatoria hecha por el presidente al país el día anterior, en busca de un gran acuerdo nacional como solución a la aguda crisis general.

La propuesta fue confusa, pues Samper solamente se refirió al "acuerdo sobre lo fundamental" propuesto por el líder conservador Álvaro Gómez, asesinado por sicarios en Bogotá ocho días antes, un magnicidio que continúa en la impunidad.

Samper también habló sobre la propuesta de "un acuerdo de principios" que me atribuyó. La verdad, nunca en mi campaña propuse este acuerdo pero me gustó el nombre y por eso lo acogí.

---

rehenes, entre ellos magistrados, consejeros de Estado, abogados, empleados y visitantes. La acción criminal, de veintisiete horas de duración, dejó un saldo de noventa y nueve muertos y diez desaparecidos.

[30] Jaime Ruiz Llano fue compañero mío en el Colegio San Carlos de Bogotá. Ingeniero civil y magíster de la Universidad de Kansas, especializado en planeación regional en la Universidad de los Andes. Fue senador, director de Planeación Nacional y reconocido empresario privado.

A las nueve y media de la mañana volvieron a llamar de la Presidencia de la República.

—Diles que me dejen un teléfono al que pueda devolver la llamada —le pedí a Nohra.

Yo siempre hago eso, porque a usted lo pueden llamar para "mamarle gallo", hacerle una broma, una chanza. Si me dicen, por ejemplo, "que lo llama Fidel Castro" pido que me dejen un teléfono y le devuelvo la llamada.

—Si en verdad me está buscando Samper, yo no me puedo negar a hablar con el presidente de Colombia, así sea una conversación por teléfono —le comenté a Jaime Ruiz.

Pronto, confirmamos que el número que dejaron sí era de la Presidencia.

—Bueno, voy a llamar a Samper —le dije a Jaime Ruiz— por respeto al fuero presidencial.

Marqué al conmutador de Palacio y me pasaron de inmediato al Presidente.

—Buenos días, señor presidente. ¿Cómo va? —le dije al oírlo.

—Capoteando el vendaval.

—En eso estamos todos —respondí.

A renglón seguido se refirió a la propuesta del día anterior, la que me pareció difusa.

—La propuesta es franca y sincera; transparente, es una puerta abierta, sin doble fachada; una puerta franca.

—Yo entendí la mención que usted me hizo ayer sólo como eso: como una mención, no como una propuesta.

—Me gustaría hablar con usted.

—Donde usted quiera y cuando usted quiera, señor presidente.

—Lo invito a almorzar. ¿Por qué no viene a Palacio a la una y cuarto? No puede ser antes porque ya tengo unos compromisos y no los puedo cancelar.

—¿Quiere que lleve a alguien a la reunión o quiere que estemos únicamente usted y yo?

—Como usted quiera —respondió gentilmente Samper.

—Me da igual.

—¿Con quién vendría? —me preguntó.

—Con alguien de mi confianza —le indiqué.

—Como usted quiera —reiteró el presidente.

—Como decimos aquí en Colombia, el que manda es usted.

—Invite a alguien y yo hago lo mismo.

Al colgar el teléfono le comenté a Jaime que en verdad me interesaba mucho hablar con el presidente sin ningún intermediario para decirle lo que pensaba de su situación personal y, especialmente, la del país.

—Prepárese, Jaime, porque estoy pensando en ir con usted a la reunión. Venga conmigo.

Cuando se supo públicamente del encuentro surgieron toda clase de interpretaciones al hecho de que Jaime Ruiz me hubiera acompañado. Lo llevé porque es un muy viejo amigo mío, compañero del colegio, que podía aportar mucho en la reunión.

Quedamos con Jaime en vernos de nuevo a las once de la mañana en mi oficina. Pensamos que era mejor buscar un lugar neutral para la reunión, distinto al Palacio de Nariño. Llamé al presidente y pasó de inmediato al teléfono.

—Presidente, ¿por qué no nos reunimos en un lugar neutral? En este momento no creo que sea bueno, ni para usted ni para mí, que nos veamos en Palacio. Lo mejor es buscar un lugar neutral. Escoja usted el sitio.

—Va a ser muy difícil hacerlo por fuera de Palacio, somos figuras públicas y todo el mundo se va a dar cuenta —anotó Samper.

Entonces fue cuando me dijo que llevaría con él a Rodrigo Pardo, el canciller.

—Reunámonos en su casa, si le parece —le sugiero.

—Es que yo soy un hombre de clase media y no tengo el andamiaje para hacer la reunión en mi casa —contestó Samper con sus chistes habituales.

De los Samper Pizano que conozco, me parece que el de mejor y más fino sentido del humor es Ernesto, mucho más que su hermano Daniel y su hijo, también Daniel. Y eso que estos dos son escritores profesionales de humor.

—Pongamos en dificultades a la señora de Rodrigo —me comentó Samper tratando de hallar una solución—. ¿Con quién irá usted?

—Con Jaime Ruiz, Presidente. Si quiere le pregunto a él la posibilidad de encontrarnos en su apartamento.

—Espéreme yo hablo con Rodrigo Pardo y lo llamo en diez minutos.

Samper hizo la averiguación y me llamó a los diez minutos exactos.

—Reunámonos en la casa de Rodrigo Pardo —y me dio la dirección.

Con un grupo de amigos examinamos en mi oficina mi posición frente a Samper. Coincidimos en que era un imposible moral entrar al Gobierno mientras no se aclarara el tema de la financiación de su campaña y afinamos la propuesta de conformar una comisión de la verdad. Redactamos el borrador de un comunicado para tenerlo listo al final de la reunión con el presidente. Consulté el reloj, vi que se nos estaba haciendo tarde, pedí el favor de que terminaran el borrador en los términos previstos y me lo enviaran a la casa de Pardo. Así, si el presidente tenía preparado un comunicado, nosotros tendríamos listo el nuestro y podríamos consultar ambos. También quería llevar uno propio por si acaso los periodistas se enteraban de la reunión y llegaban allá.

Llegué puntualmente a la una y media en compañía de Jaime Ruiz. Cuando timbramos, el presidente acababa de llegar.

Rodrigo nos invitó a seguir, saludé al presidente, a la señora de Rodrigo, Inés Elvira Vegalara, y nos sentamos en la sala.

—Andrés, usted hizo el milagro que yo no había logrado hacer: poder invitar al presidente a almorzar en mi casa —y nos ofreció un aperitivo.

Todos le pedimos algo de beber y Pardo sacó, además, un buen jamón serrano que dio tema de conversación. Samper, quien estuvo en la Embajada en España, resultó experto.

—¿Qué estaba haciendo en el Japón? —me preguntó el presidente.

—Estuve en una conferencia muy interesante sobre infraestructura, patrocinada por Global Infrastructure Fund.

Esa organización me había vinculado meses atrás a la preparación de una propuesta para unir por territorio colombiano y venezolano el océano Atlántico con el Pacífico a través de los ríos Meta y Orinoco, con conexiones a través de ferrocarriles y autopistas.

Lo que es la vida: hace más de veintiocho años ese proyecto lo había comenzado a impulsar Mariano Ospina Hernández, abuelo de Sabina Nicholls, esposa de mi hijo Santiago Pastrana. Pero es una idea mucho más ambiciosa porque propone la integración de los principales ríos de Suramérica, que deberían ser nuestras autopistas.

Samper se mostró muy interesado en ese proyecto, le conté que una misión japonesa ya había estado en Colombia el año pasado y se había entrevistado con miembros del Gobierno, entre ellos el director de Planeación Nacional, José Antonio Ocampo.

—Voy a pedirle a José Antonio esa información —anotó Samper.

Luego, el presidente comentó sobre un viaje que hizo a un parque natural del Vaupés y me invitó a conocerlo.

Pasamos a hablar de un tema intrascendente que le resultó atractivo a Samper: un producto que me habían recomendado, llamado melatonina. Le conté que al regreso de mi último viaje a Japón compré un frasco durante la escala en Nueva York.

La melatonina, una hormona encontrada en algunos animales y algas, combate el *jet lag* o desfase horario, producido por los vuelos largos. Ayuda a eliminar el desequilibrio entre el reloj interno de cada uno de nosotros, que determina los períodos de sueño, y el que se establece al viajar a otras regiones horarias. Cuando uno se va a dormir, este medicamento, que ahora es famosísimo, cuadra el cuerpo y no tiene ningún efecto secundario.

El canciller Pardo ya conocía la melatonina. Según dijo, leyó un reportaje en *Newsweek* que la presentaba como la sensación del momento, principalmente para las azafatas. Dijo que ya había comprado un frasco grande y la había estado consumiendo en los viajes oficiales.

Son tantas las maravillas que estaba oyendo de la melatonina, que el presidente se quejó airadamente con el Canciller:

—Oiga, Rodrigo, usted hasta ahora no me ha regalado ni una pepa[31] de esas. ¡Mándeme unas!

---

[31] Pastilla.

—Presidente, además, la melatonina también sirve para combatir el insomnio, no solamente el *jet lag* —le expliqué.

—Para dormir, yo tomo gotas de esencias florales, que son excelentes —contó Samper.

Eso, hoy me recuerda una anécdota con un periodista en una rueda de prensa internacional que me preguntó:

—Presidente Pastrana, ¿usted duerme bien o tiene pesadillas?

—Yo duermo divinamente. En Colombia las pesadillas comienzan cuando uno se despierta —le respondí.

De las anécdotas, el presidente Samper pasó al tema para el que me había invitado a almorzar y lo interrumpí:

—Hay unas cosas, Presidente, que quería decirle desde hacía mucho tiempo. Las tengo atragantadas. Se trata de la campaña de difamación que se está haciendo contra mi familia por parte del Gobierno nacional, calificándonos de apátridas. Todo lo que se quiera decir en contra mía o de mi padre puede ser válido porque ambos decidimos entrar a la vida pública y a la política. Pero en el caso de Nohra, mi señora, o de Santiago y Laura, mis hijos, o de mis hermanos, ellos no tienen nada que ver con esto. Ese tipo de armas son muy bajas y creo que nunca se deben utilizar en la política.

Una vez expresé mi reclamo, le anoté al presidente:

—Es importante que en esta reunión hablemos en forma clara y directa. Yo, dentro del respeto que le tengo al fuero presidencial, voy a ser franco y espero lo mismo de usted, Presidente.

A Ernesto Samper lo había conocido en el Concejo de Bogotá. Luego, siendo alcalde de Bogotá, hice todo lo que estuvo a mi alcance para ayudarlo, a él y a su familia, cuando quedó casi mortalmente herido el 3 de marzo de 1989. En el Aeropuerto El Dorado, de Bogotá, lo alcanzaron trece proyectiles de ametralladora disparados por sicarios de los paramilitares que, en el mismo sitio, asesinaron ese día al dirigente de izquierda José Antequera. Todo lo que pudimos hacer, lo hicimos. Además, el padre de Ernesto Samper, Andrés Samper Gnecco, fue jefe de prensa de la campaña presidencial de mi padre en 1970.

—Mire, mi esposa, Jacquin, y mis hijos también han sufrido mucho en este proceso —me respondió Samper.

Reiteró que su familia estaba sufriendo; que sus hijos estaban soportando en el colegio un ambiente hostil, cruel.

Tras estos preámbulos, el presidente entró en materia:

—Mire, Andrés, esta es una invitación franca, una invitación sincera, sin zancadillas, con puertas abiertas.

Me expuso que lo tenía muy preocupado la crisis múltiple por la que atravesaba el país, principalmente de seguridad. Ese aspecto lo tenía muy angustiado, se había agravado con el magnicidio de Álvaro Gómez, ocurrido la semana anterior. Fue el primer acto sangriento de gran envergadura durante su administración y le preocupaba que fuera el comienzo de una guerra semejante a la vivida en el país en el año 1989, conocida como "narcoterrorismo".

De acuerdo con Samper, después del mensaje que envié al país con ocasión del asesinato de Álvaro Gómez, él creía que los colombianos debíamos buscar acuerdos de reconciliación.

—Yo estoy de acuerdo con usted, Presidente, pero el problema fundamental del país es la falta de credibilidad en el gobernante debido al Proceso 8000[32]. Mientras en Colombia no

[32] Este es el nombre con el que se conoce la investigación abierta por la Fiscalía General de la Nación para investigar el ingreso de dineros del narcotráfico a la campaña electoral de Ernesto Samper Pizano. Proviene del número que le correspondió a la investigación. El primer expediente de este proceso es de la Fiscalía en Cali con la documentación financiera y contable capturada durante

resolvamos el problema moral no vamos a resolver tampoco el resto de problemas. El presidente hoy no tiene la autoridad política y menos la autoridad moral para poder convocar a los colombianos.

Le expuse que el país no creía en absoluto en la Comisión de Acusaciones, órgano judicial de la Cámara de Representantes encargado de investigar al presidente y, llegado el caso, de acusarlo ante el Senado para que lo juzgue.

Sostuve que el país tampoco creía en Heyne Sorge Mogollón[33], el congresista investigador para el caso de Samper.

—El país no cree en Mogollón porque es de su corriente política, Presidente. Lo mismo que la mayoría de los miembros de la Comisión de Acusaciones que, inclusive, han trabajado con usted en la política durante muchos años.

---

un allanamiento a la oficina del chileno Guillermo Pallomari, contador mayor del Cartel de Cali.

[33] Heyne Sorge Mogollón, presidente de la Comisión de Acusaciones de la Cámara de Representantes que el 27 de febrero de 1996 inició investigación penal contra Samper con pruebas aportadas por el fiscal general, Alfonso Valdivieso. Entre las evidencias estaba una cinta con el testimonio de "María", una mujer colombiana que fue presentada en el Congreso de Estados Unidos por el senador Jesse Helms. El 6 de julio de 1996 el caso fue archivado mediante la figura de la preclusión e hizo así tránsito a cosa juzgada por decisión del pleno de la Cámara con 111 votos a favor y 43 en contra. Samper no fue declarado inocente ni culpable pero con este procedimiento quedó a salvo de cualquier otro juicio.

En mayo de 2013, William Rodríguez Abadía, hijo de Miguel Rodríguez Orejuela, bajo la gravedad del juramento, declaró en Miami ante un fiscal de Estados Unidos y dos colombianos que la mayoría de la Cámara de Representantes alcanzada para salvar a Samper de un juicio penal fue comprada por el Cartel de Cali, lo mismo que la elección presidencial. Dijo que el resultado favorable en esta segunda adquisición le costó a la mafia entre uno y dos millones de dólares.

Le reconocí el gesto patriótico de someterse a la Comisión de Acusaciones, sólo que es un organismo objeto de burlas, sin prestigio, sin méritos, ni la más mínima credibilidad. Por eso, los colombianos la llaman "comisión de absoluciones". Un organismo que a lo largo de toda su historia ha recibido miles de denuncias y nunca ha producido una sola acusación porque está compuesto por políticos que no saben o no quieren hacer su papel de jueces debido a sus intereses y a sus compromisos.

—No se puede partir de la base de mi culpabilidad —reclamó Samper—. No se puede descalificar a la Comisión de Acusaciones y decir que si me absuelve no es válida. La Comisión de Acusaciones es el ente al que, de acuerdo con la Constitución, debo someterme.

Agregó Samper que este ente había investigado a varios ex presidentes recientes, como César Gaviria y Belisario Betancur. Que él tenía plena confianza en la Comisión. Es más, el propio presidente mencionó que mi padre había sido investigado, cosa que no es cierta. Mencionó que su gobierno estaba haciendo encuestas permanentes y que en la última de ellas el sesenta por ciento del país creía en Heyne Mogollón, el sesenta y siete por ciento en su abogado defensor, Antonio José Cancino, y el ochenta y dos por ciento de los colombianos no quería que el presidente renunciara.

—Bueno, Presidente, pero la opinión de la gente en la calle es totalmente distinta. Dice que la Comisión de Acusaciones y su investigador Mogollón no tienen ni el menor interés ni la menor idea de investigar, ni la menor credibilidad. Además, tanto el investigador como miembros de la propia Comisión que lo investiga a usted, están denunciados a la par por los mismos delitos. Imposible imaginar una investigación judicial más parcializada e incompetente.

Entonces, mi propuesta al presidente fue que, en aras de la transparencia, buscara una instancia distinta a esa Comisión de

Acusaciones. Un tribunal con suficiente independencia y credibilidad ante el país para que lo investigara, y le puse como ejemplo la comisión que el presidente Betancur le pidió integrar a la Corte Suprema de Justicia para determinar su grado de responsabilidad en hechos de tanta gravedad como el holocausto del Palacio de Justicia. Ese grupo investigador lo conformaron los juristas Jaime Serrano Rueda y Carlos Upegui Zapata.

Samper insistió en que la Constitución Nacional estableció como investigador judicial del presidente a la deshonrada Comisión de Acusaciones y que por eso él se sometía solamente a ella. Inclusive, sostuvo que el investigador Heyne Mogollón, en prueba de imparcialidad, había sido muy duro con él.

—Presidente, aunque todo eso fuera verdad, insisto en el innegable descrédito de la Comisión de Acusaciones y su falta de credibilidad.

Enseguida, Samper propuso la tesis poco creíble según la cual no fueron los dineros del narcotráfico los que decidieron las elecciones en su favor.

Las encuestas, le observé, el día de las elecciones indicaban que, desde abril, él había perdido cinco puntos porcentuales y yo mantenía el mismo nivel de favorabilidad. Así, de acuerdo con la firma Yankelovich, en la segunda vuelta del 19 de junio, Samper tenía 42,9 por ciento y yo 42 por ciento. El margen de error del estudio era de cuatro por ciento.

Samper contestó que en la segunda vuelta logró aumentar su votación en la costa norte y reducir la ventaja que yo le llevaba en el departamento de Antioquia.

Al final, hizo gala de su sentido del humor al pedir que otro día discutiéramos estas cifras con verdaderas autoridades en la materia. Por ejemplo, con "'manzanillos' [politiqueros] como Carlos Julio Gaitán [concejal de Bogotá muy amigo de Samper, fundador del movimiento Poder Popular].

De pronto, le lancé a Samper una pregunta que no podía evitar:

—¿Cuál va a ser su posición si se confirma la entrada de dinero del narcotráfico en su campaña?

Silencio en el comedor. Total y absoluto silencio.

Luego, Samper acudió a su tesis tardía: si entró plata del narcotráfico, en cualquier caso, fue a sus espaldas, sin su autorización.

—Si alguien actuó a sus espaldas debe ser castigado con todo el peso de la ley. Deben ir a la cárcel todos aquellos que hayan intervenido —opiné.

Desde que llegué a la reunión tenía la intención de aclarar los temas pendientes, aprovechar en ese sentido la invitación del presidente.

—Oiga, ¿usted por qué no me contestó la carta que le envié días antes de las elecciones en la que le solicité jurar al país que a su campaña no entró dinero del narcotráfico? ¿Por qué no me la contestó?

—Esa fue una carta muy dura. Usted me pidió jurar. Si no hubiera escrito esa palabra, le habría contestado.

—Simplemente, con que usted hubiera respondido al día siguiente que a su campaña no había entrado dinero del narcotráfico, el país le habría creído. El día de las elecciones usted tuvo esa oportunidad, pero no la aprovechó. Fue un error no haberla contestado.

Pero, bueno, pasado es pasado.

Samper sostuvo que le había pedido al presidente Gaviria que me buscara para proponerme que los dos candidatos fuéramos a la Fiscalía a presentar una denuncia conjunta.

—Gaviria nunca me dijo nada, no me comentó nada al respecto.

Fue entonces cuando el presidente Samper me dijo estar seguro de que quien me había entregado las grabaciones fue el ministro de Defensa, Rafael Pardo.

—Él le dio los casetes, estoy seguro —opinó Samper y agregó que no entendía por qué el presidente Gaviria le había hecho esto.

Creía que el ministro me los había enviado con su esposa, Claudia de Francisco, quien, como ya he dicho, fue la gerente administrativa de mi campaña.

—Le digo con toda certeza, Presidente, que no fue el ministro Pardo quien me entregó las grabaciones.

Otra suposición de Samper fue que los Estados Unidos estaban dispuestos a acusarme y perseguirme si hubiera ganado las elecciones, tal y como lo estaban haciendo con él.

—No tenga ni la menor duda de eso —afirmó.

—Mire, Presidente, ahí sí no tiene ninguna razón. Yo estoy absolutamente tranquilo y seguro de que en mi campaña no ingresó ni un peso del narcotráfico; por eso le mandé la carta a usted invitándolo a jurar que en la suya tampoco. ¿Por qué no me contestó? Yo estoy tranquilo: en mi campaña no entró ni un peso del narcotráfico. La Fiscalía ha estado investigando y no ha encontrado ni va a encontrar un peso del narcotráfico en mi campaña.

Volvimos al tema de la Comisión de Acusaciones:

—Sométase, Presidente, a una comisión de la verdad y todos le ayudamos. El país lo que quiere es una comisión que tenga credibilidad y todos lo vamos a acompañar. Si esa comisión lo exonera, bienvenido. Y si lo condena, también.

Entonces, el presidente me anunció:

—Estoy dispuesto a someterme a un tribunal como el que usted propone, pero sólo cuando la Comisión de Acusaciones haya tomado una decisión.

—Aquí hay que hacer una comisión de la verdad —insistí.

—Yo estoy dispuesto a ir a eso después de que la Comisión tome una decisión —reiteró.

En ese momento me di cuenta de que el presidente lo que quería era salvar su responsabilidad penal, así lo que siguiera no fuera más que un simple juicio político.

—No estoy de acuerdo. Pienso que debe someterse ya a ese tribunal para que se le despeje cualquier duda al país —tengo la convicción de que si uno es inocente no puede tenerle miedo a una comisión de la verdad.

El canciller intervino:

—Bueno, vamos a suponer, en gracia de discusión, que el presidente acepta someterse a un tribunal especial. En ese caso ¿cuál es su opinión sobre los temas planteados por el presidente en el comunicado que acaba de emitir proponiendo reformas políticas?

—Estoy de acuerdo con la mayoría de ellas, pero con otras no —respondí—. Primero, no estoy de acuerdo con la propuesta de desmontar la autonomía del Banco de la República[34], no creo que deba dársele más poder al presidente. Con relación a los servicios públicos, respaldo su privatización cuando el Estado es incapaz de prestarlos adecuadamente. Coincido con la declaratoria del estado de conmoción impuesto por el presidente en respuesta al magnicidio de Álvaro Gómez, sólo que esta figura es transitoria y no se debe abusar de ella; el presidente cuenta con las herramientas jurídicas suficientes para manejar el orden público sin necesidad de acudir a estados de excepción que suprimen garantías constitucionales y restringen los derechos fundamentales de las personas.

---

[34]   Banco central de Colombia.

Samper me aclaró que su propuesta de suprimir la autonomía del Banco de la República se debía en parte a que el pueblo colombiano estaba convencido de que él era el responsable de las decisiones de ese organismo y arbitrariamente juzgaba al Gobierno por ellas.

—Los colombianos en general —aseguró— no entienden que la nueva Constitución Política, promulgada tres años antes, trasladó a otros entes del poder público muchas responsabilidades que le pertenecían al presidente.

Samper consultó el reloj que llevaba en el brazo derecho. Vio que eran las tres de la tarde.

—Desgraciadamente, debo irme. Tengo una presentación de credenciales en Palacio.

El canciller propuso emitir un comunicado conjunto para decir que fue una reunión muy productiva, de mucha cordialidad, que no habíamos llegado a ningún acuerdo pero que nos reuniríamos de nuevo muy pronto.

Opiné que no era bueno decirle mentiras al país, pues la reunión no fue productiva, y propuse que cada cual expidiera su propio comunicado. Les agradecimos al canciller y a su señora las atenciones, nos paramos de la mesa y nos retiramos.

De regreso a la oficina revisé con Jaime Ruiz el comunicado que habíamos preparado en la mañana, le hicimos algunos ajustes y cité a una rueda de prensa a eso de las seis de la tarde para divulgarlo.

A lo largo de los años he madurado una tesis derivada del escándalo de los "narcocasetes". Me explico: creo que el narcotráfico en Colombia lo que ha querido siempre es manejar el país para favorecer sus intereses. Comenzó ejerciendo el terrorismo y el secuestro con el fin de amedrentarnos, a sangre y fuego, a los políticos, a los periodistas, a los jueces, a la sociedad civil, a los policías… Acorralados por el impacto mundial de sus propios actos criminales, los narcotraficantes debieron preguntarse alguna vez: "¿Y para qué seguimos asesinando? ¿Para qué seguimos secuestrando? Compremos la Presidencia de Colombia, compremos el Congreso", y al final, eso fue lo que pasó.

Recién posesionado en la Presidencia de Colombia me asombró que teníamos hasta trescientos homicidios anuales en las cárceles del país, en buena parte como producto de un hacinamiento infrahumano y de un régimen de corrupción penitenciario de proporciones aterrorizantes.

Me introduje al tema con la lectura de la famosa sentencia de la Corte Constitucional T153, del 28 de abril de 1998. En ella, el magistrado ponente, Eduardo Cifuentes, conceptuó, entre otras cosas:

> Las cárceles colombianas se caracterizan por el hacinamiento, las graves deficiencias en materia de servicios públicos y asistenciales, el imperio de la violencia, la extorsión y la corrupción, y la carencia de oportunidades y medios para la resocialización de los reclusos. Razón le asiste a la Defensoría del Pueblo cuando concluye que las cárceles se han convertido en meros depósitos de personas. Esta situación se ajusta plenamente a la definición del estado de cosas inconstitucional.

> Y de allí se deduce una flagrante violación de un abanico de derechos fundamentales de los internos en los centros penitenciarios colombianos, tales como la dignidad, la vida e integridad personal, los derechos a la familia, a la salud, al trabajo y a la presunción de inocencia, etc.

La T153 no podía ser para mí, como presidente de la República, simple material de lectura, si bien estableció lo siguiente:

130

"Ante la gravedad de las omisiones imputables a distintas autoridades públicas, la Corte debe declarar que el estado de cosas que se presenta en las prisiones colombianas, descrito en esta sentencia, es inconstitucional y exige de las autoridades públicas el uso inmediato de sus facultades constitucionales, con el fin de remediar esta situación [...]".

Una de las primeras personas con las que discutí esta tragedia humanitaria fue mi amigo y uno de mis médicos de confianza, Santiago Rojas, hoy el más famoso y respetado de Colombia en su especialidad de medicina alternativa.

—Presidente, llevo veinticinco años trabajando de manera voluntaria con los presos a través de mi fundación Unión y Vida. Comencé en las cárceles de Bogotá.

Las denuncias expresadas en la sentencia, en documentos de la Oficina del Alto Comisionado para los Derechos Humanos de la ONU, famosas organizaciones humanitarias no gubernamentales o la Defensoría del Pueblo de Colombia, parecían ser a veces pálida sombra de la visión dantesca de primera mano que tenía Santiago. No enfrentaba el tema con fines investigativos nada más sino que personalmente les daba a los presos seminarios de técnicas de control mental para disminuir índices de violencia y mejorar su bienestar interior.

No tardé en nombrar a Santiago como mi representante en el Consejo Directivo del Instituto Nacional Penitenciario (Inpec), y con su ayuda pronto logramos reducir los homicidios anuales de 300 a 15. Pocos éxitos tan alentadores como este.

Santiago conocía de memoria los nombres de sus pacientes en las prisiones del país, los atendía con vocación, de alguna manera sacerdotal, y a decenas de ellos les cumplió la promesa de entregarme cartas que me escribieron desde las celdas en solicitud de tratamientos médicos, cambios de prisiones o peticiones de revisión judicial de sus casos.

Por intermedio de él, a lo largo del gobierno me mantuve al día sobre el estado de la olla de presión carcelaria del país y la evolución de las seis nuevas cárceles que construimos, entre ellas la de Cómbita, Boyacá, donde visité en 2013 a mi secuestrador, "Popeye", y donde recibí de él testimonio del trato digno que recibía.

El tema del hacinamiento de las cárceles fue uno de los proyectos que más impulsó mi ministro de Justicia, Rómulo González Trujillo, con recursos que provenían del Registro de Instrumentos Públicos. Con la asesoría del Departamento de Prisiones de Estados Unidos, hicimos las seis nuevas cárceles en Popayán, Acacías, Valledupar, La Dorada, Girón y Cómbita. De acuerdo con el Código Penitenciario, algunas de estas fueron destinadas a alta seguridad y las otras a mediana.

En una de nuestras conversaciones, Santiago me contó, como dato curioso, que entre sus pacientes en las cárceles tenía a los hermanos Miguel y Gilberto Rodríguez Orejuela, jefes del Cartel de Cali que financió la campaña de Ernesto Samper, y a su tesorero electoral, Santiago Medina, quien había escrito desde la cárcel el libro *La verdad sobre las mentiras*. En él reconoció su responsabilidad en el trato financiero con la mafia y delató la del propio Samper y de su jefe de campaña, Fernando Botero Zea, que fue nombrado ministro de Defensa pero debió renunciar, cayó preso y, de la misma manera, aceptó su culpa y documentó la responsabilidad deliberada del presidente.

—¿Después de ese libro, los Rodríguez Orejuela se van a quedar callados? —le pregunté a Santiago Rojas.

—La verdad, nunca he tocado el tema con ellos —contestó.

En ese libro, Medina dejó su testimonio sobre su responsabilidad, la de Samper mismo y de otros directivos de la campaña como Botero y el político liberal de Santander que habría de ser ministro del Interior, Horacio Serpa Uribe.

Quiero destacar unas pocas frases del libro de Medina:

1) "No puedo negar que al principio le guardé la espalda a Samper en todo. Desde el primer día el bumerán rebotó contra mí. Era el tesorero y lógicamente quien manejaba la plata".

2) "Soy completamente consciente de que no fui a Cali a buscar la plata de los Rodríguez, si no es porque Samper tenía un compromiso con los Rodríguez desde antes convenido".

3) "Lo que he sostenido del Pacto de Recoletos[35] es cierto. Samper se reunió en [Recoletos, Madrid] España, cuando era embajador, con Alberto Giraldo y Eduardo Mestre, que iban de parte de los Rodríguez a cuadrar con ellos la financiación de la campaña".

4) "Samper tiene que escoger entre los gringos o los Rodríguez Orejuela. Está en la mitad. Por cualquier lado que se vaya, se revienta. Si escoge a los Rodríguez, Esta-

---

[35] El abogado Gustavo Salazar le confesó a la desaparecida revista colombiana *Cambio,* que su cliente, el reconocido narcotraficante Helmer "Pacho" Herrera, del Cartel de Cali, le reveló: "para el señor Samper sí se había dado dinero y el señor Miguel Rodríguez Orejuela tenía pruebas del famosísimo Pacto de Recoletos, en España, allí en Madrid".

Agregó Salazar: "Pacho Herrera me decía: 'Yo no soy Miguel Rodríguez Orejuela, él giraba en cheques. Yo no perjudico a los parlamentarios. Yo doy en efectivo y dólares'".

Sobre la entrega de dineros a la campaña de Samper también atestiguó ampliamente ante las autoridades estadounidenses, dentro del caso conocido como "Piedra Angular", el tesorero mayor del Cartel de Cali, el chileno Guillermo Pallomari. En 1995, este se entregó a la DEA en la Embajada de Estados Unidos en Bogotá. La entrega de Pallomari fue determinada por el allanamiento de la DEA y autoridades colombianas a su oficina en Cali, donde se encontraba buena parte de la documentación de la campaña de Samper.

dos Unidos lo tumba; si escoge a los gringos, los Rodríguez lo tumban. Lo están arrinconando".

5) "Trataron de matarme tres días antes de que me detuvieran [agentes de la Fiscalía]. Tenían un operativo listo para matarme por la vía a Tocaima. Un escolta, que había trabajado para mí, me avisó".

6) "El día anterior a mi detención le pedí cita a Serpa y le dije: '¿Por qué me va a matar?'. Serpa dijo: 'Está loco'. Le dije, 'yo sé que usted habló con el general fulanito, el coronel sutanito, con perencejito y con fulano pero usted no me mata porque yo tengo la copia de todos los documentos y todos los recibos".

7) "Serpa es Maquiavelo. Serpa es el que maquina, maneja los políticos, las triquiñuelas, la plata, los puestos y las cosas. Además, es el que le pone la cara al país cuando el tipo [Samper] no se siente capaz".

8) "Los Rodríguez saben perfectamente que no terminan de decir la última palabra cuando ya están montados sobre un avión para afuera. Eso es lo primero que les debe haber dicho Samper. Mientras estén callados, están acá y si no, se mueren".

Algunos meses después de que le preguntara si los Rodríguez Orejuela iban a permanecer callados frente a las revelaciones del libro de Santiago Medina, Santiago Rojas me visitó para revisar mi salud y los temas carcelarios que compartíamos:

—Presidente, los Rodríguez Orejuela me pidieron que le entregara esta carta que escribieron en la cárcel —me anunció mientras me alcanzaba el sobre.

—¿De qué se trata?

—Hace un tiempo, presidente, cuando fui a verlos, se me ocurrió preguntarles si iban a permanecer callados frente al libro de Medina. Le mandan esta carta y la seguridad de que nunca la van a desmentir, según me dijeron.

En este escrito los Rodríguez Orejuela revelan, por primera vez, que Samper sí estuvo enterado plenamente de la financiación que le dieron para su campaña con dineros del comercio de la cocaína.

No la revelé durante mi mandato por considerar que en mi condición de presidente estaba en una posición de ventaja frente a Samper y, además, creí que debería esperar a que la justicia avanzara, cosa que no sucedió.

Las pocas personas que la han visto han coincidido en llamarla "la prueba reina".

La carta es la que, para cerrar este capítulo, reproduzco a continuación en forma de facsímil:

Santafé de Bogotá, junio 12 de 2000.

Señor Doctor
Andrés Pastrana Arango
E.   S.   M.

Respetado Señor Presidente:

Nos hemos enterado por diferentes medios de los informes de inteligencia que nos vinculan, de una u otra manera con el Dr. ERNESTO SAMPER y demás personajes de la vida pública, que están detrás de los paros, bloqueos, y conjuras políticas que siembran el caos y desestabilizan el gobierno; nada más absurdo y mendaz que dicha afirmación.

En cuanto a su pregunta, le queremos contestar con la sinceridad a la cual nos es posible llegar por el momento.

Si bien es cierto, que en algún momento de nuestras vidas cometimos el error de contribuirle al señor doctor ERNESTO SAMPER PIZANO y a sus más inmediatos colaboradores, con el dinero para su campaña presidencial, NO fue a sus espaldas ni mucho menos a espaldas de los directivos de la campaña como lo pregonan en las plazas públicas. Solo lo hicimos con el deseo de que un gobierno liberal, en cabeza de los doctores ERNESTO SAMPER Y HORACIO SERPA, llevara al país por mejores rumbos basados en el progreso, la justicia social y el bien de todos los Colombianos.

Es lamentable ver como el Señor ex presidente se convierte, en su reciente libro (página 86, párrafos 2" y 3") en el "cínico de la razón", construyendo un sofisma, que parte no de la verdad, sino del prudente silencio que hemos guardado.

En éste orden de ideas, le queremos expresar Señor Presidente, que hemos guardado este prudente silencio frente a todas estas situaciones incluyendo el brindis con champaña del Dr. ERNESTO SAMPER y su señora el día de nuestra captura, los improperios permanentes que recibimos cuando quieren demostrar lo indemostrable, y muchos otros actos innecesarios que poco a poco nos van relevando de la obligación de contribuir con este silencio al desarme de los espíritus.

Finalmente, señor Presidente, queremos manifestarle, que no vamos a permitir que nos sigan utilizando para lavar sus culpas, y que no necesitaremos ningún beneficio que alivie nuestra pena, es más, no lo aceptaríamos, para en un momento dado, desenmascarar la urdimbre de mentiras que utilizan algunos "abanderados" de la moral social en sus discursos donde prima los intereses personales sobre el interés nacional.

Cordialmente,

MIGUEL RODRIGUEZ O.   GILBERTO RODRIGUEZ O

III
MANDATO POR LA PAZ

En febrero de 1998 pensé de nuevo en lanzarme a las elecciones presidenciales en las que los colombianos escogerían al sucesor de Ernesto Samper en medio de una profunda crisis económica, social y moral: al presidente de la República le había sido cancelada su visa a los Estados Unidos; la economía se encontraba descuadernada y deprimida, con el sector financiero y el cooperativo quebrados, las tasas de interés superaban el cincuenta por ciento efectivo anual, la inflación estaba cerca del dieciséis por ciento y el desempleo, sin freno a la vista, se había duplicado en los últimos cuatro años hasta alcanzar el dieciséis por ciento. Colombia estaba en ruinas.

La guerra había desolado los campos. Las guerrillas, principalmente las FARC, durante el gobierno de Samper pasaron de la guerra de guerrillas que habían ejercido desde su creación en los años sesenta, consistente en atacar y retirarse, a la guerra de posiciones, propia de conflictos internacionales en los cuales se enfrentan ejércitos regulares.

La primera vuelta electoral tendría lugar en mayo siguiente, de manera que no dispondría sino de escasos tres meses para hacer una campaña, y me reuní con mis asesores americanos, Bob Shrum y Tad Devine, para examinar las posibilidades objetivas de triunfar y tomar una decisión.

—De acuerdo con las encuestas —especificó uno de los asesores— su imagen negativa es del ochenta por ciento. Usted está en una situación muy complicada: el ochenta por ciento del país no lo quiere.

La campaña de desprestigio a la que me sometieron el presidente Samper y su gobierno, fue total. En eso consistió su venganza por haber denunciado el ingreso de dineros del narcotráfico a la campaña electoral que lo llevó a la Presidencia cuatro años atrás. Nos investigaron todo. Abundaban a diario las noticias sindicándome de "apátrida". Me acusaban de haber vendido el país, de ser un mal perdedor… Las encuestas eran la medida del descrédito sistemático al que fui sometido.

Cuando comencé a examinar la posibilidad de proponer mi nombre, los demás candidatos, doce, ya estaban en la arena pública[36].

—Con estas encuestas, y a tres meses de las elecciones, podría decirle que está usted muerto —sentenció uno de mis asesores.

Sin embargo, interpretando las encuestas entre líneas y de manera detallada, aparecían algunas luces de esperanza. Por ejemplo, a una pregunta sobre si los encuestados que reconocían haber votado por mí en 1994 lo harían de nuevo en estas elecciones, más del setenta por ciento decía que sí. Esto me convenció de que tenía una base electoral enorme para lanzarme y no me equivoqué: obtuve en esa primera vuelta 3 613 278 votos que correspondían al 34,728 por ciento de las papeletas depositadas en las urnas. Horacio Serpa, el candidato del presidente Samper, logró 3 647 007, equivalentes a 35,053 por ciento. En esa primera vuelta, a la que concurrió el 58 por ciento del electorado, hubo un total de 10 683 897 votos. Con estos resultados, derrotar a mi contrincante en la segunda vuelta parecía perfectamente verosímil. Suposición que, obviamente, él también estaba haciendo.

---

[36] Horacio Serpa, Noemí Sanín, Harold Bedoya, Beatriz Cuéllar, Germán Rojas, Jorge Hernán Betancur, Jesús Antonio Lozano, Jorge Reinel Pulecio, Guillermo Alemán, Efraín Díaz, Guillermo Nannetti y Francisco Córdoba.

La diferencia para conseguir el triunfo debería determinarla una propuesta innovadora, creíble, esperanzadora, que tocara el corazón de los electores.

Siete meses atrás, en octubre de 1997, en las elecciones para escoger gobernadores, alcaldes, diputados y concejales, más de diez millones de colombianos habían aprobado en las urnas el Mandato por la paz, la vida y la libertad. Fue una manera de exigir masivamente, primero que todo, que se resolviera el conflicto de manera pacífica. También pidieron ponerle fin a las atrocidades de la guerra, respetando el Derecho Internacional Humanitario: suspender el reclutamiento de menores de dieciocho años, detener la práctica del secuestro, los ataques a poblaciones, las ejecuciones extrajudiciales y la desaparición y el desplazamiento forzados de personas.

No me cabía la menor duda de que la búsqueda de la paz debía ser el punto de quiebre en mi favor para ganar en la segunda vuelta. Al fin y al cabo, se trataba de un clamor expresado en las urnas por más de diez millones de personas, cifra jamás alcanzada hasta ahora por ninguna causa o persona en toda la historia de Colombia. Faltó muy poco para que el cien por ciento de los votantes respaldara el llamado a acabar la guerra mediante una salida negociada.

El Mandato por la paz, la vida y la libertad fue una iniciativa conjunta de las organizaciones no gubernamentales Redepaz y País Libre así como de la oficina del Programa de Naciones Unidas para el Desarrollo (PNUD) en Colombia. Elaboraron la propuesta durante meses para que los colombianos la respaldaran o no mediante el voto directo en las elecciones del domingo 26 octubre de 1997 en las que fueron elegidos gobernadores, alcaldes, concejos y asambleas. Las autoridades electorales acogieron la iniciativa y permitieron depositar y contar los votos, aunque los resultados, que fueron históricamente arrolladores pero extraoficiales, no serían obligantes para el Gobierno. Se entenderían a duras penas como una opinión popular.

El tema de la paz se convirtió en la principal y la más robusta de todas mis propuestas para la segunda vuelta electoral. Desde mi niñez, como cualquier otro colombiano, no recordaba que hubiera transcurrido un solo día sin saber de un acto de guerra en el país. La guerra y la paz en Colombia fueron y seguirán siendo temas de conversación y de estudio en mi familia. Lo fueron para mi abuelo materno, el líder liberal Carlos Arango Vélez (1897-1974), cuyo aliado político, Jorge Eliécer Gaitán, fue asesinado el 9 de abril de 1948 en circunstancias que, literalmente, incendiaron el país, cambiaron el rumbo de la historia nacional y avivaron las causas de la guerra civil. Arango Vélez fundó y lideró la Unión Nacional Izquierdista Revolucionaria (UNIR); fue candidato presidencial, magistrado de la Sala Penal de la Corte Suprema de Justicia y ministro de Guerra durante el gobierno de Enrique Olaya Herrera (1930-1934). Uno de sus libros más recordados es *Lo que yo sé de la guerra*, sobre el conflicto armado colombo-peruano que tuvo lugar, entre 1932 y 1933, en la cuenca del río Putumayo y la ciudad de Leticia, capital del departamento del Amazonas.

Mi padre, Misael Pastrana Borrero, conservador, fue el último presidente colombiano del Frente Nacional[37] y a lo largo de su vida el ideal de la paz nacional y de la protección de los derechos humanos, junto con la ecología, fueron sus principales temas de estudio, de preocupación y de conversación. Sus propuestas y criterios sobre la necesidad y las vías para pacificar el país están expuestos en centenares de sus escritos y hoy

---

[37] Coalición política bipartidista que buscó, durante dieciséis años, frenar la guerra civil entre los partidos liberal y conservador mediante la alternación del poder, así como organizar el país tras la dictadura militar del general Gustavo Rojas Pinilla. Los presidentes del Frente Nacional fueron Alberto Lleras Camargo (liberal) 1958-1962; Guillermo León Valencia (conservador) 1962-1966; Carlos Lleras Restrepo (liberal) 1966-1970 y Misael Pastrana Borrero (conservador) 1970-1974.

siguen siendo la hoja de ruta de sus hijos y de muchos de sus amigos y seguidores. "No hay paz mala ni guerra buena", oí decir siempre en casa de mi padre.

El 8 de junio, en un salón del Hotel Tequendama de Bogotá, proclamé mi propuesta de paz, trece días antes de la segunda vuelta prevista para el 21 de junio. Fue un discurso extraordinariamente difícil. Debía ser cautivador para un país agobiado por la guerra, atractivo para la guerrilla y muy claro para los grupos paramilitares. Del mismo modo, debían coincidir con él de manera plena mis aliados de diversas vertientes políticas y mis asesores principales. Estaban Víctor G. Ricardo, Rafael Pardo Rueda, Augusto Ramírez Ocampo y Álvaro Leyva, quien se encontraba fuera del país, entre otros. Ponerlos a todos de acuerdo era inmensamente complicado. El discurso con las ideas conciliadas solamente estuvo listo horas antes de iniciar mi intervención.

Mi contrincante, Horacio Serpa, desde la primera vuelta se proyectó como el candidato de la paz, fundamentado en la participación que tuvo en múltiples procesos de gobiernos anteriores. Yo carecía de esa experiencia, pero no así mi equipo asesor.

Serpa y Samper también eran conscientes de que la mejor propuesta de paz, la más creíble y convincente, determinaría el resultado de unas elecciones en las que cada uno de los candidatos tenía la mitad de los votos, de acuerdo con las encuestas y los resultados mismos de la primera vuelta.

El esfuerzo final del Gobierno por captar al electorado que le podría dar el triunfo a su candidato, Serpa, consistió en ofrecerle a las FARC la desmilitarización de un municipio para iniciar inmediatamente conversaciones de paz y la opinión pública quedó a la expectativa de una respuesta que nunca llegó.

Al terminar mi discurso del Tequendama, dos jóvenes de la Universidad Sergio Arboleda, de Bogotá, le pidieron a Víctor G. Ricardo sendas copias de mi propuesta y sus datos de contacto.

—Nos gustó mucho la propuesta de Pastrana —le indicó uno de ellos.

Cinco días más tarde, el 13 de junio, lo interceptaron de nuevo en una manifestación política, se identificaron como emisarios de las FARC y le hicieron una invitación:

—¿Usted aceptaría ir a una reunión con el secretariado de las FARC para hablar sobre la propuesta de paz de Pastrana?

—Díganme en qué circunstancias y por supuesto que acepto ir.

—Muy bien, entonces, vamos a hablar con Álvaro Leyva para pedirle que nos acompañe.

Partieron en un viaje de carretera con varios trasbordos que les tomó dos días en ir y volver. Pasaron por San Vicente del Caguán y llegaron a San Francisco de La Sombra, donde subieron a dos carros en los que iban cuatro miembros de las FARC. Los internaron durante tres horas en las profundidades de los llanos del Yarí, hasta alcanzar un campamento gigantesco poblado por miles de guerrilleros. Entraban, uno detrás de otro, camiones de alto tonelaje cargados con comida y suministros que eran descargados, ordenados y reembarcados de inmediato en vehículos de menor tamaño que partían, al parecer, con el objeto de aprovisionar a otros frentes de la organización. Era una gran central de abastos y en una de las instalaciones contiguas funcionaba un salón de conferencias con capacidad para más de cien personas. En otra, un centenar de guerrilleros cosía chalecos militares para la tropa de la organización. Este complejo de las FARC era comandado por Urías Cuellar, alias "el Borrego", quien tomó parte en el asalto a Mitú y fue dado de baja durante mi gobierno. Permanecieron en aquel lugar cerca de ocho horas a la espera de ser recibidos por los miembros del secretariado, quienes no aparecieron. En vez de esto, Víctor G. y Álvaro fueron llevados a otro campamento, una construcción de madera extraviada en la mitad de la selva y custodiada por cerca de medio millar de guerrilleros, distribuidos en círculos concéntricos de seguridad.

A lo largo de toda la región recorrida nunca apareció rastro alguno del Ejército Nacional o de la Policía. Era una zona del país enteramente bajo el control de las FARC.

Víctor G. Ricardo debió esperar menos de una hora hasta cuando irrumpió un hombre de boina, fornido, hiperactivo, rústico, vestido con camuflado militar y armado de una pistola Pietro Beretta de nueve milímetros al cinto.

—Mucho gusto, doctor, soy "el Mono Jojoy"[38] —se presentó el temible jefe militar de las FARC.

A continuación, de entre las sombras surgió con sigilo "Marulanda"[39], también armado de una Pietro Beretta, enfundado entre una enorme camisa color plomo que le sobraba por todas partes y pantalones de dril verde oliva de la Policía Nacional, adquiridos como botín de guerra. Llevaba al hombro

---

[38]   Jorge Briceño Suárez nació en 1951, ingresó a las FARC a los trece años y ascendió hasta alcanzar la comandancia militar de la organización. Murió en la serranía de La Macarena en septiembre de 2010 durante un bombardeo de la aviación militar.

[39]   También conocido como "Tirofijo". Su nombre de pila fue Pedro Antonio Marín, que cambió en la guerrilla por el de "Manuel Marulanda Vélez" en memoria de un líder comunista asesinado en los años cincuenta. Nació en mayo de 1930 y falleció de muerte natural en 2008. Fundó las FARC en 1964 con un grupo de camaradas a los que sobrevivió en su totalidad y llegó a convertirse en el guerrillero más viejo del mundo. No existe evidencia física de su muerte ni rastro de su tumba, solamente el anuncio y el obituario oficiales de las FARC.

una toalla amarilla, característica de su atuendo, con la que se limpiaba el sudor de la cara y espantaba a los insectos selváticos cuando se le acercaban a picarlo. Debajo del brazo cargaba una copia de mi discurso con subrayados y apuntes de varias tintas en todas las páginas.

Ambos guerrilleros estaban molestos por un malentendido sobre la fecha de esta reunión. Aseguraban que estaba prevista para el día anterior, lo que Leyva y Víctor G. simplemente ignoraban.

Víctor G. examinó la propuesta de paz con Marulanda y Jojoy. A ambos les pidió, como demostración de buena voluntad, liberar a cerca de setenta soldados secuestrados que mantenían en campos de concentración mimetizados en la manigua.

—Con usted no vamos a discutir el tema de los soldados retenidos porque usted no es representante del gobierno —apuntó tajantemente Marulanda.

—Yo no sé qué estoy haciendo aquí con ustedes que están más del lado de Serpa que de Pastrana —soltó Víctor G.

—Serpa lleva doce años hablando de paz y no ha llegado a ninguna parte —repuso Jojoy.

—Pero Samper anunció que desmilitarizará ya mismo un municipio para comenzar a hablar de paz con ustedes. Ese será el comienzo del proceso de paz de ustedes con Serpa —anotó Víctor G.

—Los representantes de Samper van a quedarse esperándonos en ese municipio porque nosotros no vamos a ir —reveló Marulanda de manera tajante.

Los dos líderes de las FARC entraron en materia para explicarle a Víctor G. que aceptarían ver la posibilidad de dialogar de paz conmigo, siempre que estuviera dispuesto a hacerlo tan pronto ganara las elecciones, desmilitarizara cinco municipios que ya tenían seleccionados y combatiera a los paramilitares para diezmarlos y mantenerlos alejados del proceso.

—Debe quedar claro que las FARC no apoyan la campaña de Pastrana, pero estoy dispuesto a reunirme con él, como presidente electo, antes de que se posesione —ofreció Marulanda.

Víctor G. prometió llevar el mensaje de las FARC al pie de la letra. Antes de emprender el regreso a Bogotá, consultó la hora en el reloj publicitario de mi campaña que llevaba y Marulanda se molestó:

—¿Ya se tiene que ir? ¿No tiene tiempo para la paz? —preguntó en tono de burla.

Víctor G. le pidió a Tirofijo la expedición de un comunicado de las FARC para dar cuenta de la reunión, y propuso que fuera redactado de inmediato para llevarlo a Bogotá como prueba de la misma y de los términos en que se había llevado a cabo.

—No se preocupe, doctor. Cuando usted llegue a su casa en Bogotá encontrará el comunicado —aseguró Tirofijo.

—Señor Marulanda, acépteme este reloj de regalo. Mírelo bien, tiene un enorme significado para usted y para el país: este reloj marca la hora de la paz —expresó Víctor G. en señal de despedida.

—No se lo acepto —gruñó Marulanda con una mueca de vacilación.

—Acéptemelo, señor Marulanda —insistió Víctor G. mientras él mismo se lo ponía en la muñeca izquierda—. Este, créamelo, es el reloj que marca la hora de la paz.

Marulanda se tomó un momento para observar el reloj en su muñeca con cierta extrañeza y Víctor G. se despidió:

—Me voy, pero les quiero pedir que antes los tres nos tomemos una fotografía para llevar la constancia de que estuve reunido con ustedes —y le pidió a Álvaro Leyva que la hiciera con una cámara que llevaban.

—¡Cómo se le ocurre tomarnos fotos! Ni más faltaba. Usted lo que hace con ellas es llevarlas para que las pongan en todas las unidades militares. Eso atenta contra nuestra seguridad —protestó Jojoy.

—Venga, Mono, tomémonos la foto —indicó Tirofijo, cuyas órdenes nadie osaba contradecir.

Leyva tomó varias fotos. Víctor G. sacó el rollo de la cámara, lo guardó en un bolsillo de su pantalón, se despidió y partió.

En el camino de regreso, el guerrillero que manejaba por caminos de lodo la camioneta en que iba Víctor G., intentó cruzar un puente rudimentario cubierto por la creciente de un río cargado por el último diluvio. Supuso el lugar donde debería estar según el rumbo marcado por el camino de herradura que llegaba hasta la orilla. Pero se equivocó, entró por donde no era y el carro cayó como una roca entre el río y desapareció. Los ocupantes rompieron los vidrios a golpes y salieron a flote nadando, sanos y salvos, incluido Víctor G., quien tan pronto ganó la orilla extrajo con tristeza de su bolsillo el rollo fotográfico: escurría agua de su interior como si fuera una pequeña botella. Supo que se había echado a perder pero decidió conservarlo.

Cuando nos reunimos para conocer el resultado de su viaje, sacó el rollo, ya seco, para contarnos, apesadumbrado, que ahí estuvieron las fotos que bien pudieron haber sido las más importantes de toda la campaña. No obstante, decidimos buscar al mejor laboratorista de Bogotá para que intentara el milagro de rescatar cualquier imagen que todavía pudiera conservar el rollo, o al menos una parte de ella. El resultado fue que no salvó una fotografía sino todas. Era perfectamente claro: Marulanda tenía puesto el reloj promocional de mi campaña.

Convocamos una rueda de prensa y despachamos un comunicado con la respuesta de las FARC a mi propuesta de paz, acompañado por la mejor foto de Marulanda con el reloj de pulsera en el brazo izquierdo. En pocas horas le dio la vuelta al mundo a través de los despachos de las agencias internacionales de noticias, y ocupó las primeras páginas de los principales diarios y revistas de todas partes.

La suerte de mi campaña estaba echada.

El 21 de junio, el conteo de los votos depositados en todo el país durante la segunda vuelta electoral de 1998 fue rápido. Los colombianos me dieron el triunfo con 6 114 752 votos (50,39 por ciento) frente a los 5 658 518 (46,53 por ciento) que obtuvo Horacio Serpa.

Con la victoria asegurada en las urnas, antes de asumir la Presidencia el 7 de agosto siguiente, comencé de inmediato a elaborar el plan que debería permitir la pronta iniciación del proceso de paz junto con un proyecto nacional, paralelo y complementario, de redención social y fortalecimiento de las diezmadas fuerzas militares de Colombia, que les permitiera multiplicar su pie de fuerza, elevar los parámetros de entrenamiento y poseer los mejores equipos de combate y transporte en términos internacionales. Se calculaba, grosso modo, que las FARC podrían tener alrededor de veinte mil combatientes. Algunas recomendaciones internacionales indicaban que para ganar la guerra debían existir once combatientes regulares por cada irregular, esto quería decir que el pie de fuerza estatal debía ser al menos de doscientos veinte mil soldados, y Colombia no llegaba a los cien mil.

Asumimos desde el comienzo las esperanzas de una paz por la vía del diálogo, en coincidencia con la sabia receta del asesinado premio Nobel de la Paz y primer ministro de Israel,

Isaac Rabin: "Hay que negociar como si no hubiera terrorismo y combatir el terrorismo como si no hubiera negociaciones". Pero la segunda parte de esta fórmula no sería posible aplicarla sin un ejército numeroso, profesional, competente y excelentemente armado.

Desde cuando abordamos el tema de la paz también establecimos como principio que debería tener un vigoroso componente de inversión y desarrollo sociales con el objeto de poder apartar en forma definitiva de la guerra a la población civil atrapada en ella.

Yo hablaba mucho con el ex ministro Roberto Arenas Bonilla sobre la mejor manera de llevar adelante un proceso de paz, porque él había elaborado un plan meticuloso de desarrollo social en el sur del país que permitiría la incorporación a la vida civil de una parte de las FARC y del Ejército de Liberación Nacional (ELN) dentro de la dinámica de un eventual proceso de paz.

Desde el comienzo, igualmente, sentamos un criterio: durante cualquier diálogo con la guerrilla tendríamos claro que los ejércitos paramilitares constituían un asunto diferente, y aunque estos también estaban buscando reconocimiento político y una mesa de diálogo, no se los íbamos a dar en primera instancia. Establecimos que la estrategia consistiría en hacer primero la paz con las FARC y el ELN.

Sólo en una segunda etapa intentaríamos entendernos con los paramilitares, siempre y cuando le pusieran fin de manera efectiva a una larga ola estratégica de masacres y otras atrocidades que estaban cometiendo contra la población civil por todo el país.

El ideólogo del gran proyecto, con la ilustración y asesoría de Roberto Arenas Bonilla, fue Jaime Ruiz. Antes de bautizarlo decidimos que debería tener un nombre que nadie le pudiera quitar fácilmente, que le permitiera perdurar como política de Estado a través de los gobiernos que nos sucedieran. Nos pareció perfecto que se conociera como Plan Colombia. Si lo hubiéramos llamado Plan Social o Plan de Desarrollo Social, habría sido de cajón y efímero.

Yo comparaba un poco lo que habríamos de hacer con el tipo de alcances transformadores que tuvo el plan Marshall de los Estados Unidos para reconstruir los países europeos tras la Segunda Guerra Mundial y frenar el previsible avance del comunismo impulsado por la Unión Soviética.

Europa siempre rehusó aportar para el Plan Colombia en función de la corresponsabilidad que, como consumidor, no puede negar en el tema de las drogas ilícitas. Los voceros de la Unión Europea siempre estimaron la cocaína como un problema exclusivamente de los Estados Unidos, en donde, dicho sea de paso, desde 1991 no crece el consumo, mientras que el europeo ya lo igualó.

Europa tampoco quiso comprometerse con la parte del Plan relativa a la protección del medio ambiente. El embajador belga, incluso, alguna vez les dijo a Jaime Ruiz y al canciller Guillermo Fernández de Soto que el Plan Colombia no le gustaba porque "rompía el equilibrio entre el Ejército y la guerrilla".

La tarea militar primordial del Plan Colombia debía ser la de combatir frontalmente a los ejércitos del narcotráfico y sus redes financieras para fracturar los nexos que alimentaban la guerra. En esto, la comunidad internacional debía apoyarnos con generosidad, sobre el principio de la corresponsabilidad. Puede ser que nuestro país produjera una gran cantidad de la droga que demandaba el mundo, pero en ese momento el que más consumía era Estados Unidos y nosotros estábamos gastando millones de dólares y miles de vidas para tratar de evitar que llegara allá y a Europa. Eran astronómicas las inversiones solitarias de Colombia en Ejército, Fuerza Aérea, Armada Nacional, Policía, en bombas, tiros, uniformes… solamente para tratar de impedir a costa nuestra que la droga no entrara a circular en las calles y discotecas de los países consumidores del primer mundo.

Mi propuesta a los gobiernos que se declaraban víctimas de la droga colombiana fue: "Señores, aquí vamos a poner todos: nosotros somos un país pobre".

Los mismos campesinos me argumentaban algo que comencé a usar de ejemplo: "Presidente, ¿por qué gastamos millones de dólares en armamento, en Policía y Ejército, sólo para evitar que la droga llegue a las calles de Estados Unidos? Dígales que ellos inviertan allá para que nuestro dinero más bien lo usemos en salud, nutrición, educación, vivienda, agua potable y carreteras para sacar los productos agrícolas de zonas aisladas".

El Plan Colombia elaborado por nosotros tomó vuelo más rápido y más alto de lo que esperábamos.

Dos días antes de mi posesión fui invitado por el presidente Clinton a la Casa Blanca y me atendió en la Oficina Oval, algo particularmente importante porque, según me han dicho, el presidente de los Estados Unidos no suele recibir presidentes electos y, dado el caso, sus servicios de protocolo apenas les hacen invitaciones informales, los sientan por ahí, en un oficina de alguno de los asesores cercanos al mandatario, como el de Seguridad Nacional o el Secretario General y, de repente, pasa el presidente de Estados Unidos y dice: "Ah, usted está aquí, mucho gusto", toman una foto y se va.

En mi caso, Clinton quebrantó esa costumbre: no solamente me invitó a su despacho, sino que ordenó el regreso de Medio Oriente, donde se encontraba de gira, de la secretaria de Estado, Madeleine Albright, primera mujer en llegar a ese cargo, para que estuviera en la reunión[40]. Además de la señora Albright, el

---

[40] Madeleine Albright nació en Praga, Checoslovaquia, en 1937, y tuvo originalmente el nombre de Marie Jana Korbelová. Cuando estudiaba ciencias políticas

presidente Clinton pidió la presencia del subsecretario de Estado, Tom Pickering, otro gran amigo de Colombia.

Yo acudí a la cita acompañado por Guillermo Fernández de Soto, quien sería canciller en mi mandato; Rodrigo Lloreda, próximo ministro de Defensa y Luis Alberto Moreno, quien sería embajador en Washington. Nuestra presencia en la Oficina Oval fue un homenaje de Clinton a Colombia, pero también un mensaje explícito de querer cambiar por todo lo alto la relación binacional.

En este encuentro se relanzaron las relaciones entre Colombia y los Estados Unidos, pues mi país estaba descertificado por su pobre desempeño contra el narcotráfico y en la defensa de los derechos humanos. Fue, además, mi primera oportunidad para exponerle al presidente Clinton mi estrategia en torno a la lucha contra el tráfico de drogas, enumerarle los lineamientos del Plan Colombia y exponerle mi política de paz. Adicionalmente, le pedí toda su ayuda y colaboración para salir de la crisis económica en la que había encontrado el país. La peor del siglo XX después de la depresión de los años treinta.

De repente, el presidente Clinton nos sorprendió aún más, dirigiéndose a la señora Albright:

—Yo quiero invitar al presidente Pastrana en visita de Estado el próximo 28 de octubre —apenas dos meses después de mi posesión.

El último presidente colombiano que había estado en Washington en visita de Estado fue Carlos Lleras Restrepo en 1969.

---

en Suiza cambió el de Marie Jana por Madeleine, forma francesa de Madlenka, el apodo checo que su abuelo le había dado. Luego, en 1995, siendo ciudadana estadounidense, se casó con el periodista Joseph Albright, adoptó su apellido y de esta historia resultó el nombre con el que ha sido conocida y respetada en la política internacional. Madeleine Albright llegó a ser gran amiga y aliada de Colombia.

Posteriormente, la Secretaria nos ofreció un almuerzo en el comedor del Departamento de Estado.

Aquel 5 de agosto en Washington habían transcurrido apenas veinticinco días desde un encuentro que tuve, el 9 de julio, en un entorno, unas circunstancias y con unos comensales diametral y literalmente opuestos. Para lograrlo, en mi condición de presidente electo debí poner en riesgo mi propia vida y apartarme del extraordinario dispositivo de seguridad estatal que me fue puesto tan pronto gané las elecciones, así como el asedio acérrimo, a la saga de noticias, de mis colegas periodistas. Todo por la paz.

Entre la primera y la segunda vuelta proclamé a los cuatro vientos que si era elegido presidente, lo primero que haría sería ir a hablar con la guerrilla, cosa que nadie creyó y hoy quizás nadie recuerda.

Frente a mi anuncio, la revista *Semana* sostuvo que "La comunidad internacional no entendería cómo un presidente puede reunirse de manera clandestina con el guerrillero más viejo de América" y supuso que sería necesario "despejar casi medio país para un simple acercamiento entre el presidente y el líder de las FARC". Agregó que "la única justificación de esa reunión sería que en ese encuentro con 'Tirofijo' el presidente lograra por lo menos que las FARC, como gesto de buena voluntad, le entregaran a los casi setenta militares y policías que tienen en su poder".

Sin embargo, lo primero que hice tras el triunfo no fue ir a hablar con la guerrilla, sino con la junta del Banco de la República, con el objeto de conocer la situación económica real del país y ajustar a ella el plan para la paz.

Luego, Víctor G. contactó a las FARC por medio de un mecanismo que ya habían establecido, y Marulanda respondió que me recibiría como lo había ofrecido.

Durante la reunión en Bogotá para planear el viaje, hice la primera y obvia pregunta:

—¿Cómo nos vamos?

Y luego, la segunda:

—¿Cómo me separo de la seguridad presidencial?

Porque cuando usted gana las elecciones, desde el primer día lo aíslan con el Batallón Guardia Presidencial, comandos del Ejército y de la Policía Nacional y agentes del DAS, la desaparecida policía secreta. Mi apartamento fue absolutamente rodeado. El primer anillo comenzaba en los cerros bogotanos del oriente y además de la seguridad presidencial tenía también la de mi campaña.

Tercera pregunta:

—¿En qué nos vamos?

En el fondo, lo que necesitaba para ir a la reunión era, con seguridad, una protección internacional y les propuse a mis asesores explorar la posibilidad de conseguir un avión de la Cruz Roja.

—Víctor G., hable con Alberto Bejarano Laverde, presidente de la Cruz Roja Colombiana, y pregúntele si me prestaría un avión en absoluto secreto —le pedí.

Mientras continuamos estudiando la manera de eludir la seguridad, el doctor Bejarano Laverde, que en paz descanse, dispuso que tuviéramos a nuestra disposición un avión con las insignias de la Cruz Roja, por tanto, protegido por el mandato de esta institución. Adicionalmente, tuvimos el acompañamiento de un funcionario de su entera confianza.

Para salir sin llamar la atención, ideé otro plan:

—Víctor G., haga un coctel en su casa con parlamentarios conservadores.

Nohra, Santiago, Laura y Valentina se habían ido a París, porque nos habían invitado a la Copa Mundial de Fútbol. Solamente Nohra estaba al corriente de la posible reunión.

En efecto, el coctel fue organizado con parlamentarios conservadores y algunos otros amigos. A eso de las once de la noche finalizó el coctel y nos quedamos para diseñar la estrategia del día siguiente Víctor G., dueño de casa; Guillermo Fernández, quien sería canciller, y yo.

El plan debía seguir en marcha.

—Guillermo, pida mañana a primera hora una cita urgente con el general Rosso José Serrano (director de la Policía Nacional) y el teniente coronel Óscar Naranjo (director de Inteligencia de la Policía) para que le cuenten toda la estrategia de la lucha contra el narcotráfico y la cooperación con Estados Unidos en ese campo. La reunión debe ser mientras yo esté viajando y lo más larga que se pueda, hasta que regrese. Cuando terminen de explicar una cosa, pregúnteles sobre otra y otra y otra.

—¿Pero para qué tan larga?

—Para tenerlos distraídos, Guillermo, para que no se pongan a averiguar y, segundo, para buscar su intervención en caso de que nos suceda algo. De pronto, y Dios me libre, hasta la guerrilla quiera retenernos. Además, porque aquí, al ir a visitar al jefe de la guerrilla, uno tiene a todo el mundo en contra. No hay nadie a favor.

Salí de la casa de Víctor G. para ir a la mía, seguido por la caravana presidencial de escoltas y acompañado por mi jefe de seguridad y amigo, el coronel Jaramillo. Lo hice pasar a la sala y le ofrecí algo para beber.

—Jaramillo, venga para acá: en unas horas me voy a ir a reunir con Tirofijo.

—¿¡Cómo, Presidente!? —exclamó tosiendo, la noticia hizo que se le atragantara el primer sorbo de una Coca-Cola que le acababa de servir.

—Usted es un teniente coronel activo de la Policía Nacional y por eso no puede ir conmigo. Yo lo entiendo: donde me acompañe, sus propios jefes en la Policía Nacional lo van a fusilar por actuar sin informarles primero. Usted no tiene que ir conmigo, pero ayúdeme.

—No, no, Presidente, yo voy con usted. Yo voy.

—No tiene que ir, Jaramillo. Si lo hace, le van a destruir su carrera.

—Voy con usted, Presidente, pase lo que pase. Esa es mi responsabilidad con usted y con mi institución. Si lo dejan secuestrado yo también me quedo, Presidente.

Jaramillo trató de disuadirme, me expuso las dificultades y los peligros que entrañaba ese viaje.

—Usted sabe perfectamente que tengo un compromiso muy claro con el país y con la paz de Colombia. Quiero un mejor país para mis hijos y para los demás colombianos. Por eso iré, Jaramillo.

—En ese caso, yo también voy, señor Presidente.

—Bueno, está bien. Vamos a ir con Víctor G. Ricardo y el camarógrafo Juan Perilla. Para que no haya problemas con la guerrilla les diré que usted es fotógrafo. Lleve una cámara y lo presento como mi fotógrafo de cabecera. No importa que se le dañen las fotos. Únicamente finja que busca todos los ángulos, a lo mejor le resulta alguna buena.

—Está bien, señor Presidente.

—El segundo punto es este: usted tiene que encargarse de quitar la seguridad que está al pie de mi casa. Víctor G. viene a recogerme muy temprano y nadie puede darse cuenta de que saldré.

—Tranquilo, Presidente. Vendré más temprano y, como el primer círculo de seguridad es de la Policía, yo los abro. Además, a la caravana de escoltas que está abajo les diré que regresen a las nueve de la mañana, cuando ya nos hayamos ido.

En efecto, hacia las seis de la mañana, Jaramillo llegó a revisar la seguridad y a dar órdenes:

—Oigan, ¿ustedes qué hacen aquí? ¡Aléjense, ábranse que están muy cerca de la casa del presidente! —tronó Jaramillo esa madrugada.

Había un agente encargado de permanecer en la portería del edificio.

—Agente, ¿cuántos soldados y policías hay alrededor del edificio? —indagó Jaramillo.

—No sé, mi coronel.

—Vaya a contarlos ahora mismo, esa información debemos tenerla con exactitud.

—Como ordene, mi coronel —contestó el agente y salió en medio de la oscuridad y del frío de los cerros bogotanos a cumplir su cometido.

Mientras el policía hacía el conteo en los alrededores, bajé a la zona de parqueos, Víctor G. entró en su carro, me subí por la parte de atrás y salimos rumbo al Aeropuerto El Dorado en compañía del coronel Jaramillo, quien después supo que el solícito agente había regresado para reportarle —pero no lo encontró— que los guardias apostados en el primer anillo eran exactamente treinta.

Llegamos al hangar privado en el que ya se encontraba el avión bimotor HK 3540-E de la Cruz Roja Colombiana, y nos esperaba, uniformado de rescatista, Teddy Tornbaum, director de la entidad humanitaria en el departamento del Meta, quien nos acompañaría como garante. El camarógrafo, Juan Perilla, también llegó a tiempo.

Los pilotos aceptaron despegar sin saber para dónde iban, solamente porque llevaban a bordo al presidente electo de Colombia. También porque habían recibido la orden directa del presidente nacional de la Cruz Roja.

—Tome rumbo sur, capitán —le indiqué escuetamente cuando posó el avión en la cabecera de la pista para iniciar el despegue.

—¿Hacia dónde, Presidente?

—A San Vicente del Caguán, pero yo lo iré guiando, capitán.

De todas maneras, el piloto está obligado a revelar su destino con exactitud, aunque a la Cruz Roja le toleran ciertas ambigüedades debido a sus permanentes misiones humanitarias secretas.

—Vamos para San Vicente del Caguán —comunicó el piloto a la torre de control.

Despegamos. Sobre la Avenida 68, el avión giró a la izquierda para volar en línea recta. Cuando estábamos pasando sobre el parque nacional natural Los Picachos, donde nacen innumerables corrientes de agua que al final de su curso alimentan los ríos Orinoco y Amazonas, Víctor G. encendió un teléfono satelital que llevaba entre su mochila, contactó a las FARC, recibió las coordenadas del lugar al que nos dirigimos, las anotó en una libreta, las reconfirmó, arrancó la hoja y me la pasó.

—Capitán, estas son las coordenadas —le indiqué mientras le alcanzaba el papel—, aterrice allá, por favor, pero dígale a la torre que nos mantenemos en dirección a San Vicente. No les vaya a dar estas coordenadas.

El piloto enderezó el rumbo y se metió entre una tormenta de nubes espesas como el yogur. La lluvia torrencial azotaba las ventanillas, los resplandores eléctricos de los rayos se entrecruzaban en la distancia y el avión se zarandeaba y producía a intervalos la angustiante sensación de descolgarse.

—No vamos a poder bajar, Presidente. Esto está muy cerrado —me avisó el piloto.

Pensé que de Dios dependería si bajábamos o no. Si tenía que bajar, bajaría. Si no, me devolvería. Tenía al jefe de la guerrilla organizado, listo para preparar un diálogo de paz y estaba volando sobre el sitio del encuentro sin poder aterrizar.

El avión voló en círculo sobre un área de tormenta y entre las nubes distinguí el arcoíris que es, según dicen, el símbolo de los ángeles.

De repente, el piloto me explicó:

—Presidente, hay un huequito por allá, me voy a meter.

La guerrilla contactó a Víctor G. por el teléfono satelital y le preguntaron si íbamos bien y le hicieron una advertencia:

—Ojo, doctor, el potrero en el que van a aterrizar es corto para el avión que traen y al final tiene un abismo. Dígale al piloto que caiga desde el puro comienzo de la pista para que alcancen a parar sin irse al abismo.

Dimos la instrucción, nos lanzamos por entre el pequeño agujero de luz y descendimos a marchas forzadas hasta una altura en que se abrió de súbito y por completo el panorama exuberante de la selva colombiana.

—Voy a dar una vuelta de reconocimiento sobre la pista —indicó el piloto.

Desde la ventana vi sobre el potrero el rastro marcado por el aterrizaje de otros aviones y el profundo abismo al final. Ya puesto en posición para aproximarse y aterrizar, el piloto me preguntó:

—Presidente, ¿aterrizamos ahí, donde está el Ejército?

—Sí, ahí —le contesté sin aclararle que la tropa que vislumbraba era de la guerrilla.

Nos agarramos a las sillas y el piloto se lanzó con el arrojo heroico que solamente tienen los pilotos de los llanos orientales colombianos. Descendió con fuerza para tomar desde el comienzo la pista, muy, muy corta. Golpeó abruptamente las llantas contra el barro de la superficie y, con palancas y pedales, manipuló el avión como si se tratara de un potro desbocado, hizo bramar los motores, patinamos en dirección al abismo durante la frenada y, a lado y lado, vimos que saltaban guerrilleros, bazucas, guerrilleras, ametralladoras y toda la demás parafernalia que la guerrilla había puesto para cuidar la pista. La fuerza que nos arrastraba por el impulso formidable del aterrizaje se apaciguó, al fin, en el filo del precipicio.

—Llegamos, Presidente —informó impávido el capitán mientras apagaba los motores como si acabáramos de aterrizar en el aeropuerto de París.

Desembarcamos y enseguida debimos empujar el avión para sacarlo del fango, lo abordamos de nuevo y carreteamos cerca de doscientos metros, impulsados por la fuerza de los motores, hasta llegar a una casita campesina y, antes de abrir la puerta para apearnos, les dije a los pilotos:

—Señores, estos no son del Ejército. Son guerrilleros de las farc —mostraron turbación en sus gestos pero lo aceptaron con algo de obediencia militar.

Abrimos la puerta, bajamos y nos recibió un grupo de guerrilleros. Los pilotos se veían confundidos y recibieron instrucciones del jefe de la cuadrilla:

—Señores, quedan ustedes aquí, en poder nuestro, mientras ellos regresan.

Ambos pilotos, en medio de la resignación, aceptaron permanecer allí.

—Capitán, no se preocupe, volveremos enseguida. A nadie le va a pasar nada —le indiqué tratando de tranquilizarlos.

Subimos a las camionetas. A mí me pusieron en la cabina de una de ellas y me tocó de conductor un guerrillero compositor de vallenatos que andaba con fusil y una guitarra.

Una vez instalado frente al volante de la camioneta, me pidió:

—Presidente, ¿le importa llevarme el fusil mientras manejo?

—Con mucho gusto —se lo recibí y lo puse entre mis piernas, con la culata apoyada sobre el piso.

Encendieron los motores de los carros y sucedió lo inevitable:

—Presidente, le voy a poner a sonar los vallenatos que yo compongo —metió un CD en el equipo de sonido del carro, subió el volumen al tope y nos fuimos con el vallenato-protesta de fondo selva adentro.

Pasamos gran cantidad de retenes guerrilleros durante más de una hora de camino. Había mucha gente de las FARC. Calculé entre cien y doscientos guerrilleros en cada lugar.

Me abstraje del estruendo de la música revolucionaria por una preocupación súbita: ¿cómo debía saludar a Tirofijo? Pensé que debía generarle suficiente confianza para que hablara conmigo, pero al mismo tiempo tenía que mantener distancia como presidente electo. "¿Lo saludo de mano, de abrazo? Si le digo solamente '¿Cómo le va?' o '¿Qué hubo, como está?' no generaré la confianza que necesito", pensé.

En la mitad de mis cavilaciones, paramos. Al parecer, pasamos de largo un punto determinado y, al percatarse, los guerrilleros dieron reverso, entramos por una trocha y llegamos a un cambuche[41].

Nos esperaban los dos personajes inconfundibles de las fotos que había llevado Víctor G. del primer encuentro que tuvo con ellos: Tirofijo, con sus ojos achinados, y Jojoy, a quien en realidad nadie conocía todavía, con su boina.

---

[41] Término colombiano para referirse a una choza o vivienda precaria hecha con desechos o materiales rústicos. En México se conoce como jacal.

Al bajarme del carro, Marulanda resolvió mis dudas sobre el saludo.

—Presidente, ¿cómo esta? —exclamó y me tomó respetuosamente por los brazos. Uno podría suponer que se trató de un abrazo distante, no obstante, es la manera más efusiva y solemne de saludar entre los campesinos colombianos que, en ocasiones, no parecen ser afectuosos ni con sus propios hijos.

—Manuel, ¿cómo está? —le respondí.

Aún guardo en mi archivo el video de ese encuentro[42].

Tirofijo estaba vestido, hasta el sombrero, de uniforme camuflado nuevo, con los pliegues recién planchados. Llevaba al costado derecho una pistola en cartuchera de cuero negro colgada al flamante cinturón militar de reata. Del lado izquierdo cargaba proveedores de munición y una granada de mano, también en cartucheras que a todas luces estaba estrenando. Era evidente que se había preparado con cuidado para la reunión, lo que incluía un toque de solemnidad que pronto se disipó.

Pasamos a una mesa de tablones burdos con bancas de madera de selva cepillada, sin respaldar. Mientras nos acomodamos, le presenté a Perilla y Jaramillo.

—Mire, mi camarógrafo, Juan Perilla y mi fotógrafo —pensé que si descubrían que Jaramillo era un coronel de la Policía Nacional lo colgarían ahí mismo.

Con seguridad, estábamos en alguna parte del departamento de Caquetá, en donde hubo un aeropuerto porque se veían los despojos mortales de un antiguo avión DC-3 que sucumbió al aterrizar.

---

[42] Ver http://www.andrespastrana.org/biblioteca-tag/manuel-marulanda /#video_id=75150659)

Tiempo después supe que el lugar pertenecía a la gigantesca hacienda Caquetania, en el departamento de Caquetá.

La última vez que Tirofijo había estado sentado en una mesa de diálogo fue durante el gobierno de César Gaviria, en el campamento de Casa Verde, donde estuvo hasta 1990 el cuartel general de la jefatura colegiada de las FARC, conocida como secretariado. El conglomerado de casas de madera y salones estaba agazapado entre la niebla constante y bajo la espesura del bosque tropical en el municipio de La Uribe, departamento del Meta, y a él solamente se podía acceder a lomo de mula o en helicóptero.

El inexpugnable enclave guerrillero tuvo, desde 1984, una línea de comunicación con la Casa de Nariño, conocida como "teléfono rojo". Servía para verificar una tregua nacional que el gobierno de Belisario Betancur convino con las FARC durante un proceso de paz en el que Luis Alberto Morantes Jaimes, alias Jacobo Arenas, jefe político, ideólogo y fundador de la organización, llegó a proclamarse precandidato a la Presidencia de la República por el recién constituido partido político Unión Patriótica. Su creación fue concebida como el pasaje a través del cual los miembros de esa guerrilla pasarían hacia la vida legal una vez fuera sellada la paz.

La comunicación con Casa Verde continuó durante el gobierno de Virgilio Barco, que siguió al de Betancur, pero la tregua y los acuerdos pactados para buscar la paz se rompieron y el fragor y los horrores de la guerra se propagaron de nuevo por todo el país. El final de los contactos lo determinó un ataque descomunal de las FARC contra un convoy del Ejército que estuvo a punto de costarle la vida al ministro de Defensa, el general Manuel Jaime Guerrero Paz.

Barco fue seguido por el presidente César Gaviria, quien el 9 de diciembre de 1990 autorizó un copioso bombardeo aéreo sobre Casa Verde con el objeto histórico de eliminar de un solo golpe al secretariado y el estado mayor de las FARC. En la misma operación, tropas de la Séptima Brigada del Ejército Nacional ocuparon el campamento en busca de los cadáveres de Tirofijo, el Mono Jojoy, "Raúl Reyes" (Luis Eduardo Devia Silva), "Alfonso Cano" (Guillermo León Sáenz Vargas), "Timoleón Jiménez" (Rodrigo Londoño Echeverri) e "Iván Márquez" (Luciano Marín Arango). Hallaron devastado el campamento por efecto de las bombas que al estallar dejaron cráteres profundos, pero no dieron con los muertos que buscaban. Quizá los guerrilleros fueron avisados y salieron a tiempo.

El bombardeo fue lanzado el mismo día en que el país votó para escoger a los miembros de la Asamblea Nacional Constituyente que en 1991 promulgó la actual Carta Política de Colombia. En el momento del ataque, como dato curioso, el ministro de Gobierno era Humberto de la Calle Lombana, precisamente el actual jefe de la delegación del presidente Juan Manuel Santos que se reúne en La Habana buscando una nueva esperanza de paz con las FARC.

Víctor G. y yo nos sentamos a la mesa de tablas, protegida con un techo de lona. Jojoy, que también estaba estrenando uniforme y llevaba un machete al cinto además de la pistola, se acomodó con Tirofijo.

Se sentaron otros tres guerrilleros y dos civiles amigos de Álvaro Leyva (Mario Flórez y Jairo Rojas, representante conservador a la Cámara por Cundinamarca, que en paz descanse, quien luego fue asesinado por paramilitares). También estaba, de manera más o menos marginal, un guerrillero con la cara parcialmente cubierta con una bufanda cuyo nombre nadie mencionó durante toda la reunión. Teddy Torbaun, representante de la Cruz Roja Colombiana que nos acompañó desde Bogotá como garante, permaneció discretamente en los alrededores de la mesa.

—¿Y yo por qué voy a hablar con usted, presidente Pastrana? ¿Usted qué confianza me da si la última vez Gaviria nos bombardeó? —planteó Tirofijo.

—¿Le parece poca cosa la confianza que le doy al estar aquí sin ninguna clase de seguridad, sin que nadie, aparte de ustedes, sepa que no estoy descansando en mi casa sino tratando de ver cómo puedo conseguir la paz del país? ¿Usted no sabe todo lo que me juego al venir a cumplirle esta cita? ¿Esto no le da confianza?

Tirofijo aceptó en silencio mi respuesta y buscó la manera de congraciarse.

—¿Ya desayunó, Presidente?

—Le soy sincero: nos morimos de hambre.

Bajo un toldo aledaño un grupo de guerrilleras correteaba entre fogones de leña armados con piedras de río y llegaba hasta nosotros el aroma de chocolate caliente.

—Les tenemos preparado desayuno —indicó sonriente Tirofijo e hizo señales de mano para que sirvieran la mesa.

Nos trajeron carne de res a la brasa, chocolate batido y arepas de maíz tostadas.

—Buenísimo, Manuel —le dije antes de tomar el primer bocado.

Muchas guerrilleras nos filmaban desde que llegamos, mientras que mi camarógrafo, Perilla, prefería aguantar hambre y, consumido por la angustia, balanceaba su moderna cámara Sony para que recibiera aire. La humedad de la selva entrapó las cabezas que fijaban las imágenes en la cinta del casete y la cámara no quería funcionar. Uno de los mejores camarógrafos de prensa de Colombia en ese momento tenía servido en bandeja el acontecimiento posiblemente más importante de su carrera profesional, y no lo podía filmar.

—Oiga, comandante, ¿cuántos guerrilleros hay hoy acá? Veo muchos —le observé a Tirofijo mientras dábamos buena cuenta del desayuno.

—Presidente, como usted venía, en un radio de cien kilómetros puse, más o menos, 2500 guerrilleros.

Y yo, sólo con Víctor G., Perilla y Jaramillo. "¿Qué pasa si este tipo me dice 'oiga, usted se va a quedar aquí'? ¿Qué hago?", pensé.

Durante el desayuno hablamos de manera intensa y franca sobre mi propuesta y los requerimientos de las FARC; sobre los procesos de paz fracasados durante gobiernos anteriores que constituían antecedentes y lecciones, buenas y malas, dignas de ser tenidas en cuenta para el proyecto que, a través de las urnas, el país nos había pedido emprender. Cada intento de paz en el mundo debe comenzar por identificar los errores que en el pasado no permitieron ponerle fin a la guerra.

Tirofijo era completamente consciente de la importancia de este encuentro:

—Esta reunión es histórica, señor Presidente.

—Mi padre me contaba que en el año setenta iba a hacer la paz con usted, Manuel.

—Sí, eso es cierto. Hubo intercambio epistolar —contestó, pero la dinámica de la conversación nos impidió ahondar en este tema.

Fui franco al anticiparle a Tirofijo que el Plan Colombia sería una de mis metas.

—¿Y cómo es eso?

—Mire, yo voy a construir un gran ejército para la guerra o para la paz y usted decide, Manuel, con cuál de las dos opciones quiere entenderse. Vengo a cumplir mi palabra, sin cartas marcadas. Conmigo las cosas son diciendo y haciendo.

Le anuncié a Marulanda mi decisión de organizar para Colombia una versión del Plan Marshall con el propósito de sacar al país del estado de postración en que lo encontré. También, le expuse mi decisión de erradicar los cultivos ilícitos y proteger el medio ambiente.

—Nosotros, Presidente, cobramos multas por cada animal silvestre que mata la gente y al que tumba un árbol le exigimos que siembre tres —comentó Tirofijo.

Hablamos sobre la conveniencia de invitar o no a otros países a participar en la mesa de diálogos, y consideré importante que las FARC tuvieran gestos de paz frente a la comunidad internacional. Por ejemplo, liberar a los misioneros norteamericanos Dave Mankins, Mark Rich y Rick Tenenoff, miembros de la misión evangelizadora Nuevas Tribus, secuestrados en Panamá, al pie de la frontera con Colombia, el 31 de enero de 1993. Lamentablemente, no hubo una respuesta de Tirofijo en este sentido. En 2001, tres años después de mi reunión con los jefes guerrilleros, el gobierno de Estados Unidos continuaba exigiendo la libertad de sus conciudadanos y el vocero del Departamento de Estado, Richard Boucher, elogió mi "persistente disposición a investigar pistas potenciales para resolver este caso". Tristemente, tiempo después se comprobó que los secuestrados estaban muertos.

Hablé con Tirofijo acerca del grupo de trabajo por la paz del PNUD, del que formaban parte Álvaro Leyva y Juan Manuel Santos (hoy presidente de Colombia), entre otros.

Tirofijo, por su parte, habló sobre el despeje de cinco municipios para realizar allí los diálogos. En repetidas ocasiones insistió sobre el carácter histórico de nuestro encuentro y se mostró obsesionado con los paramilitares, no hubo tema en el que no los mencionara. En algunos espacios de la charla deduje que, incluso, les tenía pavor.

Hablamos sobre cultivos alternativos para abandonar los ilícitos, de la preservación del ambiente, de la zona de distensión o desmilitarizada que reclamaban las FARC para hablar de paz en ella y de la campaña electoral.

El tema de los cultivos de coca y la importancia de erradicarlos para sustituirlos por otros que fueran lícitos ocupó buena parte del encuentro, y Tirofijo siempre sostuvo que las FARC operaban en zonas de narcotráfico, pero que no formaban parte de él.

—Desde Samper hemos venido recibiendo el calificativo de narcoguerrilleros, y eso tiene consecuencias en política internacional. Pero nadie nos puede probar a nosotros que comerciamos, que producimos.

Desde que lo saludé, pude calibrar bien a Tirofijo: primario, pragmático. Un campesino muy inteligente y muy político. Era, además, el único que hablaba. Jojoy sólo hizo a veces algún comentario corto.

Les pregunté si estaban dispuestos a hablar con los norteamericanos sobre la erradicación de los cultivos ilícitos.

—Sí, señor —respondió Tirofijo.

—Presidente, ¿usted se imagina una cosa? —preguntó Jojoy muerto de la risa.

—¿Qué cosa?

—¿Se imagina yo con visa para ir a Estados Unidos y Samper sin visa? —y todos, incluido Tirofijo, que parecía inmune al humor, soltamos una carcajada.

Les informé repetidamente que iba a buscar cooperación internacional, económica y militar, sobre todo en Estados Unidos y Europa.

Las cámaras de algunas guerrilleras filmando de cerca la reunión me restringían mucho. No me dejaban hablar con tranquilidad. Esto tuvo de bueno la mesura que debí imprimir-les a mis palabras, pero también fue malo porque no dije todo lo que tenía previsto por temor a incurrir en equivocaciones o excesos de los cuales quedaría registro en poder de la guerrilla.

—Presidente, tiene que irse —interrumpió Tirofijo consul-tando su reloj y comprobé en ese momento que no era el de mi campaña, el que, según Víctor G., "marcaba la hora de la paz". Después supe que ellos desechaban pronto todos los regalos que recibían por temor a que tuvieran dispositivos para rastrearlos.

—Pero nos faltan temas, Manuel.

—Es mejor que se vaya porque llevamos como tres horas. Ya desayunamos y usted ya se fumó ese enorme tabaco cubano que trajo. Además, ha aumentado la posibilidad de que su avión sea declarado desaparecido por no haber reportado que llegó a San Vicente del Caguán.

Entendí que en ese caso comenzaría la búsqueda y se vol-vería escandalosa si se filtraba que yo era uno de los pasajeros.

—Además, puede haber paramilitares alrededor, o llegar el Ejército y tener un enfrentamiento con usted en el medio. Me-jor, váyase —aconsejó Tirofijo con la experiencia y la malicia que le permitieron vivir medio siglo en guerra y fallecer apa-ciblemente de muerte natural.

—Me voy, pero antes quiero ir al baño —dije.

—Venga, lo llevo —ofreció Jojoy, y al pasar por la cocina, que estaba llena de guerrilleras, me rodearon.

—Presidente, queremos tomarnos una foto con usted.

Accedí, trajeron varias cámaras y Jaramillo, mi "fotógrafo", usó la suya.

—Oiga, Jojoy, ¿dónde está la igualdad de género en las FARC que tienen a todas las mujeres en la cocina? ¿Cómo es esa vai-na? —bromeé.

El baño no era otra cosa que una letrina de campo y, al salir, vi a Perilla descorazonado por la frustración de haber sido testigo excepcional de mi encuentro con los jefes de las FARC, una noticia mundial que la mala suerte definitivamente no le permitió filmar. Comprendí su desgracia y sentí compasión por él y por mí mismo, pues fue mi camarógrafo de confianza durante buena parte de mi vida de reportero. Sin embargo, como periodista que también soy, supe que debía aplicar el plan B:

—Manuel, regáleme un casete de los que han filmado sus guerrilleras. Nuestra cámara se dañó con la humedad y no tenemos nada.

—Denle al presidente las grabaciones que necesita —instruyó Tirofijo. Una guerrillera que había estado filmando me entregó dos casetes.

Antes de retirarnos, las FARC se regodearon en uno de sus mayores placeres: leer un comunicado farragoso y lleno de palabras cuidadosamente calculadas, por lo general vagas pero sonoras, para agarrarse de ellas en el futuro o desprenderse, según sea el caso.

Comenzaba así: "Julio 9 de 1998. Las FARC-EP consideran este primer encuentro vital e histórico, y de gran trascendencia para todos los colombianos en la búsqueda de una salida política al conflicto social y armado".

—El proceso comenzó por buen camino —concluyó Tirofijo.

—Creo lo mismo —contesté.

—La que tiene que salir derrotada es la guerra —sentenció.

—Esa es la idea, Manuel.

—Después de sentarnos a hablar, algo tiene que salir —se despidió.

171

Nos montamos a los carros para ir en busca de los pilotos y el avión. Iba de nuevo con el vallenato y sus canciones-protesta a todo volumen, atenuadas por el paisaje del bosque tropical, cargado de color, de oxígeno y de vida. Entró en escena un águila enorme que batía sus alas y planeaba mientras nos escoltaba durante un largo trecho del camino, casi pegada a un lado del carro, hasta cuando se apartó para remontar las copas de los árboles cercanos y desaparecer por encima de ellas.

"Algo significará esto", pensé.

Regresamos a la casa campesina contigua a la pista en la que los pilotos permanecían contra su voluntad. Los guerrilleros destacados en el lugar y algunos campesinos ocasionales pidieron la oportunidad de tomarse fotos conmigo y despegamos de regreso a Bogotá. El capitán reportó el retorno por la radio y llamó por el teléfono satelital de Víctor G. a Guillermo Fernández, quien, como lo habíamos acordado, continuaba reunido y haciéndoles preguntas al general Serrano y al coronel Naranjo:

—Todo resultó según lo previsto, Guillermo. Estamos volando hacia Bogotá, nos vemos más tarde.

Guillermo colgó su celular y fue entonces cuando les entregó un indicio a los dos oficiales sobre los motivos de su permanencia forzada al lado de ellos haciendo preguntas sobre la guerra contra el narcotráfico que, al final, eran repetitivas, intrascendentes y hasta absurdas.

—Bueno, señores, ahora sí me voy. Pongan la televisión esta noche, porque les tenemos una chivita[43].

—Ah, ¿usted nos tuvo aquí, encerrados, para que no averiguáramos qué estaban haciendo? —preguntó Serrano con una sonrisa.

---

[43] Diminutivo de "chiva", colombianismo con el que los periodistas se refieren a una noticia exclusiva.

172

—Bueno, esta noche vean la chivita. Adiós, general; adiós, coronel. Que les vaya bien.

Tras aterrizar en Bogotá fui directamente a mi laboratorio fotográfico de confianza, Olmezco, situado en la Carrera 21 con Calle 43, con el objeto de revelar los rollos y copiar las mejores imágenes para distribuirlas entre los periodistas. En el camino, al parar en un semáforo, al lado mío se detuvo la periodista Daisy Cañón, antigua compañera mía en el noticiero *TV Hoy*, tocó la bocina de su carro, me saludó con un efusivo movimiento de mano y me observó extrañada al percatarse de que iba vestido deportivamente a una hora en que debería estar de saco y corbata. Sin duda, intuyó que las circunstancias encerraban alguna primicia. Se encendió la luz verde y cada cual siguió su camino.

Del laboratorio fui a las instalaciones de *TV Hoy*, donde me encerré con el editor Enrique Castillo para producir una pieza corta con imágenes de video escogidas del encuentro con Tirofijo, que presenté esa misma tarde durante una concurrida rueda de prensa en la sede de mi campaña, y copó los espacios de apertura de noticias de todos los medios.

No obstante, antes de soltar la información, me aseguré de informar telefónicamente del encuentro al fiscal general del momento, Alfonso Gómez Méndez, y al procurador, Jaime Bernal Cuéllar. Al mismo tiempo, el coronel Jaramillo buscó a su jefe, el general Serrano Cadena, lo puso al corriente y este tuvo oportunidad de pasarle la voz al presidente Samper minutos antes de que los medios de comunicación emprendieran una incesante maratón informativa detonada por la rueda de prensa. Creo que fue la primera vez, y hasta hora la única en el mundo, en que un presidente iba a reunirse en su ámbito con el jefe de la insurgencia de manera reservada y sin ninguna clase de seguridad personal.

El énfasis de mi intervención ante la prensa fue para confirmarle al país y a la comunidad internacional mi firme propósito de iniciar un proceso de paz, de cumplir a cabalidad el "Mandato por la paz, la vida y la libertad" votado por los colombianos.

Alguna vez dicté una conferencia en Egipto bajo el auspicio de People to People, una organización de la familia Eisenhower. En el podio me acompañaron Celia Sandys, nieta de Winston Churchill, y la señora Suzanne Mubarak, anfitriona y esposa del presidente Hosni Mubarak. El tema que me correspondió fue la búsqueda de la paz en Colombia y conté la historia de este primer encuentro con Tirofijo en mi calidad de presidente electo. Tras la conferencia siguió un coctel en el Cairo en el que se me acercó un hombre:

—Presidente Pastrana, le voy a decir una cosa.

—Cuénteme.

—Yo fui quien le recomendó a Anwar el-Sadat[44] ir en noviembre de 1977 a hablar, en medio de la guerra, al parlamento israelí, una institución en la que hay garantías. Actos como este fueron los que le merecieron el premio Nobel de la Paz. Pero lo suyo, un presidente que va solo al corazón de la selva a hablar con la guerrilla más grande, poderosa y violenta de América, creo que no tiene ningún antecedente en la historia.

---

[44] Anwar el-Sadat (1918-1981). Presidente y primer ministro de Egipto entre 1970 y 1981. Premio Nobel por los acuerdos de paz de Camp David. Asesinado en 1981.

IV

El cordón umbilical de narcoestado

La Avenida Pensilvania, de Washington, que conecta la Casa Blanca con el Capitolio, amaneció ese miércoles ataviada, a todo lo largo, con centenares de banderas entrecruzadas de Colombia y Estados Unidos flameando con el viento del otoño de 1998. Por esta calle, también conocida como America's Main Street (calle principal de América), han tenido lugar la mayor parte de las grandes procesiones y desfiles de la historia norteamericana.

Las dos banderas no habían estado juntas en la Avenida Pensilvania desde cuando el presidente Carlos Lleras Restrepo fue recibido en visita de Estado por su colega Richard Nixon, el 12 de julio de 1969, siendo mi padre embajador en Washington.

Llegamos con Nohra y mi comitiva oficial el martes 27 de octubre de 1998, desde Bogotá hasta la Base de la Fuerza Aérea Andrews, de Estados Unidos, situada en el condado de Prince George, en Maryland. De allí fuimos trasladados en el helicóptero Marine One del presidente de los Estados Unidos, hasta un prado de aterrizaje cercano a la estatua de Abraham Lincoln, y llevados en una caravana de refulgentes limusinas negras hasta Blair House, residencia oficial para los invitados del presidente de los Estados Unidos, de estilo federal tardío e inaugurada en 1826, que se encuentra sobre la Avenida Pensilvania, al lado del parque Lafayette y frente al ala occidental de la Casa Blanca.

Tan pronto nos alojamos, nos esperaba una reunión fuera del programa oficial, con el secretario y el subsecretario del Tesoro, Robert Rubin y Larry Summers, respectivamente.

—Tenemos instrucciones del presidente Clinton de ayudarle en lo que necesite —me anunció Rubin.

Con los dos funcionarios estadounidenses y mi equipo económico examinamos la situación de Colombia, principalmente el estado recesivo de la economía y las opciones para buscar la recuperación, la confianza inversionista, y detener la fuga de capitales. Al final, aproveché la oportunidad para pedirles que movieran a la banca multilateral en favor de mi país, lo cual ocurrió pronto y comenzó con una importante declaración a la prensa del secretario del Tesoro, al final del encuentro. Fue fundamental para comenzar a recuperar nuestra economía.

En su titular de portada del día siguiente el diario argentino *Página 12* definió así el significado del encuentro: "Colombia rompió el cordón umbilical de narcoestado".

Al comenzar los actos propiamente dichos de la visita de Estado, fuimos recibidos por el presidente Bill Clinton y su esposa Hillary en lo que sería el comienzo de una era nueva en nuestras relaciones. Esta ceremonia inaugural de amistad fue un acto solemne, militar y diplomático, en el que solamente hablamos los presidentes.

A continuación, el presidente Clinton y una parte de su gabinete se reunió con mi comitiva, con el ánimo de hablar sobre las nuevas relaciones bilaterales que venían de un presidente sin visa. Tan pronto culminó este encuentro protocolar, le dije al presidente Clinton:

—Necesito hablar cinco minutos a solas con usted, Presidente.

Al parecer, algo imposible pues a toda hora lo seguía como su propia sombra el *note taker*, funcionario encargado de hacer notas de todas sus conversaciones.

—Claro que sí, hagámoslo luego, en la Oficina Oval, después de la rueda de prensa.

Almorzamos, siguió la conferencia de prensa en el Rose Garden de la Casa Blanca, y nos fuimos caminando al despacho del presidente. Al llegar, Clinton me preguntó con la confianza de un amigo:

—¿Qué quiere tomar, Andrés?

—Una Coca-Cola, gracias.

—¿De cuál quiere? —agregó.

—¿Usted qué toma?

—*Diet Coke* —precisó Clinton.

—Yo también, *Diet Coke*, gracias.

—Andrés, ¿cómo le parece que estuvo la rueda de prensa?

—Creo que resultó muy bien —le respondí.

—¿De qué quiere que hablemos?

—Bill, quiero hablarle de primera mano dos cosas: sobre la urgente necesidad de recuperar económicamente a mi país, y explicarle el proceso de paz que quiero iniciar. Me interesa que usted sepa cómo lo estamos planteando.

—Un momento, Andrés —fue hasta su escritorio en la Oficina Oval, sacó unos papeles con un mapa de Colombia en el que estaba delineada la zona de distensión prevista para dialogar con la guerrilla y me preguntó—. ¿Andrés, qué es esto? Explíqueme qué es lo de la zona de distensión. Me dicen que es más grande que Suiza.

—De eso, precisamente, quiero hablarle —le anticipé sorprendido de que tuviera la información. Ya estaba enterado hasta de esos detalles sobre el proceso de paz.

—Cuénteme más sobre esto —pidió Clinton mirando el mapa.

—La Constitución y la ley de Colombia me permiten crear una zona para hablar con las FARC. Acabo de firmar la resolución 85 del 14 octubre de 1998, que permite poner en marcha un proceso de paz; en noviembre próximo crearé esa zona de distensión, y en enero comenzará a funcionar. Está conformada por cinco municipios en los departamentos de Meta y Caquetá. El Ejército saldrá de allí para permitir la presencia de la guerrilla con la que vamos a dialogar, y las personas y mercancías que entren y salgan estarán vigiladas por un cerco en el que se han comprometido las fuerzas militares.

La zona de distensión o desmilitarizada para hablar dentro de ella con las FARC fue una iniciativa elaborada por el hoy presidente Juan Manuel Santos, junto con el director en Colombia del PNUD, Francesco Vincenti, el ex ministro Álvaro Leyva Durán y otras personalidades.

Originalmente, la propuesta fue dirigida al presidente Ernesto Samper Pizano con la esperanza de que fuera aceptada por quien lo sucediera en el cargo.

La propuesta de zona de distensión, hecha por Juan Manuel Santos, está en una carta de él, de octubre de 1997, dirigida a Samper:

"...una vez integrado el gobierno, el señor Presidente, en su condición de director de fuerza pública y comandante supremo de las fuerzas armadas de la República, procedería a ordenar el despeje de un área previamente acordada del territorio nacional en conflicto, o lo que es igual, a efectuar el retiro de la fuerza pública del espacio geográfico predeterminado. Esta área se convertiría en zona de distensión y diálogo a fin de facilitar, con plenas garantías y total seguridad, el encuentro de representantes del Gobierno, del Congreso, de la sociedad civil y de la Comisión de Conciliación Nacional con los insurgentes...".

Santos también le expuso al presidente Ernesto Samper que quien lo sucediera en el cargo debería convocar una asamblea nacional constituyente que examinaría y, eventualmente, aprobaría los acuerdos a los que llegaran el Gobierno y la guerrilla para conseguir la paz. En una conferencia de prensa, Santos leyó su propia carta a Samper, en la que mencionó lo siguiente: "…para que esta discusión [entre el gobierno y la guerrilla] pueda llevarse a cabo, el gobierno ordenaría el despeje de una zona del país previamente acordada…".

Yo recibí el estudio completo del PNUD con la propuesta de la zona de distensión durante una visita a las oficinas de esa entidad, días antes de mi posesión, y era coincidente con el despeje planteado por las FARC.

Por esto es que yo digo que quien propuso la zona de despeje fue el presidente Juan Manuel Santos; fue él quien la recomendó al gobierno de ese momento. No fue una idea mía.

Luego de explicarle al presidente Clinton los pormenores de la zona de distensión que él ya tenía cuidadosamente demarcada en un mapa, le expuse el Plan Colombia de manera detallada, así como la urgencia de recibir ayuda generosa y solidaria de Estados Unidos. Le narré mi encuentro con Tirofijo y le hice un repaso de los intentos frustrados de gobiernos anteriores al mío por tratar de alcanzar la paz con las FARC y el ELN. No omití describirle la propagación de los ejércitos paramilitares y las nuevas dificultades y amenazas que se habían introducido al viejo y creciente panorama de la violencia colombiana.

Este día, alrededor de dos *Diet-Coke*, fue cuando nacieron verdaderamente el Plan Colombia y la estrategia de recuperación económica de mi país.

Estados Unidos reconoció implícitamente la tesis de la corresponsabilidad, según la cual nosotros somos productores y ellos consumidores.

—Andrés, entre los dos vamos a trabajar el Plan Colombia —concretó Clinton—. Pero esto tenemos que sacarlo adelante como un plan bipartidista, no puede ser un plan ni demócrata ni republicano. Debe ser un proyecto de todos porque la política de los Estados Unidos con Colombia tiene que ser una política de Estado y, por tanto, bipartidista.

—Mi proyecto tiene especificadas perfectamente las metas y el dinero que se necesita para que en Colombia también sea instituido como una política de Estado —le expuse.

—Entonces, le voy hacer una propuesta, Andrés: yo me encargo de convencer a los congresistas demócratas, y usted se encarga de los republicanos —ambos nos reímos.

—Pequeña y fácil tarea me pone usted, Bill —le respondí riendo todavía.

Acepté el trato y lo sellamos con un apretón de manos.

En forma inmediata, Luis Alberto Moreno, nuevo embajador en Washington que había presentado sus cartas credenciales ese mismo día, se dedicó a la búsqueda de los votos necesarios para sacar adelante el Plan Colombia en el Congreso de Estados Unidos. Las principales gestiones las canalizamos a través del comité de relaciones exteriores del Senado de Estados Unidos, y la primera vez que fui a hablar ante esa célula del Congreso ingresó al salón un senador muy bien vestido y me lanzó innumerables reclamos contra Colombia, sobre todo por violaciones a los derechos humanos. Sus reproches estaban bien fundados, eran inteligentes y coincidían, en general, con los que se usaban alrededor del mundo para referirse a Colombia como "un país fallido".

—¿Quién es este señor? —le murmuré a Luis Alberto.

—Es el senador Joe Biden, de Delaware. Presidente de la Comisión[45].

---

[45]   Joe Biden es el vicepresidente de los Estados Unidos en la actualidad.

—Tenemos que invitarlo a Cartagena.

—Francamente, no sé si vaya —opinó Luis Alberto.

—Invítelo.

El embajador se dio a la tarea de convencerlo y pronto lo tuve en la Casa de Huéspedes Ilustres de Cartagena, donde cenamos y tuvimos una extensa y franca conversación nocturna sobre los temas colombianos que le preocupaban y sobre los cuales estaba meticulosamente informado.

—¿Mañana qué va a hacer, Senador? —le pregunté cuando se retiraba a descansar.

—Me voy para Barbados, donde tengo una reunión con el Primer Ministro, y de ahí sigo para Washington.

—Si le alcanza el tiempo, lo invito mañana a la isla presidencial, en el archipiélago de El Rosario.

Biden aceptó y partimos a primera hora de la mañana con Valentina (mi hija menor, de tres años en ese momento), y mi cuñada Laura con su marido. Ese día Nohra estaba en Madrid. Desprovisto de cualquier protocolo, el Senador dejó que la niña se sentara en sus piernas, le acariciara el pelo y lo invitara a bucear.

—Valentina, no molestes más al senador —le reclamaba yo a mi hija cuando suponía que podría estar fastidiándolo.

—No, por favor, déjenla que esté conmigo —respondía Biden.

Tomamos el sol en la playa, almorzamos y cuando regresamos a Cartagena habíamos entablado una relación muy personal. En la noche lo llevé al aeropuerto, donde lo esperaba su avión, y nos despedimos con un estrecho abrazo.

Una hora más tarde recibí una llamada de Biden en la casa de huéspedes.

—¿Pasó algo, Senador? ¿Dónde está?

—Estoy en Cartagena.

—¡Cómo que en Cartagena si hace una hora lo dejé en el aeropuerto!

—Cuando aterrizamos al regreso de la isla, al parecer, el helicóptero levantó piedras, algunas entraron en las turbinas de mi avión y no podemos encenderlas. Estoy llamando a la CIA, a la DEA y al Departamento de Estado pero nadie me manda un avión de reemplazo.

—¿Para qué se preocupa? Regrese a dormir en la Casa de Huéspedes y mañana temprano le presto un avión, si es necesario, que lo lleve hasta Barbados para que esté a tiempo en su reunión.

Regresó y comenzó a recibir llamadas de las agencias de seguridad de su país con propuestas de solución para proseguir el viaje. A los pocos minutos lo volvieron a llamar para confirmarle el envío de un nuevo avión que partió desde Miami, el cual sufrió un daño sobrevolando Cuba y se vio precisado a regresar a su base.

—Senador, no se preocupe, le reitero que mañana puedo prestarle un avión.

—Entonces, por favor, llame a mi esposa, Jill, y le cuenta que me invitó a pasar una noche más en Cartagena debido al daño de mi avión —lo que hice de inmediato.

—Ahora, Senador, lo invito a cenar en el restaurante La Vitrola, en la ciudad vieja y a que luego demos un paseo por la ciudad amurallada.

De regreso en la Casa de Huéspedes, Biden recibió una llamada para informarle que un nuevo y último avión acababa de partir para recogerlo en Cartagena, y cada cual se fue a descansar.

Nos despedimos de nuevo al día siguiente. Su avión estaba listo y cuando despegó me enteré de que le acababan de negar la posibilidad de volar sobre territorio venezolano, lo que podría generar un incidente diplomático que solamente evitaría si yo llamaba al presidente Hugo Chávez, quien me atendió de inmediato al teléfono:

—Hugo, te pido el favor de permitir el sobrevuelo del senador Biden, presidente de la Comisión de Relaciones Exteriores del Congreso de Estados Unidos. Acaba de despegar de Cartagena y está próximo a entrar en cielo venezolano.

Chávez autorizó enseguida el paso del senador.

En nuestro esfuerzo por sacar adelante el Plan Colombia, logramos traer al país como invitados especiales a uno de cada tres miembros del Congreso de Estados Unidos. Fue una política de *lobby* permanente que debimos hacer. Luis Alberto iba todos los días al Congreso a cumplir su cometido: invitar a todos aquellos que fueran críticos de Colombia.

Muy pocos saben que, incluso, Fidel Castro fue fundamental en la consecución de los votos que necesitábamos de los congresistas de Estados Unidos para sacar adelante el Plan Colombia. Cada dos o tres meses me mandaba varias cajas de puros cubanos Cohiba Lanceros que se acumulaban en mi oficina y, al verlos, Luis Alberto tuvo una idea:

—En Washington hay una cantidad de funcionarios, senadores y representantes que fuman puros. Llevémosles de estos que usted recibe. Son los mejores del mundo.

—Llévese unas cajas, llame a los amigos del Congreso y del Gobierno y se las reparte.

Pronto, Luis Alberto estableció una rutina de repartición de puros. Llamaba a los destinatarios y les avisaba: "Aquí le tengo un regalo que le mandó el presidente Pastrana". Todos sabían de qué se trataba y se apresuraban: "Muchas gracias, esta noche paso y lo saludo, Embajador".

Alguna vez fui a conversar personalmente con el senador Ted Kennedy para asegurar los votos que él podría aportarle al Plan Colombia. Me acompañaba Juan Esteban Orduz, funcionario de la embajada.

—Juan Esteban, guarde esta caja de puros entre una bolsa de papel. Cuando le pida que me alcance el regalo para el senador Kennedy, me lo trae metido entre la bolsa de papel y yo se lo entrego.

El senador Kennedy siempre estaba rodeado de una cantidad de asesores y personas interesadas en hablarle, y yo no quería que se dieran cuenta del regalo que le llevaba debido al embargo a Cuba. Al terminar la reunión le di a Orduz la instrucción acordada:

—Alcánceme el regalo para el senador Kennedy —y cometió el error de sacar la caja de puros frente a los asesores y visitantes, que le clavaron los ojos—. Senador, aquí le traje este regalo.

Kennedy dudó en aceptar pero optó por tomar la caja y se dirigió a la audiencia:

—Ninguno de ustedes ha visto nada, ¿cierto? —y, enseguida, metió los puros en el cajón de la mitad de su escritorio.

Buena parte de los votos para el Plan Colombia los conseguimos con puros de Fidel Castro, y algún día se lo dije:

—Comandante, con los puros suyos logramos consolidar los votos del Plan Colombia. Los congresistas americanos se fumaban la revolución. Fue la diplomacia del tabaco.

Invertimos casi un año y medio de intenso trabajo con un resultado inmejorable: noventa y nueve por ciento de los votos resultaron a favor. Solamente faltó el de Strom Thurmond, de Carolina del Sur, en ese momento el senador más viejo de Estados Unidos, con noventa y seis años de edad. El día de la votación se sintió indispuesto y no pudo asistir. De haber estado, el triunfo habría sido unánime.

Luis Alberto logró tener contacto directo y permanente con el Gobierno de Estados Unidos y todo el Congreso. Hizo un gran trabajo. Todavía Colombia tiene mucho que agradecerle.

Cinco días después de mi visita de Estado a Washington fui a Caracas a otra de la misma categoría, por invitación del presidente Rafael Caldera, cuyo primer gobierno coincidió treinta años atrás con el de mi padre. Después de Estados Unidos, Venezuela era en ese momento nuestro segundo socio comercial y, además, con este país compartimos la frontera más extensa que tenemos, con una longitud de 2219 kilómetros.

El programa oficial comenzó en la mañana, y en la medida que avanzaba, recibía informes sucintos sobre un asalto de las FARC cometido el día anterior, domingo 1 de noviembre, en Mitú, capital del departamento amazónico del Vaupés. Todavía no había completado los primeros tres meses de mi gobierno.

Al comenzar el almuerzo tuve un panorama algo más claro de la situación y suficiente para quitarle el apetito a cualquiera: más de mil quinientos guerrilleros entraron a la ciudad a las 4:45 de la madrugada del día anterior, de acuerdo con el primer reporte radial hecho por el comando local de la Policía Nacional, que ya no contestaba para explicar los resultados de feroces combates que trabaron con los asaltantes para repelerlos. El aeropuerto, los embarcaderos de las orillas del río Vaupés que bordea a Mitú, las oficinas públicas, los bancos y el comercio habían sido saqueados e incendiados por los guerrilleros que patrullaban las calles y ejercían funciones de autoridad civil y policial. Al menos tres manzanas habían sido destruidas con bombas fabricadas por las FARC con cilindros caseros de gas propano llenos de explosivos y metralla contaminada con cianuro y excrementos que se esparcían al explotar e infectaban mortalmente a quienes alcanzaban. Las posiciones estratégicas controladas por las FARC y la lejanía de Mitú hacían imposible una retoma antes de una semana, de acuerdo con el diagnóstico inicial del comandante de las fuerzas militares, el general Fernando Tapias.

Como periodista, comprendí perfectamente la dimensión de la noticia para el mundo: por primera vez en la historia, las FARC estaban en poder de una capital departamental de unos quince mil habitantes, enclavada en la mitad de la selva amazónica, próxima a la frontera con Brasil.

Pensé que la situación de Mitú debía de ser infernal, ya que sólo tenía ciento veinte policías entre agentes, patrulleros, oficiales y suboficiales. De ellos, treinta eran jovencitos bachilleres con rango de patrulleros desarmados que prestaban su servicio militar obligatorio en la Policía Nacional como asistentes sociales simples.

Con el postre tuve que dar por concluida mi visita de Estado a Venezuela por razones que el presidente Caldera comprendió, deploró, e hizo votos para que la situación fuera superada con prontitud y la menor cantidad de muertos, heridos y destrozos.

Al final de la tarde aterricé en Bogotá y me dirigí al Ministerio de Defensa para examinar la situación y buscar soluciones con el ministro, Rodrigo Lloreda, y los mandos de todas las fuerzas.

El primer examen indicaba que, además de la penosa situación humanitaria que debía de estar soportando Mitú, las FARC buscarían, sin duda, reconocimiento político internacional sobre la base de que poseían territorio. Habría países que le aceptaran ese estatus e intentarían llegar más fortalecidas de lo previsto al proceso de paz que estaba por comenzar.

—Hay que recuperar Mitú cuanto antes —afirmé categóricamente.

—Presidente —explicó el general Tapias—, esto es muy grave porque, definitivamente, la única manera de llegar es por avión y la pista de Mitú está en poder de las FARC. Es imposible utilizar los únicos cuatro helicópteros Harpía artillados que tenemos funcionando porque no tienen autonomía para ir a combatir y regresar a tomar combustible. Hasta ahora, la única opción es entrar por el río, en lanchas blindadas que debemos llevar desde otras zonas del país, pero esto nos tomará cerca de una semana.

Vimos las imágenes captadas por nuestro avión fantasma que durante el día había sobrevolado Mitú, ciudad situada bastante cerca de la frontera con Brasil: los guerrilleros andaban a sus anchas por las calles, ya tenían el control completo de la ciudad, y en el centro ardían edificaciones públicas y comercios. Las FARC conocían exactamente las dificultades de las fuerzas militares para llegar a emprender la retoma.

—Señores, son las seis de la tarde —manifesté consultando mi reloj—, los espero a las nueve de la noche en Palacio con una fórmula de solución. Allá nos vemos.

En apariencia, la apuesta militar y política de las FARC había sido alta con la toma de Mitú al pasar de la guerra de guerrillas a la guerra territorial.

El ministro y los generales llegaron puntuales.

—¿Tenemos alguna pista cerca de Mitú para apoyar el operativo de recuperación? —pregunté a los asistentes.

—No, Presidente. La única que existe por ahí cerca es una pequeña pista militar de Brasil, sin iluminación ni ayudas para operar en la noche. Los pilotos que vayan deberán usar visores infrarrojos y abrir las ventanas para lanzar bengalas que los ilu-minen en el aterrizaje —explicó el general Tapias.

—¿Cómo son sus relaciones con los militares brasileños?

—Hay muy buenas relaciones, Presidente.

—Pregúnteles si nos dejan aterrizar inmediatamente dos aviones en esa pista, con el objeto de montar por unas horas un puesto de abastecimiento de combustibles para nuestros heli-cópteros.

El general Tapias se comunicó de inmediato con un mando de Brasil y trajo el reporte:

—Presidente, los militares de Brasil responden que usted debe hablar con el presidente Fernando Henrique Cardoso. Lo que les estamos planteando es para ellos un tránsito de tropas que no pueden resolver los mandos militares.

Llamé enseguida al presidente Cardoso, lo puse al corriente de la situación que ya él había visto en las noticias, y le aseguré que sin su ayuda inmediata sería virtualmente imposible entrar en auxilio de la población civil.

—Literalmente —le dije—, las FARC tienen secuestrados a los quince mil habitantes de Mitú. Esto es una crisis humani-taria. Presidente Cardoso, solamente voy a llevar gasolina para abastecer a los helicópteros y ciento veinte hombres para em-pezar la retoma de Mitú.

—Presidente Pastrana, infortunadamente, el tránsito de tro-pas extranjeras en Brasil solamente lo puede autorizar el Con-greso.

—Presidente Cardoso, necesito salvar a la población de Mitú. Déjenos usar una pista por unas horas y después rompa relaciones, si es necesario, alegando que se ha violado el terri-torio. Mande una carta de protesta, pero yo necesito proteger a la población.

—Presidente Pastrana, déjeme hacer algunas consultas para establecer si es posible hacer algo por razones humanitarias, en defensa de la población civil.

Antes de la media noche me llamó el presidente Cardoso con su respuesta definitiva:

—Presidente Pastrana, tiene cuarenta y ocho horas para utilizar la pista militar de Querari.

—Un millón de gracias, presidente Cardoso.

El general Tapias ya tenía dos aviones C-130 Hércules llenos de botes de gasolina y ciento veinte soldados que partieron de inmediato en una primera misión llena de peligros. Dos horas más tarde se aproximaron a la pequeña pista militar de Brasil en la que solamente suelen aterrizar aviones pequeños con abastecimientos o tropas de relevo para funciones de vigilancia rutinaria en la frontera.

El Hércules colombiano que marchaba adelante circundó el cielo oscuro de Querari para lanzar bengalas que le iluminaron el camino al segundo, y este se lanzó sobre la pista de tal manera que la descompuso pero, aún así, el otro se precipitó enseguida para aprovechar los últimos resplandores de las bengalas que él mismo había lanzado, causando más daños con su peso. Los ciento veinte soldados colombianos desembarcaron, bajaron los bidones de gasolina y, los aviones, que siempre mantuvieron encendidos los motores, rodaron de nuevo sobre la pista destruida y despegaron de regreso.

Antes del amanecer entró en marcha la segunda fase con la partida hacia Mitú de los helicópteros Harpía artillados y los de transporte. También fue enviado el único avión fantasma que poseía el país. Antes de llegar, desembarcaron en medio de la selva a cerca de treinta hombres con la misión de tomarse el aeropuerto. Llegaron primero a la pista y se dispersaron como torpedos por todo el terminal para tomar posiciones con el objeto de preparar el posterior avance terrestre sobre la ciudad. Entretanto, los helicópteros se encumbraron a toda máquina con dirección a Querari, cargaron sus tanques vacíos con combustible del que previamente llevaron los Hércules, volvieron a Mitú para desembarcar a setenta soldados y regresaron a Brasil con el ánimo de traer a los otros cincuenta restantes. Una vez asegurada la pista colombiana, en cuestión de pocas horas, dejó de ser usada la brasileña como punto de apoyo intermedio. Enseguida, mediante una suerte de puente aéreo, la aviación militar despachó más tropas en vuelos sucesivos y hacia el mediodía consiguieron recuperar el pleno control de la ciudad.

Esos primeros ciento veinte hombres se metieron callados en la noche, cuando las FARC no se lo imaginaban, pues, de acuerdo con los cálculos hechos para cometer el asalto, las tropas nuestras solamente podían comenzar a llegar en una semana o más, debido a su evidente falta de medios de movilización eficaces.

Una vez tomado el control del aeropuerto, empezamos a golpear a las FARC con los helicópteros Black Hawk artillados. Las filmaciones del avión fantasma muestran que los guerrilleros corrían a montarse en barcazas para huir por el río Vaupés, aguas abajo, pero las bombas de la aviación las alcanzaban, explotaban y las hundían. Es triste hablar de esto porque, en medio de todo, también son colombianos, pero nos tocó. Fue una batalla extremadamente violenta.

A los dos días fui a Mitú para conocer los daños y saludar a la comunidad que me recibió con una manifestación impresionante. Voceros de la población y la Iglesia me aseguraron que los guerrilleros muertos por las fuerzas militares en la retoma fluctuaban entre ochocientos y mil doscientos.

—Usted no sabe lo que fue esto acá, Presidente —exclamó al saludarme el obispo de Mitú, monseñor José Gustavo Ángel

Ramírez, quien apenas llevaba tres meses a cargo de la Vicaría Apostólica por designación del papa Juan Pablo II.

El saldo final de este infierno incluyó, además, el secuestro de sesenta y un miembros de la Policía que pelearon hasta cuando se agotaron sus municiones y sus fuerzas. Muchos de ellos permanecieron hasta trece años recluidos en campos de concentración selváticos de las FARC. También murieron catorce soldados en la operación de rescate de la ciudad.

El episodio de Mitú cambió para siempre la guerra en Colombia. Nuestras fuerzas militares eran débiles en ese momento, pero pudimos concentrar todo el equipo que teníamos disponible para lanzar una operación que sigue siendo ejemplo y objeto de estudio por parte de las fuerzas armadas de muchos países, incluido Estados Unidos.

Poco después, el presidente Cardoso se vio en la necesidad de enviarme una carta de protesta por el uso militar y el innegable estado de destrucción en que quedó la pista de Querari como consecuencia del peso excesivo de nuestros aviones. Sin embargo, él siempre supo que se la había jugado por la población civil puesta a salvo con el rescate, y yo le expresé mis más sentidos y eternos agradecimientos.

V
LA RESPUESTA DEL MILLÓN

La respuesta a una de las preguntas que nunca me han dejado de hacer en toda clase de ámbitos alrededor del mundo, respecto del momento quizá más rememorado de mi gobierno, solamente vine a conocerla hace poco tiempo, durante un afortunado reencuentro en Cuba con Tony López, quien había sido el representante del Partido Comunista en la Embajada de Cuba en Bogotá.

Desde la China hasta Europa, pasando por América o África, siempre viene a buscarme alguien con ansias de saber: "Presidente, ¿cuál fue el motivo real por el que Tirofijo no quiso asistir a la inauguración de los diálogos de paz en la zona de distensión, y lo dejó solo a usted, acompañado únicamente por una silla vacía?".

La instalación de los diálogos de paz con las FARC en San Vicente del Caguán tuvo lugar el 7 de enero de 1999. Estaba prevista para el 7 de febrero siguiente, pero las condiciones acordadas por ambas partes se dieron antes de lo previsto y, de común acuerdo, anticipamos la iniciación del proceso.

En 1982, el presidente Julio César Turbay[46] derogó su famoso y severo Estatuto de Seguridad, inspirado en la represión militar de las dictaduras del Cono Sur, que se hallaban en boga, para darle paso a la Ley General de Amnistía, cuya aplicación

---

[46]   Presidente de Colombia entre 1978-1982. Liberal.

permitiría desmontar de manera pacífica los grupos armados irregulares. Con base en este instrumento, el presidente Belisario Betancur, sucesor de Turbay, inició con las FARC un proceso de "Cese al fuego, tregua y paz" que le permitió al país imaginar el fin de la guerra sobre la base de los que se conocerían como Acuerdos de la Uribe. Empero, estos se rompieron y la guerra se desencadenó de nuevo.

En 1991, esta guerrilla volvió a conversar formalmente de paz con el gobierno del presidente César Gaviria, en un esfuerzo iniciado en Caracas y trasladado a Tlaxcala, México, en 1992, donde el proceso fracasó en octubre de ese año. Esta había sido la última vez que esa organización estuvo sentada formalmente a una mesa de diálogo con el gobierno de Colombia.

El proceso que emprendí ese 7 de enero era el más ambicioso de todos pues, como ya lo dije, fue la respuesta a un mandato expreso y sin precedentes de más de diez millones de ciudadanos (cifra hasta ahora jamás alcanzada en Colombia por ninguna otra causa o persona) que lo pidieron en las urnas.

En el transcurso de mi encuentro como presidente electo con Tirofijo, él, lo mismo que yo, dio su palabra de asistir a la instalación de los diálogos de paz, aunque siempre tuvimos dudas de que cumpliera.

"Si en la instalación de la mesa va a hacer presencia, ese día yo también hago presencia, y dejamos las mesas instaladas", me prometió Marulanda la primera vez que lo vi.

Tras múltiples deliberaciones, Víctor G. Ricardo impuso su propuesta de celebrar un acto enorme para la firma del inicio de los diálogos, pero yo pensaba lo contrario: "Lo importante es que Tirofijo y yo firmemos un papel en el que quede constancia de que acaban de comenzar los diálogos entre el gobierno colombiano y las FARC. Eso debe ser todo, nada más".

No obstante, Víctor G. consideró que la realización de un acto solemne y concurrido para la firma sería obligante para la guerrilla, así como una postura de transparencia en nuestro proceder frente a la opinión pública. Aún así, en las vísperas del evento continuaba dándole mis razones.

—Usted debe entender que Marulanda es rudimentario, medio analfabeto y consciente de que habla muy mal para hacerlo en público. Si yo me preocupo y me pongo nervioso con la idea de presidir ese evento frente a doscientos periodistas de todos los continentes, el cuerpo diplomático y delegados de decenas de gobiernos y organizaciones del mundo entero ¿cómo será Tirofijo, un tipo que ha pasado la vida escondido en el monte?

Recuerdo cuando alguna vez alguien preguntó en una reunión si había cigarrillos. El propio Tirofijo fue a buscar una cajetilla, al regresar la puso sobre la mesa con una caja de fósforos y exclamó complacido:

—Desde que haiga Marlboro aquí no hay problema.

Un par de semanas antes del acto previsto para la firma, las FARC informaron al Gobierno sobre la supuesta presencia de tres hombres infiltrados en la zona de distensión con la presumible misión de asesinarnos a Tirofijo y a mí. Aseguraron que los habían capturado y Víctor G. les advirtió el deber de ponerlos a disposición de las autoridades colombianas competentes, cosa que no sucedió. Este fue para mí un indicio más de las excusas que podría estar urdiendo el viejo y habilidoso jefe guerrillero, para no asistir. Me convencí tanto de que Tirofijo podría escurrir el cuerpo, que escribí dos discursos: uno para pronunciarlo si se hacía presente, y otro para el caso de que no apareciera.

El día de la instalación de la mesa de diálogos en la zona de distensión, como presidente, poseía una guardia personal de treinta policías al mando del entonces coronel, Royne Chávez, que me rindió honores al llegar en un acto de soberanía y de presencia del Estado. El resto de la seguridad estaba a cargo de miles de guerrilleros armados de manera formidable, con equipos semejantes, o mejores, a los del Ejército Nacional que recibí. En esas mismas circunstancias también asistieron los invitados oficiales de todas partes del mundo, entre ellos nuestro nobel de Literatura, Gabriel García Márquez; el arzobispo de Bogotá y primado de Colombia, Pedro Rubiano Sáenz; el cuerpo diplomático acreditado en el país, empresarios, políticos e intelectuales de Colombia y fuera de ella, así como una nube de periodistas nacionales y extranjeros ansiosos de cubrir el encuentro.

En la iglesia de San Vicente del Caguán, esperé la aparición de Tirofijo para iniciar el acto, y después de un tiempo prudencial, al considerar que no llegaría, subí a la mesa principal, puesta sobre una tarima, con una bandera gigantesca de Colombia de fondo. Tomé mi puesto y me dispuse a comenzar el acto. En ese momento ya me habían informado que Tirofijo se encontraba agazapado muy cerca, en una casa de San Vicente del Caguán llamada Villa Nohra. Pronuncié el segundo discurso bajo una atmósfera cargada de tensiones y malos presagios.

La representación de las FARC estuvo a cargo de Luis Edgar Devia Silva, alias "Raúl Reyes", segundo hombre al mando, quien había sido líder sindical en una planta de la multinacional Nestlé en el departamento de Caquetá y ascendió hasta la cúpula de la guerrilla apoyado en sus posturas comunistas ortodoxas.

El discurso de Reyes, una versión acomodada para él del que debió pronunciar Tirofijo, se tituló "Reforma agraria de los guerrilleros", una pieza oratoria cargada de odio y de viejos y hasta hoy insuperables resentimientos sociales que, según él, crearon las condiciones para emprender la lucha armada en los años sesenta contra "la oligarquía" y "el imperialismo". Planteó el viejo y consistente pedido de las FARC para una verdadera reforma agraria, y esbozó, en síntesis, lo que llamó "Plataforma bolivariana para una nueva Colombia".

Los medios de comunicación especulaban que Tirofijo se escabulló por pretendidas razones de seguridad que no me notificó a mí ni a los invitados. Yo, incluso, había asistido con Santiago, mi hijo mayor, de dieciséis años en ese entonces, confiando en la seguridad que reinaría.

La ausencia del viejo zorro quería decir que no confiaba ni en su propia guerrilla.

Daniel Ortega, en ese momento ex presidente de Nicaragua y congresista en ejercicio, fue a Villa Nohra en la mañana para imponerle a Tirofijo una controvertida condecoración de la Asamblea Nacional de ese país, y para tratar de convencerlo de hacer presencia en la mesa. También acudieron con el mismo propósito miembros del Partido Comunista Colombiano y la delegación en pleno de Cuba, encabezada por el diplomático José Antonio Arbesú, encargado para América Latina de la organización del Partido Comunista en La Habana, integrada también por el embajador cubano en Colombia, Jesús Martínez Beatón, y Tony López. A todos les mintió arguyendo que sus enemigos, los paramilitares, iban a perpetrar un atentado.

—Nos van a matar aquí —les mintió al comienzo, antes de verse obligado a confesarles la verdad en secreto.

Años después, la última vez que estuve en Cuba, coincidí en La Habana con Tony López, que posteriormente fue nombrado embajador en Nicaragua, y pude consultarle sobre la enigmática ausencia de Tirofijo.

—Yo siempre he creído que hubo algo extraño, muy distinto a las excusas inverosímiles de inseguridad alegadas por Marulanda —le anoté a Tony.

—Sí, Presidente: él no fue por otras razones.

—Écheme ese cuento, Tony.

—Yo fui con mis compañeros cubanos a hablar con él, a tratar de convencerlo de que asistiera a la instalación de la mesa:

"No, yo no voy", respondía, y repetía el cuento del atentado que tenían listo los paramilitares para matarlo.

"Es imposible que alguien pueda atentar contra usted con la gigantesca fuerza guerrillera que tiene desplegada. Aquí no puede alegar lo de los paramilitares".

"Bueno, le voy a contar por qué no voy", accedió por fin Tirofijo.

"Cuénteme".

"Mire, yo no voy a ir porque el presidente Pastrana es muy carismático y es un gran tipo. Si yo me subo a la tarima él me va a saludar afectuosamente frente a las cámaras de televisión de todo el mundo y eso lo van a ver todas las FARC".

"De eso se trata".

"El presidente Pastrana, por su forma de ser, me va a saludar afectuosamente, muy decente, como es él y, entonces, ¿cuál cree usted que será el mensaje de Andrés Pastrana saludando así a Manuel Marulanda?".

"Dígame cuál".

"El mensaje es que se hizo la paz y apenas estamos comenzando los diálogos. Las FARC van a creer que Pastrana y Tirofijo ya tienen un arreglo desde el comienzo y eso a mí me perjudica".

El embajador López le aseguró en vano que estaba profundamente equivocado.

"Compañero, los guerrilleros me van a ver saludándome afectuosamente con el presidente y van a comentar entre ellos que los traicioné desde el comienzo de los diálogos. Ese es el mensaje que van a entender los guerrilleros: 'Tirofijo se entregó a Pastrana', van a decir".

Si uno examina la lógica de él, tenía razón. Para subsistir, la guerrilla se debate siempre entre la fidelidad solidaria y las amenazas de traición entre sus miembros. Nadie lo sabía mejor que él y siempre se cuidó de ser implacable con los traidores, a los que fusilaba sin miramientos y de esa manera también mantenía la lealtad de sus subalternos por la fuerza del terror.

Esta es la verdadera historia de la famosa silla vacía según los cubanos. Lo importante, en todo caso, fue que ese día se firmó el inicio de los diálogos de paz. Al día siguiente llegó a Cartagena Brian Mulroney, ex primer ministro y líder del Partido Progresista Conservador de Canadá. Traía la primera página de *The New York Times* en la que aparecí sentado a la mesa con la silla de Tirofijo vacía a mi lado derecho.

"El que quedó bien ante el mundo fue usted, Presidente, y el que quedó mal fue él", opinó Mulroney mostrándome el periódico.

De todas maneras, el nuevo esfuerzo de Colombia por su pacificación comenzó ese 7 de enero bajo un esquema de metas que llamamos "90-90-90". Eran doscientos setenta días divididos en tres etapas iguales: en la primera debería quedar constituida la zona de distensión. La segunda etapa comenzaría con la firma de un acuerdo para emprender el diálogo con las FARC, y la tercera, con la suscripción de otro que pondría a andar las negociaciones de paz propiamente dichas.

La primera meta, correspondiente a la creación de la zona de distensión, se había cumplido con la designación legal para el efecto de los municipios de La Uribe, Mesetas, La Macarena y Vista Hermosa en el departamento del Meta, así como San Vicente del Caguán, en el de Caquetá. Los cinco sumaban cuarenta y dos mil kilómetros cuadrados y en ellos únicamente existía un batallón del Ejército: el Cazadores.

Identificada el área, cuyo perímetro debería ser estrechamente vigilado por las fuerzas militares, las fuerzas del Estado que estuvieran adentro deberían salir para facilitar las conversaciones de paz entre las partes. A lo largo de décadas en esa apartada región del país, por lo general, solamente habían estado, asentadas o merodeando, las FARC. Había sectores de esa zona donde la gente no había visto nunca un soldado, sólo guerrilleros.

El comandante del Ejército Nacional, general Jorge Enrique Mora Rangel, aceptó que las fuerzas militares salieran de la zona de distensión, pero pretendió que el armamento almacenado en el Batallón Cazadores permaneciera allí.

—Nosotros estamos dispuestos a sacar al personal del batallón, pero allá se va a quedar todo el armamento y permanecerá un grupo de gente desarmada para cuidarlo.

—A ver, General, ¿cómo se le ocurre que vamos a dejar armamento en la mitad de la zona de distensión?

—Nosotros no nos vamos —trató de imponerse el general—. ¿Quién va a cuidar el batallón? —me preguntó y mantuvo a ciento treinta soldados desarmados con funciones administrativas y de mantenimiento.

El general Mora, sin embargo, insistió en mantener las armas en su lugar y mi respuesta fue ya definitiva:

—Se las llevan todas, General. Olvídese de que vamos a ser tan locos de mantenerlas allá. Nos matan a los soldados y se roban las armas.

Para resolver este callejón sin salida decidí radicar la sede del gobierno nacional en el Batallón Cazadores, al cuidado de la iglesia católica y con la prohibición de que allí entrara algún miembro de las FARC. Fue la fórmula salvadora que permitió retirar a los soldados con el armamento.

La solución a la crisis por el manejo del Batallón Cazadores permitió iniciar los diálogos el 7 de enero, un mes antes de lo previsto, pero doce días después las FARC declararon el primero de una serie de congelamientos del proceso basadas en una variada gama de pretextos, al punto que la búsqueda conjunta de la paz parecía haber sido relegada a un plano inferior, caso en el cual no tenían razón de ser los mecanismos dispuestos para hablar con las FARC y mucho menos la zona de distensión.

El plazo de los últimos noventa días del esquema "90-90-90" se vencería, sin pena ni gloria, el miércoles 5 de mayo. El proceso quedó anclado a un punto muerto por diversos factores, como las crecientes exigencias de las FARC por fuera de los términos acordados para dialogar, o las amenazas paramilitares, con masacres incluidas, en distintas regiones del país.

En esas circunstancias, entendí que había llegado el momento de convocar un comité con mis asesores para ver si era preciso ponerle fin al proceso de paz de una vez por todas, o tratar de salvarlo. El consenso estuvo a favor de buscar las herramientas para seguir en busca de la paz, más aún en esta oportunidad que gozaba de enorme apoyo internacional, indeclinable y sin antecedentes.

—Mire, Víctor G., si yo no vuelvo a hablar con Tirofijo, esto se acaba. Es lo primero que debo hacer para tratar de salvar el proceso.

—¿Qué quiere que haga, Presidente?

—Coordine una segunda reunión con Tirofijo.

La principal dificultad consistía en que en esa ocasión ya no era solamente presidente electo, como cuando fui a verlo la primera vez. Ahora estaba en ejercicio del cargo y eso hacía mucho más difícil la posibilidad de ir sin el gigantesco dispositivo presidencial de seguridad que comenzaba, incluso, con el envío de avanzadas para verificar que no hubiera bombas o francotiradores en los lugares a los que iba a llegar o a lo largo del camino.

No obstante, el domingo 2 de mayo me aparté de nuevo de mi propia seguridad. Nos fuimos a la zona de distensión en una avioneta contratada por la oficina del alto comisionado para la paz. Nos acompañaron mi secretario privado, Camilo Gómez, un camarógrafo y un fotógrafo de la presidencia, y mi jefe de seguridad, el coronel Royne Chávez. Delante de San Francisco de La Sombra llegamos a una finca con dos pistas aéreas que pertenecieron al narcotraficante del Cartel de Medellín José Gonzalo Rodríguez Gacha. Allí nos sentamos a conversar con Jojoy, Tirofijo y Reyes.

Otra vez me encontraba en la mitad de la selva. Era el presidente de Colombia, y estaba de nuevo rodeado de guerrilleros que me podían dejar ahí, secuestrado.

—Manuel, el plazo para comenzar la negociación de la paz vence en tres días. ¿Ustedes van a seguir en el proceso o no? —le expresé de manera enfática y serena.

Ninguno de los tres líderes guerrilleros musitó respuesta alguna.

—Víctor G. haga usted un balance de lo que ha sido este proceso —le pedí. Luego, Tirofijo le solicitó lo mismo a Reyes.

Cada cual hizo uso de la palabra y los dos abundaron en la descripción de signos positivos que veían en lo que se había hecho hasta el momento. Consideraron necesario continuar para no lanzar por la borda un esfuerzo y unas condiciones favorables que estimaban irrepetibles. En su exposición, Víctor G. hizo énfasis en las dificultades que detalló y recomendó solucionarlas antes de que todo se echara a perder. Reyes, por su parte, comenzó con un llamado a rodear al presidente frente a las críticas y ataques de los enemigos de la paz, argumentó que Marulanda no estuvo en la instalación de las negociaciones porque a los dos nos iban a matar los paramilitares, sobre los cuales suscitó una discusión en la que aproveché para explicar la política del Gobierno sobre la materia.

—A ustedes y a ellos los estoy combatiendo por igual —aseguré—. Los dos tenemos una responsabilidad muy grande en este proceso, Manuel. De ambos depende que siga o se acabe hoy. Además del congelamiento impuesto por ustedes, los medios dicen que hay guerrilleros armados en los cascos urbanos y que a la Zona de Distensión han traído secuestrados y usted sabe que esta zona es solamente para el diálogo, nada más.

—Presidente, el Gobierno no ha hecho casi nada contra los paramilitares y falta compromiso con los temas sociales y el desempleo —soltó Tirofijo, yéndose por las ramas como solía acostumbrar.

—El Gobierno ha hecho mucho contra el paramilitarismo y usted lo sabe, pero ese no es el tema, Manuel. Yo quiero saber si seguimos con el proceso, o no, en los términos previstos para que la zona sea solamente para dialogar y efectivamente negociemos para llegar a la paz. Lo único que recibimos de ustedes es violencia y más violencia. Si quiere que acabemos esto, se acaba.

Marulanda tomó la palabra al final para subrayar que había habido dificultades en el proceso. Elogió mi presencia en la zona y la estimó como muy importante. Sostuvo que a esas alturas veía al presidente muy solo en la búsqueda de la paz y que, por eso mismo, había que rodearlo. Dirigiéndose a mí, opinó que no tenía ningún sentido fracasar en la política de paz que había iniciado. Indicó que el secretariado de la organización creía que habíamos avanzado en los diálogos y volvió con su reiterativo llamado a desmontar el paramilitarismo.

Cerré la reunión expresándole a Marulanda:

—Efectivamente, son muchos los enemigos de la paz que aprovechan todos los actos terroristas que ustedes cometen para aferrarse a ellos y tratar de acabar con el proceso. Cada acto terrorista de ustedes me va cerrando el espacio político para luchar por la paz. Ustedes saben que estamos aplicando toda una política para desmontar el paramilitarismo y para combatir también a las guerrillas. Me parece de la mayor importancia dejar atrás los diálogos para iniciar ya las negociaciones. De no ser así, en pocos días esto se acabará del todo.

Las intervenciones se llevaron lo que quedaba de la mañana y pasamos a almorzar. Comer puntualmente es un rito sagrado para los guerrilleros. Pensé que, al menos estos tres, no conocían la dieta ni el ayuno.

La carne a la brasa fue preparada esta vez por nuestro piloto, Luis Stein, de origen brasileño y dueño de los restaurantes Rodizio, de Bogotá, y de la empresa de vuelos chárter Riosur. La guerrilla, por su parte, sirvió abundantes bebidas gaseosas que pusieron sobre la mesa llena de platos y de documentos de consulta de las dos partes acerca del agónico proceso de paz.

Se me ocurrió mirar hacia el horizonte y descubrí la formación de una tormenta borrascosa, a juzgar por la muralla de nubes negras que cortaba a lo lejos el paso de la luz del sol. Ese año, era la primera de las temibles tempestades de mayo en la región amazónica colombiana.

—Jojoy, ¿cuánto cree usted que demore en llegar a acá esa borrasca? —le consulté.

El jefe militar de las FARC examinó con cuidado el horizonte con los brazos en jarras, consultó su reloj y emitió el dictamen:

—Son las dos de la tarde, Presidente. Yo creo que la tormenta estará aquí a las cinco y media, más o menos.

—Entonces sólo tengo dos horas, como máximo, para ver si puedo enderezar este proceso. Ustedes deben decidir si firman el acuerdo para darle inicio a la negociación de paz, o esto se acabó —les precisé.

—Nosotros, Presidente, en realidad hemos dialogado con otros gobiernos, pero nunca hemos negociado —manifestó Jojoy.

—Eso es verdad —agregó Reyes en una especie de táctica acordada para dar más largas.

—Manuel, listo, ¡se acabó el jueguito! El plazo de los noventa días ya se venció y ustedes no cumplieron con firmar el acuerdo para entrar a negociar ya. ¡Perfecto, se acabó esta vaina!

Los jefes de las FARC no ofrecieron una respuesta específica. A duras penas, recitaron frases aprendidas que no correspondían a la realidad del momento.

—Manuel, en este momento acabamos de llegar al final de la zona de distensión. ¡Punto! Yo me devuelvo ya para Bogotá y usted debe irse de aquí. ¡Se acabó la zona de distensión! —exclamé airadamente.

Los tres jefes guerrilleros intentaron intervenir pero se los impedí:

—¡Se acabó el jueguito! ¡Esto es una mamadera de gallo!

Tirofijo me miró en silencio y, con suma atención, hasta que decidió decir algo:

—Bueno, sí negociamos.

—No, nunca hemos negociado —replicó Jojoy contradiciendo por primera vez a su jefe supremo, a quien en todas las oportunidades se había dirigido delante de nosotros con obediencia reverencial y devoción.

Marulanda se impuso:

—Negociamos, Presidente. Escribamos el acuerdo y lo firmamos.

En medio de las tensiones de este diálogo en el que se alcanzó a romper el proceso, le dije a Tirofijo.

—Quiero ir al baño, Manuel.

—La selva es toda suya, señor Presidente —respondió.

La tormenta amazónica nos respiraba en la nuca y reducía el tiempo disponible para salvar el proceso. En su maletín, Camilo traía un computador portátil y una impresora. Pero en ese momento entró en vigor la Ley de Murphy: si funcionaba la computadora, no funcionaba la impresora; si funcionaba la impresora, no había papel disponible, y si había papel disponible no había tinta suficiente.

Acudimos al recurso de escribir a mano un borrador del acuerdo en dos hojas de papel disponibles. Cada vez que escribimos la palabra "negociación" Jojoy saltaba:

—No, borre eso. Nosotros nunca hemos negociado con ningún gobierno.

—Ustedes ya oyeron aquí a Marulanda, dice que firmará para que iniciemos la negociación —intervine.

En un momento dado le dije al oído a Víctor G.:

—Me voy a llevar a Marulanda a caminar para hablarle a solas mientras ustedes siguen redactando el documento. Estos tipos son capaces de hacerlo cambiar de opinión.

Quería impedir a toda costa que disuadieran a Tirofijo de firmar el acuerdo para entrar a negociar formalmente y, por eso, me lo llevé a caminar. De ese momento es la famosa foto en la que voy con él por la mitad de la selva[47]. En el horizonte se ve el cielo absolutamente nublado. Antes de pedirle que se apartara conmigo para hablar a solas le entregué una medalla que le había enviado el papa Juan Pablo II en mi última visita al Vaticano: "Cuando vuelva, entréguele esta medalla a Tirofijo", me pidió mientras la sostenía con la mano izquierda y la bendecía con la derecha.

Marulanda la recibió y se puso las gafas de aumento para verla de cerca con marcado interés y la guardó en uno de sus bolsillos. Le pedí luego que nos apartáramos para conversar y

---

[47]   Ver: http://www.andrespastrana.org/biblioteca-tag/manuel-marulanda/#

nos dirigimos a un camino pantanoso de trocha. Le expuse mis convicciones sobre la importancia de entrar en serio a una negociación y de comprometerse a buscar la paz para nuestro atormentado país azotado por la guerra.

Durante la conversación encontré la oportunidad para reclamarle por faltar a su palabra cuando se negó el 7 de enero a asistir a la firma del acuerdo que le dio inicio a los diálogos y mandó a un subalterno en su lugar.

—Usted me falló, faltó a su palabra. Se comprometió a ir conmigo a la inauguración de los diálogos y no fue.

Sé que para el campesino colombiano el cumplimiento de la palabra empeñada es la base del honor. Entre ellos apuestan dinero en peleas de gallos, compran y venden fincas o se prestan plata basados solamente en lo que acuerdan de palabra.

—Usted, Manuel, no cumplió la palabra, usted no es un hombre de palabra —le dije—. Usted rumoraba que los paramilitares nos iban a matar pero a mí no me lo advirtió. Yo llevé a mi hijo sin saber que lo pondría en peligro y usted no me avisó nada. El único que se cubrió del peligro fue usted.

Tirofijo no ofreció ninguna explicación. Caminaba lento a mi lado derecho con las manos atrás y miraba al piso para buscar pequeñas piedras que pateaba con sus botas impermeables de campo. Llevaba un vestido militar de camuflaje, la pistola Pietro Beretta al cinto y una toalla oscura tendida sobre su hombro derecho con la que se limpiaba la cara de vez en cuando.

—Manuel, ¿todavía existe la Coordinadora Nacional Guerrillera que formaron ustedes con el ELN o ya se disolvió? —indagué para disipar una duda sobre el posible grado de unión que había con la segunda organización subversiva más grande del país.

—No, Presidente. Eso se acabó hace un tiempo por diferencias internas y cada cual tomó su camino.

211

Mientras conversamos apareció a lo lejos un carro que se acercaba lentamente y zigzagueando para esquivar las charcas lodosas del camino. Cuando estuvo a pocos metros, Tirofijo aprovechó la oportunidad para hacerme cambiar de tema:

—Presidente, quitémonos de la carretera, no sea que nos atropellen, ese carro viene de un lado para otro.

Nos apartamos del camino y el carro, una pequeña camioneta de campo con platón de carga atrás, pasó lentamente. El tipo que la manejaba se quedó mirándonos con una mezcla de indecisión y asombro, como diciéndose a sí mismo: "A estos dos tipos yo los conozco, los he visto en alguna parte".

Pasó el carro y regresamos al camino.

—Cuando ese tipo llegue a su casa —comenté— creo que buscará a su esposa para contarle: "Mi amor, a que no adivinas a quiénes acabo de ver caminando íngrimos solos por la selva. Eran Tirofijo y el presidente Pastrana" y ella tal vez le conteste: "¿Ah, sí? ¿Usted qué estuvo tomando?".

Volvimos a la mesa en la que Camilo no había podido poner a funcionar la computadora ni la impresora y se me acercó el piloto:

—Presidente, nos vamos ya o en un momento quedaremos atrapados bajo esa tormenta que viene lanzando rayos y centellas.

—Váyase ya, Presidente. Yo firmo aquí con Camilo y con Víctor G. No hay ningún problema —propuso Tirofijo.

—No, yo necesito llevar una prueba. Préstenme los papeles redactados a mano, los firmamos usted y yo, y me voy.

Tirofijo se impuso sobre Jojoy, firmó el borrador, lo guardé en mi maletín, me despedí y despegué hacia Bogotá en medio del estrépito y los destellos de los truenos. Estaban cayendo las primeras gotas de la tormenta que acababa de llegar a la hora prevista cuando el avión se separó de la pista de tierra rojiza. Contra todo pronóstico, se salvó el proceso de paz en esa oportunidad.

Camilo y Víctor G. se quedaron con el objeto de hacer una copia en limpio del acuerdo que Tirofijo volvió a firmar en la noche y lo distribuyeron entre los periodistas destacados en San Vicente del Caguán, a donde llegaron al cabo de ocho horas de camino.

Comenzaron, pues, las negociaciones de paz en medio de crecientes pero predecibles dificultades determinadas por abusos recurrentes de las FARC y ataques constantes de los enemigos del proceso. No obstante, todo el mundo quería visitar la zona de distensión. Diariamente había romerías de personalidades nacionales y extranjeras entrando y saliendo por aire y tierra.

Por ejemplo, el 27 de junio de 1999 estuvieron conversando durante horas con Raúl Reyes, en la vereda Machaca, el presidente de la bolsa de valores de Nueva York, Richard Grasso, el vicepresidente de relaciones públicas de Wallstreet, Alan Yves Morvan, así como el jefe de seguridad y protección de ambos, James Esposito.

El 15 de junio, por invitación presidencial, estuvieron reunidos con Tirofijo la reina Noor de Jordania —quien ha colaborado con diversas organizaciones internacionales en la resolución de conflictos y en la lucha contra las minas antipersonales— y Jim Kimsey, fundador de la multinacional America Online.

Durante dos días, del 13 al 14 de diciembre de 1999, Philip Chicola, representante del Departamento de Estado de Estados Unidos para la sección de asuntos andinos, estuvo reunido secretamente con Raúl Reyes como delegado oficial de las FARC. Las entrevistas ocurrieron en un hotel en San José de Costa

Rica y en la casa de Álvaro Leyva Durán. Esta reunión se filtró a la prensa, le costó a Chicola su alta posición oficial, mientras que a Peter Romero (secretario de Estado adjunto para asuntos hemisféricos) lo puso en serias dificultades.

Los principales políticos y empresarios colombianos también estuvieron en la zona de distensión por pedido del gobierno.

Luis Carlos Sarmiento Angulo, el hombre más rico de Colombia hoy en día, viajó el 16 de marzo de 2000, junto con representantes de otras trece poderosas organizaciones empresariales, entre ellos Andrés Obregón, entonces presidente de Bavaria; Hernán Echavarría, presidente de Corona y Manuel José Carvajal, de la organización Carvajal.

"Tenemos una gran fe y un interés muy grande en conseguir la paz cuanto antes", declaró Sarmiento al culminar su visita.

Después de esta reunión con las FARC, ese grupo de empresarios creó la Fundación Ideas para la Paz, por iniciativa de mi buen amigo Ramón de la Torre, un hombre comprometido con la paz de Colombia, con el ánimo de reunir en un mismo esfuerzo el constante interés de todos ellos por encontrarle soluciones pacíficas a la guerra. El encuentro terminó a eso de las cinco de la tarde por iniciativa de Tirofijo, que estaba en la mesa y se puso de pie:

—Bueno, señores, yo me voy —dijo estirando los brazos.

—Cómo así que usted se va, si estamos hablando muy agradable —reclamó uno de los dirigentes empresariales.

—Yo, me voy —reiteró Tirofijo.

—¿Y por qué se va? —preguntó otro empresario.

—Mire, señor: son las cinco de la tarde y esta vaina aquí se pone peligrosísima a las seis porque está llena de guerrilla. Yo me voy —y se fue.

El proceso siempre anduvo con sobresaltos, mientras la preparación del Plan Colombia avanzaba a pedir de boca con Estados Unidos. Europa nunca se comprometió a fondo por considerar que se trataba de un proyecto con más vocación militar que social, cuando es, a todas luces, todo lo contrario.

Desde nuestro primer encuentro, antes de mi posesión, le advertí a Tirofijo que simultáneamente con el proceso de paz conformaría un gran ejército para la guerra o para la paz, provisto de entrenamiento, medios de transporte, equipos de vigilancia y armamento nunca antes vistos en Colombia. Él fue uno de los primeros en saber que ese proyecto de ocho mil millones de dólares se llamaría Plan Colombia, ligado a una multimillonaria estrategia de inversión social, también sin precedentes, para apartar de la guerra y de la influencia de los grupos armados ilegales a la mayor cantidad posible de población civil.

Tirofijo y el secretariado de las FARC, sin embargo, no cayeron en la cuenta a tiempo de las dimensiones del plan que sería aplicado de todas maneras, hubiera o no un acuerdo de paz final con las FARC. Cuando adquirió por los medios de comunicación una idea más clara de lo que venía, se enfureció y exigió explicaciones que, de todas maneras, ya había recibido sin prestarles mayor atención. No obstante, no estaba de más repetírselas. El reclamo airado se lo hicieron a Víctor G. en el Caguán.

Buscamos a Jaime Ruiz, lúcido ideólogo del Plan Colombia y alto consejero presidencial. Fue el primer director de mi mandato del Departamento Administrativo de Planeación Nacional, la cabina de mando del desarrollo económico del país, cargo en el que fue reemplazado por Mauricio Cárdenas, actual ministro de Hacienda.

—Jaime, estos tipos de las FARC están enfurecidos con el Plan Colombia, dicen que es una estrategia contra ellos —le informó Víctor G. por teléfono desde la zona de distensión.

—¿Y qué hacemos?

—El presidente propone que usted venga a explicarles el Plan Colombia a Tirofijo a Jojoy y a otros. Están furiosos y es mejor calmarlos.

Jaime Ruiz buscó a Mauricio Cárdenas para que fuera con él.

—Necesito que me haga el favor de acompañarme a la zona de distensión para explicarles a las FARC el Plan Colombia. Usted es buen expositor, de manera que hace la presentación y yo respondo todas las preguntas —y viajaron al día siguiente.

Tirofijo se sentó a la izquierda de Jaime Ruiz, acompañado por otros guerrilleros, y estos, como siempre, con sus fusiles, pistolas, granadas, municiones y machetes que ponían encima de las mesas de las reuniones.

La explicación del Plan Colombia estuvo, en efecto, a cargo de Mauricio Cárdenas, quien se concentró frente a un papelógrafo para dar cuenta hasta del último detalle y la justificación del último dólar por invertir.

Explicaron que el Gobierno, desde el primer día, inició un proceso evidente de reinstitucionalización del país, con marcado fortalecimiento de las fuerzas militares. Por su parte, el nombre Plan Colombia inicialmente fue para describir la parte de inversión y redención social (la más grande) y luego se agregó el componente militar bajo la denominación.

Esta vez Tirofijo, extasiado, no dejaba escapar ningún detalle de la conferencia. Estaba sentado en una silla plástica enteriza y liviana, de esas Rimax, blanca, igual a las que ocupaban los demás. Al oír determinadas informaciones se inclinaba con nerviosismo hacia delante, permanecía por momentos apoyado solamente en las patas frontales del asiento y se mecía. De repente, Cárdenas expuso alguna información de gran calado, como lo era en su totalidad el Plan Colombia, y Tirofijo, sobresaltado, perdió el equilibrio y se fue de bruces. Al caer, sacudió la mesa, saltó por el aire el armamento que estaba encima y, en lo que demora un parpadeo, no sólo quedó postrado de cara sobre el piso, sino con el arsenal sobre él. Manoteó cuando sintió que se desplomaba, tratando de agarrarse de algo, y Jaime Ruiz, desconcertado, no hizo nada por contenerlo.

La guardia personal acudió para auxiliar a su jefe máximo, los guerrilleros que estaban en la mesa guardaron un silencio amenazante y Jaime Ruiz entró en pánico, se apartó y quedó a la espera de una retaliación de las FARC. "Estos me van a matar, van a creer que yo no intenté auxiliarlo sino que le empujé la silla para hacerlo caer", pensó.

—No, no, doctor Ruiz. No pasó nada —exclamó Tirofijo, sano y salvo, cuando sus súbditos lo estaban acomodando de nuevo en la silla, tomado por pies y manos.

En esa oportunidad, Cárdenas les expuso a las FARC que los aportes de Estados Unidos para el Plan Colombia serían producto de la justa corresponsabilidad en la guerra contra las drogas ilícitas y podrían sumar alrededor de ocho mil millones de dólares. Sin embargo, agregó, lo más importante no sería ese dinero sino el suministro de tecnología militar de punta, como las flotillas de helicópteros Black Hawk para combate y transporte de tropas y suministros que, a la postre, cambiaron la correlación de fuerzas en favor del Estado.

—El Plan Colombia estará destinado exclusivamente a la guerra contra las drogas, de manera que, como ustedes, según dicen, no son narcotraficantes, no tiene por qué afectarlos ni preocuparlos —sostuvo Jaime Ruiz.

—¿Alguno de ustedes quiere hablar? —preguntó Tirofijo a los suyos.

—Yo —contestó "Joaquín Gómez" alzando la mano derecha.

—Hable, Joaquín.

—Comandante, de todas maneras, a mí a me parece que el Plan Colombia está diseñado contra nosotros.

—No —intervino Jaime Ruiz—. El Plan Colombia es contra el narcotráfico.

Las cuentas detalladas expuestas por Ruiz y Cárdenas mostraron en forma reiterativa que los mayores desembolsos para el Plan serían destinados a inversión social específica y una porción menor para el componente militar.

—La verdad, doctor, esta vez Tirofijo sí entendió verdaderamente el Plan Colombia porque se fue de culo —le bromeó alguien a Jaime Ruiz hablándole al oído y sin poder evitar la risa.

La tercera y última reunión que tuve con Tirofijo ocurrió entre el 8 y el 9 de febrero de 2001, en la zona de Los Pozos, donde funcionaba la sede oficial para los diálogos de paz. El proceso se encontraba estancado de nuevo, al borde de la disolución. El siguiente comisionado de paz fue Camilo Gómez, en reemplazo de Víctor G., que renunció.

—Camilo, le voy a pedir un favor: lo único que quiero en este viaje es conversar a solas con Manuel Marulanda. Mi interés en hablar con él cara a cara es para preguntarle qué necesita de mí como presidente para hacer la paz. Que lo diga con claridad y en ese caso sabré al fin a qué atenerme. Únicamente eso.

Temía que metiera en la reunión a Guillermo León Sáenz Vargas, alias "Alfonso Cano" que andaba por ahí en esa oportunidad.

—Voy a hacer lo posible, pero no le prometo nada.

Cano, bogotano de clase media, no me gustaba, le tenía cierta prevención. Durante mucho tiempo, mi padre solía hacer una vez al año reflexiones sobre la paz y sobre el país que publicaba en los medios y Cano se las contestaba sin falta por el correo regular a través de extensas epístolas redactadas con esmero. Era un comunista, fundamentalista, profundo y espeso en sus reflexiones, político nato, petulante e intransigente, con título de antropólogo de la Universidad Nacional de Colombia y firmemente convencido del recurso elemental de la guerra como único camino. Era, a mi modo de ver, el subalterno por el que el campesino Tirofijo demostraba más respeto; incluso, algo de admiración.

—Yo voy a tratar de hacer lo posible para que Tirofijo le hable sin Cano —prometió Camilo de nuevo.

Pero esta vez Tirofijo, seguramente influenciado por Cano, estaba escurridizo, empeñado en sacar el bulto para no hablar conmigo con franqueza. Se las arregló para que permaneciéramos mezclados con sus subalternos. No obstante, Camilo logró el milagro:

—Bueno, lo conseguí: habrá entrevista a solas con Tirofijo.

—Nos sentamos a una mesa Tirofijo y yo.

Antes de comenzar, "Sandra", la compañera sentimental de Tirofijo, trajo una bandeja redonda de hojalata con bocadillos de guayaba y café.

Mi actitud ante él reflejaba indignación y la gravedad del momento. Las FARC habían malgastado el tiempo dedicado al proceso y desviado el cronograma para tratar de imponer temas traídos de los cabellos. La guerrilla quería darle el uso que se les viniera en gana a las herramientas otorgadas por el Gobierno nacional para buscar la paz, algo inadmisible. Agarré un bloc amarillo, puse un lápiz encima, lo deslicé sobre la mesa y se lo puse enfrente, mirándolo a los ojos. Estábamos solos. La única manera de conseguir que Marulanda estuviera sin los permanentes asesores doctrinarios que le impedían hablar con independencia:

—Manuel, escríbame aquí lo que tengo que hacer como presidente de Colombia para hacer la paz con usted, como jefe de las FARC.

Esa página todavía está en blanco.

Esta última visita al Caguán la comencé bajo un aguacero. Tirofijo me recibió al pie del helicóptero presidencial. Él venía cubierto con un retazo de plástico transparente, de los que se usan para envolver mercancías, y su pareja, Sandra, me alcanzó otro retazo que traía preparado para protegerme de la lluvia.

Caminamos por un sendero lodoso, resbaladizo y empinado, desde el helipuerto hasta la sede de Los Pozos, en medio de una calle de honor de guerrilleros jóvenes, casi niños, armados hasta los dientes. A pesar de la muchedumbre que se abalanzaba sobre nosotros, alcancé a ver la forma de una herradura en el suelo de tierra y me agaché a recogerla. Por ser de buena suerte, otra persona agorera, como yo, habría hecho lo mismo.

Nos esperaba una marejada de periodistas de todas partes del mundo que, al fin, pudieron vernos juntos con sus propios ojos. La primera vez que fueron convocados para la inauguración de los diálogos Tirofijo dejó la silla vacía y solamente pudieron verme a mí. Los encuentros anteriores habían sido secretos y de ellos únicamente tuvieron copias de videos y fotografías oficiales.

Después del almuerzo del primer día, sentados a la mesa con los representantes de las FARC, surgió un momento de distensión, decidí aprovecharlo y me dirigí a Jojoy:

—Oiga, cuénteme una vaina.

—Sí, Presidente.

—Me dice Camilo que usted tiene una buena yuca que está sembrando por acá.

—Sí, Presidente, muy buena yuca se puede producir en esta zona.

—Oiga, Jojoy —intervino Tirofijo—, regálele al presidente unos buenos bultos para que se los lleve a Bogotá. Pero yuca fresca, yuca negra no le vaya a dar. Mándele una recién cortada, buena.

—Sí, comandante, voy a mandar traer unos bultos para que se los lleve el presidente.

—Jojoy, Camilo también me dice que usted aquí está produciendo cachamas[48] muy buenas…

—Usted no sabe, Presidente, las cachamas que estamos sacando.

—¿De verdad?

—Buenísimas.

—Y me dice Camilo que también tiene vacas.

—Esta zona no es buena, por hectárea es muy poquito lo que producen, Presidente. Pero, sí, tenemos unas buenas vaquitas.

—Oiga, Mono, eso es lo que yo llamo desarrollo alternativo. A ver si ustedes dejan de producir droga.

—¡Le mamó gallo el presidente! —exclamó Joaquín Gómez—. ¡Le mamó gallo! —y todos los demás también comenzaron a reír.

La modorra se apoderó de la cúpula de las FARC después del almuerzo. Comenzaron a cabecear de sueño en el letargo y

---

[48] *Colossoma macropomum*, de la subfamilia Serrasalminae. Pez originario de las cuencas del Amazonas y el Orinoco. Es conocido como cachama, cherna, tambaquí o pacú negro. El cultivo de esta especie es cada vez más popular entre los campesinos colombianos, que lo usan para enriquecer la alimentación familiar y aumentar los ingresos económicos.

propusieron un paréntesis de media hora para el descanso, antes de continuar la reunión de la tarde. Todos estos guerrilleros normalmente se levantan a las tres de la mañana.

La sede de Los Pozos era muy sencilla: larga, con la sala de negociaciones en la mitad. A mano derecha estaban las oficinas de las FARC y a mano izquierda las del Gobierno. La mayor parte del lugar la ocupaba un teatro en forma de media torta destinado a las audiencias públicas de los sábados que transmitía un canal estatal de televisión con señal abierta para todo el país. A ellas concurrían personas de todas partes de Colombia con el ánimo de discutir los temas relacionados con la agenda de paz. No ha habido un proceso de paz más abierto, más franco y de cara al pueblo.

Me retiré a pasar el intermedio en la oficina del Gobierno y vi al otro lado, al pie de un árbol, a mi viejo amigo de la adolescencia, compañero de fiestas y parrandas, Ricardo Palmera, ahora alias "Simón Trinidad"[49]. Mi primera idea fue llamarlo para que viniera, saludarlo y conversar. No nos veíamos hacía casi treinta años, pero sabía que él estaba en las FARC desde mucho tiempo atrás. Fue cadete de la Escuela Naval de Cartagena por la misma época en que estuvo Juan Manuel Santos. Pensé que podía ser perjudicial para él si los jefes de las FARC descubrían que éramos amigos, pero al mismo tiempo me hubiera extrañado que no les hubiera contado.

---

[49] Juvenal Ovidio Ricardo Palmera Pineda, nació el 30 de julio de 1950 en Valledupar, Cesar. Es economista de la Universidad Jorge Tadeo Lozano, con posgrado en finanzas de la Universidad de Harvard, banquero y, por último, guerrillero de la jefatura de las FARC. En 2004 fue capturado en Quito, Ecuador, trasladado a Colombia y extraditado a Estados Unidos, donde fue condenado a sesenta años de prisión como coautor del secuestro de tres ciudadanos estadounidenses. Su caso se encuentra en apelación ante la Corte Suprema de Justicia.

—¡Ricardo, venga y hablamos! —le grité desde la puerta. Vino con su fusil AK-47 nuevo al hombro y vestido con uniforme militar de camuflaje impecable. Lo metí a la oficina, cerré la puerta y comenzamos a conversar.

—¡Qué hubo, Richard!

—Andrés, ¿cómo está? Hace muchos años que no nos vemos.

—Afortunadamente —y nos reímos.

Ricardo fue la estrella de un grupo de costeños amigos míos en Bogotá. Era el que pagaba las cuentas en las discotecas porque sólo él tenía una tarjeta de crédito que le había dado su papá, Ovidio Palmera, reputado liberal y abogado en Valledupar, su ciudad natal, donde fue conocido como "la conciencia jurídica del Cesar". Al día siguiente de cada noche de fiesta, sus amigos le reponíamos con dinero efectivo lo que había gastado por nosotros.

Se vestía en los mejores sitios de Bogotá y era el de mejor pinta, "muy bien plantado", como dicen las señoras. Tanto así que lo llamábamos "Richard Palmer". Yo tenía dieciocho años cuando lo conocí.

Nos pusimos a hablar de la vida. Ricardo estuvo casado con la barranquillera Margarita Russi, economista, como él. Tuvieron dos hijos: un niño y una niña.

—¿Usted por qué se metió en esta vaina, Ricardo? —pregunta que no me contestó. Quizá supuso que conocía la respuesta.

—Estoy muy enfermo, Andrés; este clima es muy malsano, es fatal. Yo estaba en el bloque Caribe, allá, en la costa, donde el climita es mejor que este.

Ricardo me contó que había tenido cáncer en un testículo, hablamos de su señora, de sus hijos…

—Nos separamos hace mucho tiempo, ellos no me hablan, yo trato de conversar con ellos, pero no me hablan.

—Pero usted sigue igual, Ricardo, con su uniforme perfecto —después supe que era el único de las FARC que enviaba sus trajes camuflados a la lavandería—. Me imagino que la guerrillera más linda que hayamos visto aquí es su novia.

—¡Claro! —se rio.

Después de tantos años, fue un reencuentro triste. Dos caminos diametralmente opuestos en la vida que partieron de un mismo punto. Para ese entonces, Ricardo era guerrillero de las FARC y yo el presidente de Colombia. En Bogotá, él estudiaba economía en la Universidad Jorge Tadeo Lozano y yo Leyes en la Universidad del Rosario, a unas diez cuadras de distancia. Tuvimos las mismas oportunidades. Verlo de nuevo me causó desconcierto y pesadumbre por su situación personal. Tuvimos cierta intimidad cuando fuimos jóvenes y siempre perdura el recuerdo de una antigua amistad.

Había transcurrido la media hora de descanso, los voceros del Gobierno y de las FARC pasaron de regreso al salón de las negociaciones en Los Pozos y me despedí de Ricardo. Pasé a la mesa a continuar examinando el cúmulo de dificultades que tenía el proceso de paz al borde del abismo.

La atmósfera se tornó espesa, se sintió el peso físico de las divergencias, entorpecidas por la permanente intransigencia retórica de Cano, saturada de escapes ideológicos que recitaba mirando siempre a un punto fijo sobre la mesa o el piso, pero nunca a la cara de su interlocutor. Miré el reloj: eran las cinco de la tarde y llamé aparte a Camilo Gómez.

—Camilo, es la hora de irnos al aeropuerto de San Vicente para tomar el avión y regresar a Bogotá, antes de que se cierre. Recuerde que no tiene operación nocturna.

—Y esto va para largo —precisó Camilo.

—Hay que tomar una decisión: nos quedamos a pasar aquí la noche para seguir la reunión mañana temprano, o nos vamos ya. Pero si nos devolvemos para Bogotá se acaba este proceso.

—No sé si deba quedarse —opinó Camilo.

—Esta vaina está de muerte. Si me voy ahora, se acaba. Quedémonos y mañana a las ocho de la mañana empezamos de nuevo. Podemos dormir en la sede del Batallón Cazadores.

—No, Presidente. Me parece que es un riesgo para su seguridad.

—No se preocupe, Camilo. Terminemos por hoy y organicemos todo para quedarnos y seguir mañana. A la hora de la verdad, los riesgos aquí son los mismos de día que de noche.

Volví a la reunión y me dirigí a Tirofijo:

—Bueno, Manuel, mire: son las cinco de la tarde. Voy a pasar la noche aquí porque este proceso está tan mal, que si me voy, se acabaría en este preciso momento.

— No se quede, Presidente. Me pone en un problema muy grave por su seguridad —respondió Tirofijo.

—Olvídese. Me quedo.

Tirofijo insistió en que me fuera, pero al constatar que las operaciones aéreas estaban cerradas, accedió:

—Déjeme, entonces, le organizo un esquema de protección para darle su seguridad y protegerlo esta noche. Uno nunca sabe qué pueda pasar —sostuvo Tirofijo.

El esquema de las FARC debía estar por fuera del Batallón Cazadores, al que les estuvo siempre prohibido el ingreso.

Nos fuimos para el Batallón Cazadores cuando la noticia ya le estaba dando la vuelta al mundo: el Presidente de Colombia pasará la noche en la zona de distensión, sin más seguridad que una guardia de treinta policías que lo acompañan. Dormirá rodeado por la amenaza de un ejército de miles de guerrilleros.

En la noche, nos sentamos con Camilo a organizar las ideas para enfrentar a las FARC al día siguiente. El proceso estaba herido de muerte y las FARC absolutamente intransigentes. Estaba convencido de que el día siguiente sería el más importante de todos: en esa jornada se salvaría o moriría ese proyecto de paz.

Durante la noche no dejaron de entrar llamadas: la primera fue del presidente Cardoso, de Brasil.

—Andrés, ¿es verdad lo que acabo de oír, que se va a quedar a dormir allá?

—Si, por la paz de Colombia hay que hacer los esfuerzos que sean necesarios. Eso incluye quedarme a dormir aquí, en la mitad de la selva, rodeado por la guerrilla.

—Andrés, usted está loco, cómo se va a quedar en medio de la guerrilla.

—Aunque quisiera irme, ya no puedo salir de aquí hasta mañana, el aeropuerto está cerrado. No hay operación nocturna. Creo que tomé la decisión acertada porque si me voy este proceso se muere y se mueren las esperanzas de paz de este país.

Tan pronto oyó la noticia, también llamó desde Jordania la reina Noor.

Al día siguiente volvimos a la carga en la mesa y, al cabo de horas de debate, salvamos una vez más el proceso con un pronunciamiento conjunto que debían redactar a cuatro manos Camilo y Cano. Es, a mi modo de ver, cuando este último quedó retratado de cuerpo entero:

—¡No sé qué hago aquí, escribiéndole comunicados a la oligarquía! —gruñó a espaldas de su jefe, Tirofijo, quien le había dado la orden tajante de cooperar.

Ese mismo día, después del almuerzo, el doctor Santiago Rojas, buen amigo que me acompañaba en calidad de médico personal en esa ocasión, se puso de pie y se dirigió a la cúpula de las FARC.

—Señores, les voy a hacer magia —y sacó una baraja.

—¿Magia? —preguntó el guajiro Milton de Jesús Toncel Redondo, alias "Joaquín Gómez".

—A ver, agarre una carta, yo me volteo para no verla pero usted se la muestra a los demás para que ellos sí sepan cuál es —le contestó al guerrillero incorporándolo al juego.

—Ya —respondió Joaquín Gómez tan pronto como sacó el as de corazones.

—Muy bien, vuelva a meter la carta en la baraja sin que yo vea.

—Ya —mintió el guerrillero, pues lo que hizo fue esconderla en un bolsillo.

—Muy bien —exclamó Santiago sin haber visto la carta ni saber qué había hecho Joaquín con ella—. Ahora, voy a adivinar cuál fue la que escogió.

Escarbó la baraja y no la encontró.

—Usted no la ha puesto. Métala sin que yo vea y le adivino cuál es.

—Ya la metí —volvió a mentir Joaquín Gómez.

—¿Está seguro de que la metió aquí? —preguntó Santiago luego de revisar de nuevo la baraja, carta por carta.

—Sí, seguro que la metí.

—¡Usted la tiene guardada y no me la devolvió! —protestó el médico.

Los guerrilleros que estaban a la mesa rieron a carcajadas y se acabó el juego.

Más tarde, Santiago me buscó:

—Presidente, la mentalidad de estos tipos es la mentalidad de la trampa.

VI
"ESTO SE ACABÓ"

Los diálogos de paz con las FARC en la zona de distensión fueron como uno de esos enormes cueros tiesos de res que los campesinos extienden al sol para curtirlos: cada una de las cien puntas deben asegurarlas con clavos a estacas de madera incrustadas en el piso. No obstante, con el paso de los días comienzan a soltarse las puntas en tal forma que cuando vuelven a asegurar una, se sueltan dos, aseguran estas dos y al otro lado se sueltan tres... Sin embargo persisten en mantenerlo desplegado y logran, al final, una gran pieza de piel blanda, útil para una inmensa variedad de propósitos.

En febrero de 2002 parecían estar aseguradas todas las puntas del proceso de paz. Yo había elaborado con las fuerzas militares una propuesta de cese al fuego y hostilidades que el equipo negociador llevó a la mesa en 2001 con el objeto de discutirla con las FARC en busca de que la aceptaran. Ellos ya habían suscrito, el 20 de enero de 2002, el "Acuerdo de cronograma para el futuro del proceso de paz" que llevaba las firmas de los representantes de la guerrilla para el cese al fuego, Raúl Reyes, Simón Trinidad, Joaquín Gómez y Andrés París. En este documento, ambas partes pactamos, en el punto cuarto, "que es indispensable llegar a acuerdos que lleven a la disminución del conflicto" y en el décimo convinimos que a partir del 23 de enero siguiente, cada una de las partes presentaría "los primeros borradores sobre disminución del conflicto". El convenio final sobre cese al fuego y hostilidades tenía plazo para ser firmado el 19 de abril siguiente.

En el acuerdo del 20 de enero las FARC también se comprometieron a "ratificar las instrucciones a todos sus integrantes de no realizar las llamadas pescas milagrosas en las vías" (lo que ya habíamos pactado en el acuerdo de San Francisco de la Sombra, de octubre de 2001), con el fin de abolir esa práctica infrahumana de retener, a veces a cientos de personas, incluidos niños, en un solo asalto a una carretera.

El cese al fuego que habría de convenirse estaría acompañado por una veintena de países facilitadores, la ONU, el nuncio apostólico Beniamino Stella; el presidente de la Conferencia Episcopal colombiana, monseñor Alberto Giraldo y el obispo de San Vicente del Caguán, monseñor Francisco Múnera.

El proceso de paz esta vez, más que nunca, prometía avanzar hacia mi gran esperanza: la culminación de una vieja y encarnizada guerra fratricida que ha dejado cientos de miles de vidas sacrificadas, dolor, descomposición social, destierro, orfandad, odio, ruina y atraso. Recordaba a Abraham Lincoln: "No hay manera honorable de matar, no hay manera gentil de destruir. No hay nada bueno en la guerra, excepto que se acaba".

Llegó el 20 de febrero, cada una de las partes había avanzado sustancialmente en su propuesta de cese al fuego y ambas se fusionarían en una sola que debía concretarse el 19 de abril de 2002. Los diálogos de paz avanzarían con los fusiles en silencio. Se aproximaba una victoria sobre la muerte.

El 18 de febrero, ambas partes habíamos consolidado en un noventa por ciento los términos del acuerdo que regiría el cese al fuego, la suspensión del secuestro por parte de las FARC y la liberación de todos los secuestrados en su poder. Únicamente faltaba acordar los mecanismos de verificación y de separación de fuerzas para que las fuerzas militares no chocaran con las de esta guerrilla mientras prosiguieran con sus actividades regulares de persecución a otras organizaciones como el Ejército Nacional de Liberación (ELN), los paramilitares y el narcotráfico.

No obstante, el cuero tieso de la paz se soltó irremediablemente ese mismo 20 de enero de las estacas. A las 8:50 de la mañana, un grupo de asaltantes de las FARC secuestró el avión HK 3951, de la aerolínea Aires, con treinta pasajeros, cuando cubría su itinerario entre las ciudades de Neiva y Bogotá. Delincuentes de la columna Teófilo Forero (fuerza élite de esa organización) se apoderaron de la cabina de mando y obligaron a la capitana Dora Ospina a aterrizar sobre una estrecha carretera rural en el municipio de El Hobo, departamento del Huila. Llegaron cerca de sesenta guerrilleros al lugar, bajaron a los pasajeros y se llevaron solamente a uno de ellos en una camioneta, el senador por el Huila Jorge Eduardo Gechem Turbay, presidente de la comisión de paz del Senado. Con él, aumentaron a cinco los congresistas secuestrados por las FARC.

Tan pronto conocí la noticia, ordené cancelar la reunión de la fecha en la que el equipo negociador del Gobierno esperaba culminar las discusiones sobre el cese al fuego. Convoqué de inmediato al ministro de Defensa, Gustavo Bell, y a los altos mandos militares para examinar la situación de extrema gravedad. Como lo hacía todos los días, a las seis de la mañana, Camilo Gómez, quien se encontraba en Bogotá, había hablado por radio con los jefes de las FARC en lo que llamaba "conversaciones de trámite", todo estaba en orden y él se dirigió más tarde al aeropuerto para volar hasta la zona de distensión cuando lo llamé para pedirle que se desviara con urgencia a mi oficina en la Casa de Nariño. Al analizar la situación, consideramos imposible que este hecho de terrorismo internacional[50] pudiera ocurrir a espaldas del secretariado de las FARC. Juan

---

[50] Además de las disposiciones penales colombianas, para esa fecha el secuestro de un avión ya era reconocido por Naciones Unidas como un acto imperdonable de terrorismo internacional, de acuerdo, por lo menos, con los convenios de Tokio de 1963; de La Haya de 1970 y de Montreal de 1971.

Gabriel Uribe se hallaba en la zona de despeje con el resto del equipo negociador del gobierno, y les pedí que se recogieran en el Batallón Cazadores hasta nueva orden.

Camilo Gómez se dirigía al aeropuerto para viajar a la zona de despeje con la esperanza de cerrar con las FARC ese mismo día el acuerdo sobre cese al fuego. También invité a la reunión en la Casa de Nariño al general Fernando Tapias, comandante de las fuerzas militares. Mientras llegaban, el comandante de la Fuerza Aérea, general Héctor Fabio Velasco, en llamadas telefónicas separadas, nos informó del secuestro del avión al secretario general de la Presidencia, Gabriel Mesa, y a mí.

Cuando estuvieron en Palacio, les pedí al general Tapias y a Camilo Gómez confirmar plenamente que se trataba de un acto terrorista atribuible con certeza a las FARC.

—No cabe la menor duda, Presidente. Ese secuestro fue cometido por la columna Teófilo Forero, de las FARC. Lo tenemos confirmado.

—Es inconcebible que, precisamente el día que íbamos a cerrar el trato para cesar el fuego y obtener la promesa de las FARC de suspender la práctica del secuestro, haya ocurrido esto —se lamentó Camilo.

Enseguida, llamó a Raúl Reyes a Los Pozos, donde estaba la sede de los diálogos, para expresarle la ira y la decepción del Gobierno por el secuestro del avión, lo mismo que el convencimiento de que el secretariado no era ajeno a los hechos. Reyes reaccionó enseguida:

—No sé de qué me está hablando. Yo no conozco absolutamente nada. Por parte nuestra no hay información —mintió.

Sobre el mediodía, Camilo Gómez hizo una declaración anunciando que las FARC habían cometido ese día un delito gravísimo de carácter internacional y abrió un compás de espera que habría de cerrarse en la noche con una intervención mía para dar por terminados el proceso de paz y la zona de distensión.

El general Fernando Tapias Stahelin, comandante de las fuerzas militares, expuso en la reunión todos los pormenores del secuestro aéreo y expresó su convencimiento, en coincidencia conmigo, de que el secretariado de las FARC no podía ser ajeno a este acto de terrorismo, catalogado como delito internacional.

El general Tapias —gran militar, hombre honesto, sincero y franco a quien el país le debe mucho y a quien quiero hacerle aquí un reconocimiento por su integridad, así como por su compromiso con la paz y con el país, por la manera como contribuyó a establecer e impulsar nuestra estrategia de fortalecimiento y crecimiento de las Fuerzas Armadas— hizo una exposición de evidencias recaudadas durante las últimas semanas sobre arbitrariedades y crímenes cometidos por las FARC dentro y fuera de la zona de distensión. Se habían intensificado los atentados terroristas en el país: ciento diecisiete solamente en los últimos treinta días, entre ellos cuatro carros-bomba, cinco ataques a instalaciones, tres puentes destruidos, siete campos minados, veinte civiles asesinados —entre ellos mujeres y niños—, treinta y tres torres de energía derribadas con cargas de dinamita y fracturados dos tramos de oleoductos.

Según el informe que me entregaron ese día, las fuerzas militares comprobaron que las FARC habían construido nuevas pistas aéreas clandestinas en la zona de distensión. Detectaron nuevos cultivos de coca y relación directa con organizaciones terroristas internacionales. De hecho, en agosto de 2001 las fuerzas militares capturaron a cinco miembros del Ejército Republicano Irlandés, IRA, cuando acababan de salir de la zona en donde dictaron cursos de instrucción sobre fabricación y uso de explosivos con fines terroristas.

—Todo esto, señor Presidente, está pasando dentro y fuera de la zona de distensión y, como si fuera poco, secuestran este avión —concluyó el general Tapias.

El ministro y los mandos militares se dispusieron a esperar mi decisión final.

—¡Esto se acabó! —exclamé—. Sus pruebas y evidencias son incontrovertibles, general Tapias.

Era evidente que las FARC ya no estaban interesadas en este proceso de paz.

Era la primera vez que las Fuerzas Armadas me entregaban pruebas tan contundentes. Esto se sumaba a unos hechos tan graves como el secuestro y asesinato, en septiembre de 2001, de mi ex ministra de Cultura Consuelo Araújo Noguera, cariñosamente conocida por el país como "la Cacica". Había renunciado en marzo de ese año debido a que su esposo, Edgardo Maya, fue elegido procurador general de la Nación. Este magnicidio conmocionó al país e hirió de muerte el proceso de paz. La justicia comprobó que el Frente 59 de las FARC asesinó a quemarropa a la ex ministra cuando el Ejército acorraló a la cuadrilla que la tenía en su poder.

Durante una lacónica reunión con Tirofijo, al día siguiente de ese homicidio ignominioso, Juan Gabriel Uribe, acompañado por Camilo Gómez, le sentenció al jefe guerrillero:

—Cada vez que se cante un vallenato en Colombia la gente va a saber que ustedes mataron a la Cacica.

Los diálogos luego fueron congelados por las propias FARC arguyendo falta de garantías a pesar de todas las que tenían. Se declararon perjudicadas porque el Gobierno prohibió la entrada y salida de extranjeros a la zona de distensión tan pronto capturó al grupo de terroristas del IRA que estuvo impartiendo instrucciones a las FARC sobre uso de explosivos.

El 24 de diciembre de 2001, Camilo Gómez y Juan Gabriel Uribe debieron ir hasta un recóndito lugar que casi no encuentran, entre los llanos del Yarí y la serranía de La Macarena, dentro de la zona de distensión, con el objeto de ver a Tirofijo y preguntarle si estaba dispuesto a seguir dialogando o debían entender que el proceso había sido cancelado unilateralmente por él. Estuvo particularmente hosco, evasivo y gruñón.

—¡Me pusieron a trabajar el veinticuatro! —protestó.

—Quien escogió la fecha fue usted —le recordó Camilo.

—Sí, pero en todo caso me dañaron mi Navidad —insistió.

El 10 de enero de 2002 los delegados del Gobierno volvieron a reunirse con los jefes de las FARC. Durante todo el día Camilo Gómez solamente tuvo una pregunta que repitió hasta la saciedad: "¿Ustedes van a reanudar el diálogo o no?".

Ante la falta de una respuesta, ese mismo día, Camilo leyó en la zona de distensión un comunicado para anunciar que el Gobierno entendía que las FARC se retiraban de la mesa y, por tanto, comenzaron a correr las cuarenta y ocho horas de plazo pactadas para que abandonaran la zona de distensión y entraran las fuerzas militares.

El anuncio despertó la reacción inmediata de la ONU, de los países amigos que acompañaban el proceso y de distintos sectores políticos y sociales colombianos.

Todos, mediante distintas gestiones, pidieron un esfuerzo de las partes para salvar las negociaciones, y yo otorgué un plazo de dos días para que la ONU se reuniera con las FARC cuatro horas antes de que expiraran las cuarenta y ocho concedidas a la guerrilla para evacuar la zona, el proceso se reanudó y continuamos las negociaciones.

Entre las razones que movían a la comunidad internacional y a sectores políticos y sociales del país, así como al propio

Gobierno nacional a mantener vivo el proceso de paz había logros evidentes que queríamos multiplicar, como la liberación incruenta y sin precedentes que logramos de cuatrocientos cincuenta militares y policías secuestrados en junio de 2001. Una proeza pocas veces conseguida en otras guerras contemporáneas.

El país le debe un reconocimiento a Camilo Gómez por este y otros logros humanitarios desinteresados, fruto de su dedicación, su lealtad con el Gobierno y su compromiso con la siempre peligrosa e ingrata búsqueda de la paz de Colombia, tema en el que terminó por convertirse en autoridad reconocida, en medio de sinsabores y dificultades extraordinarias. Lo conocí en 1986, durante la campaña presidencial de Álvaro Gómez Hurtado y, desde entonces, ha sido mi amigo y consejero.

Algunos de aquellos secuestrados llevaban hasta cinco años confinados en campos de concentración amazónicos. Es probable que el país haya olvidado que cuando asumí la presidencia, en agosto de 1998, las FARC tenían a cerca de quinientos militares y policías secuestrados durante tomas descomunales como las de Patascoy, El Villar y Las Delicias. Con ellas habían pasado a la guerra de posiciones, propia entre ejércitos regulares.

No obstante, el secuestro del presidente de la Comisión de Paz del Senado en la toma armada del avión de Aires era ya jurídica y políticamente intolerable. Con la misma determinación y arrojo con que me comprometí a buscar la paz con las FARC, sentí que había llegado el momento de ponerle fin al proceso.

Durante la tarde circularon por mi oficina para expresar su solidaridad los ministros del despacho y amigos apesadumbrados, como yo, por el inevitable fin de este proceso de paz.

Llamé a algunos presidentes amigos para notificarles mi decisión, le pedí al embajador Luis Alberto Moreno que informara a la Casa Blanca y a Guillermo Fernández de Soto, el canciller, que enterara a la comunidad internacional. Fue el día más duro de mi mandato.

Al comenzar la noche pasé a la casa privada de Palacio para estar un momento a solas con Nohra, Santiago, Laura y Valentina, que me esperaban allí. Me puse una camisa y una corbata nuevas para la intervención más difícil de mi gobierno ante el país, en la que anunciaría el final del proceso de paz en el que empeñé casi los cuatro años completos de mi mandato. Nunca le tuve miedo a invertir todo mi capital político en buscar la paz de Colombia. Lo hice sabiendo que obraba por el bien del país y no por los indicadores de las encuestas. Lo hice por el bien de Colombia, recuperamos la dignidad y la imagen internacional del país, fortalecimos como nunca en la historia nuestras fuerzas armadas. También establecimos, en aras de la paz y el bienestar, los planes sociales más importantes de los últimos años como Jóvenes en Acción y Familias en Acción, además de sacar a flote nuestra economía. En treinta años, muchos gobiernos anteriores dedicaron grandes esfuerzos a la construcción de la paz y sé que los que vengan seguirán tratando de conseguirla.

Oré ante una imagen del Niño Jesús del 20 de julio (de Praga) que me acompañó durante mi secuestro para que me alumbrara en este momento crucial y el país entendiera mi decisión. Me encomendé a san Miguel Arcángel y lo mismo al país. Estaba desilusionado e intranquilo por las consecuencias de un ataque como el que en pocas horas comenzaría por tierra y aire sobre los enclaves de las FARC que la Fuerza Aérea y el Ejército identificaron en la zona de despeje con el uso de aviones espías.

Con una serie de pensamientos y reflexiones personales, articulé a lo largo de las horas el complejo discurso que debí pronunciar ante el país, a las nueve de la noche, a través de las cadenas de radio y televisión.

"He tomado la decisión de no continuar con el proceso de paz" anuncié. "He decidido ponerle fin a la zona de distensión a partir de las doce de la noche de hoy y he dado todas las órdenes del caso a nuestras fuerzas militares para que la retomen teniendo especial cuidado en la protección de la población civil".

Tres horas después de haberme dirigido al país se puso en marcha el gigantesco operativo militar con batallones y la nueva flota de helicópteros. Adicionalmente, bombarderos Mirage, Kafir y Tucano alcanzaron los objetivos identificados en las fotografías de los aviones espías. Desaparecieron, por el efecto de las bombas, puentes, pistas aéreas, instalaciones y campamentos de las FARC. Los visores aéreos militares captaron flotas de camiones cargados con guerrilleros que huían presurosos hacia Venezuela. Las tropas entraron primero a San Vicente del Caguán para salvaguardar a la población civil del casco urbano, retomar la sede del Batallón Cazadores y asegurar el aeropuerto. Simultáneamente, desde la ciudad de Florencia avanzaron tropas de infantería mientras la región de La Uribe era copada por aire y tierra.

Estas son algunas de las consideraciones y anuncios que rigieron mi discurso:

- Vienen tiempos difíciles, sin duda, en los que se requerirá la unión de todo el país en torno a sus instituciones democráticas.

- Me la jugué íntegramente por la paz.

- Manuel Marulanda: yo le di mi palabra y la cumplí, pero usted me ha asaltado en mi buena fe, y no sólo a mí, sino a todos los colombianos.

- Desde el primer momento usted dejó vacía la silla del diálogo, cuando yo estuve ahí, custodiado por sus propios hombres, listo para hablar.

- El Gobierno cumplió siempre su palabra en todos los acuerdos.

- Puse en riesgo mi popularidad, mi capital político y mi lugar en la historia, y no me arrepiento, porque lo hice pensando en la paz de Colombia y de todos los colombianos.

- Decretamos una zona para sostener unas negociaciones, cumplimos con despejarla de la presencia de las fuerzas armadas y usted la ha convertido en una guarida de secuestradores, en un laboratorio de drogas ilícitas, en un depósito de armas, dinamita y carros robados.

- A pesar de la insensatez de la contraparte, no hemos perdido el tiempo.

- El proceso de paz nos deja muchas fortalezas que antes no teníamos.

- Hoy, la guerrilla está desenmascarada y ha mostrado su verdadera cara, la cara de la violencia sin razón ante el mundo.

- Hoy, la paz es el tema central del país.

- Hoy, nadie en Colombia cree que la guerrilla sea una opción política y su respaldo popular es prácticamente cero.

- Ya nadie cree que están en favor del pueblo: ¡están en contra del pueblo!

- Mientras las FARC exigían mejoras sociales para los colombianos a través de la violencia no hacían más que generar miseria, desempleo y dolor. Al mismo tiempo, mi Gobierno puso en marcha, con el Plan Colombia, la estrategia de inversión social más grande de nuestros tiempos.

- La revolución social se hace con obras, no con terrorismo.

- Hoy estamos más preparados que nunca, más unidos que nunca, respetados y apoyados internacionalmente y más fuertes militarmente para enfrentar la violencia que nos agobia.

- Para hacer la paz se necesitan dos.

- Desde la firma del acuerdo de cronograma para el futuro del proceso de paz las FARC no hicieron otra cosa que borrar con sus acciones el espíritu de conciliación que habían firmado en el papel.

- Hoy se ha rebosado la copa de la indignación.

- No podemos soportar más sevicia y crueldad de parte de quienes dicen querer la paz.

- No es posible firmar acuerdos por un lado y poner el fusil en la cabeza de los inocentes por el otro.

- Nos cansamos de la hipocresía de la guerrilla.

- Las FARC optaron por el terrorismo.

- Ustedes [las FARC] tendrán que responder ante Colombia y el mundo por su arrogancia y su mentira.

- Seguiré buscando la paz de la mano de todos los colombianos a los que no someteré a la arrogancia de unos interlocutores que dicen querer la paz, pero que disparan contra ella.

Los candidatos presidenciales, incluido Álvaro Uribe, llamaron esa noche a expresar su solidaridad. Dos días después de la ruptura la zona estaba recuperada y fui para izar la bandera en el Batallón Cazadores.

Al día siguiente, en la mañana, Camilo estableció contacto con Nicolás Rodríguez, alias "Gabino", comandante de la guerrilla Ejército de Liberación Nacional (ELN) me lo puso al teléfono y, en una corta conversación, le reiteré que continuaría el proceso de diálogo que el Gobierno sostenía con voceros de su organización en La Habana, Cuba. También le expresé mi desconsuelo e indignación con las FARC por la manera como echaron por la borda la más esperanzadora oportunidad de paz de todos los tiempos hasta entonces. Fue la primera vez, no sé si la única, que ese jefe insurgente habló con un presidente de la República.

Dos semanas después del rompimiento con las FARC, visité en Washington, en abril de 2002, al presidente George W. Bush con el objeto de despedirme y agradecerle toda la ayuda brindada a Colombia. De paso, le pedí autorización de Estados Unidos para utilizar contra las FARC todos los equipos militares que habían aportado para emplearlos única y exclusivamente en el programa binacional de lucha contra el narcotráfico, principalmente los helicópteros.

Había conocido a Bush en octubre de 1999, cuando viajé a Houston, Texas, para asistir a un foro petrolero con el objeto de exponer la nueva política de Colombia sobre la materia. En esa ocasión, antes de llegar a Houston, hice escala en Washington para ver al presidente Clinton, saludarlo y repasar la agenda común.

—¿Para dónde va después? —me preguntó.

—Voy para Houston, Texas, a presentar en un foro la nueva política petrolera de Colombia para buscar inversión en ese sector.

—Le voy a recomendar algo que puede ser importante.

—Dígame.

—¿Por qué no va a visitar al gobernador de Texas, George W. Bush? Es hijo del ex presidente Bush y un hombre que puede tener futuro en el partido republicano. Vaya, visítelo —me insistió.

Me extrañó la recomendación del presidente Clinton por la fuerte confrontación del momento entre su partido y el republicano.

En Houston fui presentado en el foro por el propio ex presidente Bush (padre) en lo que, me decían, era un hecho sin precedentes. Antes del evento desayuné con él en casa de su amigo Robert Mosbacher, ex secretario de comercio de Estados Unidos.

—Sé que va a visitar a mi hijo George y se lo agradezco mucho.

—Sí, el propio presidente Clinton me recomendó hablar con él.

—Primero, quiero agradecerle el gesto de que vaya a verlo. Segundo, George cree que habla español, pero él no tiene ni idea —aseguró de manera que me hizo reír—. Quien sí habla muy bien el español es mi hijo Jeb, hoy ex gobernador de La Florida. Además, está casado con una mexicana (Columba Garnica Gallo).

Visité a su hijo en Austin, capital de Texas. Hablamos extensamente sobre Colombia, el proceso de paz, el inveterado y creciente problema del narcotráfico y de mi secuestro, que lo impactó muchísimo. Fue un encuentro muy amable, gracias al cual tuvimos una excelente relación cuando fue presidente.

Al día siguiente, los medios de comunicación colombianos criticaron ese encuentro por considerarlo poco menos que inútil y absurdo. Se preguntaban cómo el presidente de Colombia pudo cometer el desacierto político de visitar a un gobernador de la oposición siendo tan amigo de Clinton y en un momento en el que ardían las relaciones entre los partidos demócrata y republicano.

Cuando volví a visitar a George W. Bush, esta vez en la misma Oficina Oval en la que Clinton tres años atrás me había advertido que se trataba de un político republicano importante y con futuro, fue marcadamente cordial. Estaba acompañado por su secretaria de Estado, Condoleezza Rice, persona muy cercana a él y de su entera confianza.

—¿Qué dice el presidente Pastrana? —exclamó afablemente en un esforzado español.

—Muy bien, muchas gracias, señor Presidente.

—Aquí está la señorita Arroz, ¿conoce a la señorita Arroz? —preguntó sonriente, de nuevo en un español precario con manifiesto acento americano y señalándola a ella.

—Yo necesito, Presidente, que usted me ayude permitiendo que todo el equipo militar americano situado en Colombia para la lucha antinarcóticos pueda ser utilizando contra la guerrilla —le pedí a Bush.

Eso se llama allá un *Change of Authority,* algo difícil de conseguir debido al complejo de Estados Unidos de "vietnamizar" los conflictos. Consiste en suponer que al combatir a una guerrilla puede propagarse contra ellos una guerra irregular incontrolable.

Le expliqué a Bush que, de acuerdo con las mismas investigaciones de su país, las FARC se habían convertido en un cartel más, y, por tanto, se borró la línea que las apartaba de las organizaciones del narcotráfico.

—Mire, Presidente, a mí me emboscan una patrulla del Ejército y debo enviar otras a auxiliarla, pero estas acuden por tierra y suelen caer en campos minados. Para estos casos, sus expertos nos han recomendado cambiar la estrategia: despachar patrullas de refuerzo y auxilio en helicópteros y situarlas en sitios escogidos para que sean ellas las que embosquen a la guerrilla y rescaten a los heridos.

Ya al inicio de mi gobierno, el general Charles Wilhelm, jefe del Comando Sur de los Estados Unidos, y sus asesores, observaron con plena certeza que la mayor ventaja del Ejército de Colombia sobre la guerrilla era el aire.

Una semana después de mi posesión, el general Tapias se reunió con el ministro de Defensa, Rodrigo Lloreda, y el jefe del Departamento Nacional de Planeación, Jaime Ruiz, con el objeto de ver las condiciones económicas del país para adquirir los primeros catorce helicópteros Black Hawk cuya fabricación bajo pedido tardó dos años en las plantas de Sikorsky Aircraft Corporation, de Stratford, Connecticut. Había podido durar más tiempo, de no ser por la cancelación de una orden que Venezuela había hecho primero pero que los americanos, a la postre, se negaron a atender.

La decisión de Estados Unidos de confiarnos el acceso a estos equipos de última tecnología fue uno de los aconteci-mientos militares de mayor importancia para el país.

Durante la reunión de Ruiz con Lloreda y Tapias, este úl-timo explicó las diferencias, a su modo de ver, de las fuerzas guerrilleras con las estatales, desprovistas de helicópteros de combate y de transporte apropiados y suficientes:

—La guerrilla se mueve a siete kilómetros por hora y el Ejército a uno —aseguró.

Al terminar mi gobierno, gracias al Plan Colombia y a los demás esfuerzos sin precedentes que lideré para transformar y fortificar nuestras fuerzas militares, el presidente Álvaro Uribe recibió una flota de ciento cincuenta helicópteros de última tecnología para combate y transporte, un ejército robustecido y reentrenado; comunicaciones militares superiores a las de la mayor parte de los países latinoamericanos y presencia efectiva de la fuerza pública en vastas regiones abandonadas del país como, precisamente, donde se ubicó la zona de distensión o comarcas andinas inaccesibles que fueron ocupadas por los primeros batallones de alta montaña que tuvo Colombia, creados durante mi gobierno.

En virtud del mismo Plan Colombia, en mi administración, las instituciones se fortalecieron como nunca antes e implanté en todas, principalmente en las fuerzas militares, la prevalencia por el respeto a los derechos humanos. Incluso, al vicepresidente, Gustavo Bell, lo encargué de vigilar y promover la vigencia de esos derechos en el país, así como de diseñar toda una política nacional sobre la materia. Durante una intervención en la Escuela Superior de Guerra, incluso, le advertí a la alta oficialidad colombiana:

"Ustedes no pueden tocar el cielo sobre los hombros del diablo".

Gracias a todo esto existe hoy, más que nunca, sistemática disposición social e institucional a denunciar y juzgar las violaciones en las que incurren los servidores públicos y es por ello que el país se vio luego en disposición de ánimo y capacidad judicial de enfrentar con vigor sucesos de tanta gravedad como los llamados falsos positivos o ejecuciones extrajudiciales[51]. Vinculé a Colombia al tratado de Roma de 1998, que contiene el estatuto de la Corte Penal Internacional para juzgar a criminales de lesa humanidad cuando la justicia interna no lo hace. En este caso, establecí un paréntesis impostergable de siete años durante los que esa legislación no podría ser aplicada con respecto a Colombia con el objeto de que los gobiernos que me

---

[51] De acuerdo con el Derecho Internacional Humanitario, falso positivo o ejecución extrajudicial es el homicidio deliberado de una persona por parte de un servidor público que se apoya en la potestad del Estado para justificar el crimen. Pertenece al género de los delitos contra personas y bienes protegidos por el Derecho Internacional Humanitario.

sucedieran pudieran hacer acuerdos de paz y no tuvieran estos instrumentos como una camisa de fuerza impuesta por mí.

Logré que los derechos humanos se convirtieran para el país en una prelación real y apreciada. Por eso, transgredirlos en la actualidad es mucho más grave que en cualquier otro tiempo.

El Plan Colombia puso en vigor programas sociales trascendentales como Familias en Acción, Empleo en Acción y Jóvenes en Acción. Además, obtuve en Estados Unidos todas las preferencias arancelarias mientras se negoció el Tratado de Libre Comercio que selló el presidente Santos.

Al final de mi gobierno, el presidente Bush atendió mis razones y le dio paso al uso abierto contra la guerrilla de los equipos militares estadounidenses situados en Colombia, lo que duplicó de un día para otro la capacidad operativa y ofensiva de nuestras fuerzas militares y de Policía.

Ese fue el ejército para la guerra o para la paz que le anuncié oportunamente a Tirofijo en la reunión del 9 de julio de 1998, con el fin de que él tuviera la oportunidad de decidir con cuál de las dos modalidades preferiría entenderse. Fue también el ejército robustecido con el que han podido actuar mis sucesores Álvaro Uribe y Juan Manuel Santos.

Si algo se vigorizó como nunca durante el proceso de paz fueron la institucionalidad colombiana y nuestras fuerzas militares y de Policía.

Con la misma convicción que se lo dije al país aquel día triste para la paz de Colombia en que debí liquidar los diálogos con las FARC, convertidas para entonces en una máquina de guerra del narcotráfico, lo reitero:

"El libro de la paz sigue abierto y sólo se cerrará el día que la alcancemos".

VII
"POR DIOS, DÍGALE A INGRID QUE NO HAGA PENDEJADAS"

Tan pronto rompí el proceso de paz como respuesta inapelable a una cadena de crímenes cometidos por las FARC a la sombra de las negociaciones de paz, tres de los candidatos presidenciales (Horacio Serpa, Noemí Sanín e Ingrid Betancourt) buscaron en el acto la manera de viajar a San Vicente del Caguán y me lo comunicaron. Por mi parte, llamé a Gustavo Bell, vicepresidente de la República y ministro de Defensa para conocer su opinión antes de dar mi respuesta:

—Las condiciones no están dadas para celebrar actos políticos, Presidente. Hay bombardeos, combates… Están en plena marcha todos los operativos para la retoma de la zona de distensión.

—Voy a informarles a los candidatos.

—Cuando mejoren las circunstancias de seguridad para ellos y sus actos políticos, yo le aviso, Presidente.

A continuación, informé las razones del ministro a los candidatos, que buscaban sacar réditos políticos del fin del proceso, y todos, menos Ingrid Betancourt, aceptaron esperar a que amainara el peligro. Ella alegaba que el alcalde de San Vicente del Caguán, Néstor León Ramírez, era de su partido político, Verde Oxígeno, y debía ir en persona a solidarizarse con él.

El 22 de febrero de 2002, Ingrid Betancourt redactó y firmó una carta dirigida al coronel Carlos Julio Hernández Acero, jefe de la Oficina de Protección Especial del DAS informándole que volaría a la ciudad de Florencia, departamento de Caquetá, con el ánimo de seguir por vía terrestre a San Vicente del Caguán. Por tanto, solicitó tiquetes aéreos y fondos de manutención para que viajara con ella su esquema de seguridad, compuesto por agentes de la Policía Nacional y del DAS. Estos eran apoyados por las direcciones seccionales de ambas entidades en las regiones del país a las que la candidata quisiera ir.

Mediante oficio número 1110 del mismo 22 de febrero, el coronel Hernández le respondió a ella que el DAS, en atención a sus requerimientos, había organizado toda su seguridad con la seccional en Caquetá. No obstante, le advirtió: "es de alto riego realizar este desplazamiento". Añadió: "Sin embargo, dejo a su buen criterio la decisión", y reiteró que, en cualquier caso, la apoyaría con todos los medios que estuvieran al alcance de la institución.

El mismo 22 de febrero, el jefe de seguridad de Ingrid asignado por el Estado, el capitán Jaime Alberto Barrera Hoyos, le envió una carta al director del Departamento de la Policía Nacional en Caquetá para informarle que, al día siguiente, llegaría la candidata a la ciudad de Florencia, donde haría escala para continuar a San Vicente, "a pesar de las recomendaciones realizadas sobre el particular".

Con base en lo anterior, el mayor retirado de la Policía Jorge Mario Forero Rivera (coordinador de seguridad a personas, del DAS) emitió la misión de trabajo número 132 por medio de la cual autorizó a los detectives Omar Garzón Velásquez y Nelson Saúl Burgos Estación para acompañar a Ingrid en el desplazamiento anunciado. Por intermedio de la misma orden, fue dispuesto que se le prestara el mejor servicio de seguridad en coordinación con las autoridades civiles y militares de Florencia.

En consecuencia, el señor Alberto Fajardo (del DAS), responsable en Caquetá de la protección de personas, expidió, por medio de un oficio, la misión de trabajo número 017/22/feb/02, que integró el esquema de seguridad de Ingrid Betancourt, apoyado con un vehículo oficial Nissan BIB825. Esta determinación tuvo el visto bueno del director seccional, Eduardo Fernández Rodríguez, quien coordinó esa protección para la candidata con los comandantes en Florencia de la Policía Nacional y la Decimosegunda Brigada, todos los cuales llevaron el asunto al Consejo de Seguridad de autoridades locales que deliberó en esa ciudad el 22 de febrero.

Ese mismo día, el coronel William Fernando Pérez Laiseca, segundo comandante y jefe de Estado Mayor de la Decimosegunda Brigada, le envió una carta al comandante de la Policía Nacional en Caquetá, en la que le dice: "Me permito manifestarle que por medidas de seguridad no es recomendable que la doctora Ingrid Betancourt Pulecio, candidata a la Presidencia de la República, se desplace por vía terrestre al municipio de San Vicente del Caguán, debido a que no existen las condiciones de seguridad porque se están presentando combates en la zona y acciones terroristas por parte de las FARC". Añade el coronel Pérez Laiseca: "Le recomendamos haga su desplazamiento por vía aérea comercial en la aerolínea Satena[52], ya que la empresa comienza sus labores a partir del sábado 23 de febrero del 2002, en la ruta Bogotá - San Vicente".

Ingrid Betancourt hizo caso omiso de las recomendaciones y a las ocho de la mañana del 23 de febrero aterrizó en el aeropuerto de Florencia, Gustavo Artunduaga Paredes, en el vuelo 8093 de la aerolínea Aires, de acuerdo con el periodista local Eduardo Ardila Lozada que la entrevistó al llegar.

---

[52] Servicio Aéreo a Territorios Nacionales S.A., aerolínea de servicio social propiedad de la Fuerza Aérea Colombiana, destinada a servir rutas regulares a las regiones más apartadas de Colombia.

Tras la llegada de la candidata, el coronel Pérez Laiseca informó lo siguiente, según idéntica copia (sic.):

Estando en el Aeropuerto, el Comandante del Batallón ASPC [Apoyo de Servicio para el Combate] No. 12, Teniente Coronel Julio Ernesto Ferreira Cárdenas, y el Comandante del batallón de Ingenieros No. 12 'Liborio Mejía', Teniente Coronel Nelson Francisco Rocha Urbina, llegó a la plataforma del aeropuerto Ingrid [Betancourt] en compañía de 5 personas de su campaña, entre ellos su Jefe de Campaña, un camarógrafo, un fotógrafo, pidiendo apoyo para que fueran llevados en uno de los helicópteros que venían desde Bogotá para llevar al Presidente y la comitiva presidencial con los altos mandos militares y periodistas a San Vicente del Caguán. Le manifiesta a Ingrid y su comitiva que esos helicópteros venían programados desde Bogotá y que por lo tanto no estaban bajo el control nuestro. Ingrid se retira y entonces habla con el Mayor General Arcesio Barrero, Comandante de la Cuarta División, que estaba dentro del aeropuerto esperando al Presidente y a su comitiva. A eso de las 11:00 am aproximadamente se reunieron en la oficina de la administración aeroportuaria con el Comandante Operativo de la Policía Nacional, Mayor Omar Rubiano Castro; Subcomandante operativo del Departamento del Caquetá, el coordinador de seguridad de Ingrid, Capitán Jaime Alberto Barrera Hoyos, los detectives Garzón y Burgos, el Director del Aeropuerto, el jefe de Área de Protección de Florencia, miembros de la campaña política 'Colombia Nueva' entre otros. Se levantó el acta de instrucción 002 del 23 de febrero en la que informan de la situación de Orden Público en la región, le comentaron del paro indefinido decretado por las FARC en la zona lo que implicaba la no movilización de vehículos, le informaron de las operaciones militares en el área y el propósito de realizar secuestros y le sugieren muy respetuosamente a la Dra. Ingrid Betancourt Pulecio, candidata a la Presidencia de la República, no realizar desplazamientos terrestres, por los motivos anteriormente expuestos, que demuestran que los niveles de riesgo son altos, para la ejecución de una acción subversiva, por parte de las FARC que atente contra su integridad.

Al mediodía del 23 de febrero de 2002, Ingrid se dispuso, pues, a viajar por carretera de Florencia a San Vicente del Caguán, en compañía de Clara Rojas y los señores Alain Keler y Mauricio Hernando Mesa Galindo. Partieron en el vehículo Nissan *pickup* azul de doble cabina, modelo 1999, con placas amarillas BIB825, conducido por el asesor de la campaña Adair Lamprea. Antes de partir fue elaborado un manuscrito por medio del cual Ingrid Betancourt y su comitiva recibieron la camioneta de uso oficial, en constancia de lo cual firmaron Ingrid Betancourt y Clara Rojas.

Los guardaespaldas de la candidata y su jefe de prensa, Francisco Rodríguez, se negaron a viajar con ella por la peligrosidad del trayecto que iban a recorrer. Alegaron que eran padres y tenían familias que sostener. Ella dijo entenderlos y propuso "que era mejor que nos quedáramos a esperarla y que nos veíamos el día domingo para el regreso a Bogotá", declaró uno de los escoltas el día del secuestro.

En el cuaderno de registro de movimientos conocido como minuta, del comandante del retén de control vial del Batallón de Ingenieros "Liborio Mejía", a las 13:00 horas del 23 de febrero de 2002, aparece en el folio número 104 la siguiente anotación manuscrita: *"llega la Doctora Ingrid Betancourt con destino San Vicente* [del Caguán]. *Se le informa el riesgo que podía correr en el desplazamiento y dijo que ella seguía su viaje bajo su propia responsabilidad"*.

En el libro de minuta correspondiente a la guardia del mismo Batallón de Ingenieros "Liborio Mejía", se puede leer la anotación de las 13:10 horas del 23 de febrero de 2002, folio número 07: *"Pasa la Doctora Ingrid Betancourt en dirección a la zona desmilitarizada* [de Distensión]*, se le hizo la observación sobre su seguridad y contestó que iba bajo su responsabilidad S/N"*.

Existen otros informes rendidos por miembros del Ejército Nacional según los cuales le expusieron a la candidata las razones de seguridad para invitarla a desistir del viaje terrestre a San Vicente del Caguán. Figuran, entre ellos, los de los miembros del retén arriba mencionado Luis Javier Ordóñez (soldado regular); Jhon Freddy Cruz González (soldado regular); Jorge Tafur Tapias (sargento primero y comandante saliente del retén) y Edier Saavedra Suaza (sargento vice primero). Estos dos últimos le recomendaron no seguir su camino. De su lado, Albeiro Cordero Camargo (sargento segundo), miembro del mismo retén, en primera instancia, le cerró el paso a Ingrid Betancourt: "inclusive, le manifesté que había un bus-bomba en la vía", anotó el militar en su informe. No obstante, ella siguió su camino.

El 22 de febrero, Ingrid llamó a mi hermano Juan Carlos (son grandes amigos desde la juventud) para pedirle que me convenciera de llevarla a San Vicente del Caguán en los helicópteros que transportarían a los periodistas y a él también le expliqué que no podía hacerlo por tratarse de una candidata presidencial. Me era imposible permitir en esas circunstancias que prevalecieran los antiguos nexos de amistad de ella y su familia con la mía. El padre de Ingrid, Gabriel Betancourt Mejía (un gran colombiano), junto con el mío, fue uno de los cuatro secretarios que tuvo el presidente Mariano Ospina Pérez (1946-1950). Los otros dos fueron Víctor G. Ricardo y Luis Córdoba Mariño. Mi hermano menor, Jaime, durante años, perteneció a la junta directiva de los Albergues Infantiles Mamá Yolanda, fundados y dirigidos en Bogotá por la madre de Ingrid, Yolanda Pulecio. El día que acabé la zona de distensión, Juan Carlos había ido con ella a visitar a su padre en la unidad de cuidados intensivos de la clínica Cardioinfantil, de Bogotá, y salió con la certeza de que su vida estaba a punto de apagarse. En efecto, murió exactamente un mes después de haber sido secuestrada su hija Ingrid.

Al día siguiente, cuando Ingrid Betancourt llegó al aeropuerto de Florencia, Francisco Rodríguez, su jefe de prensa, llamó a mi hermano Juan Carlos a Bogotá.

—Ingrid está empeñada en irse por carretera a San Vicente —le dijo Francisco claramente alterado—, en vista de que no la van a llevar en los helicópteros militares en los que van el presidente y los periodistas.

—Pacho, páseme a Ingrid.

—A usted, Juan Carlos, puede ser la única persona a la que ella le haga caso.

—Pásemela, Pacho.

—No puedo. Se va a indignar cuando sepa que lo llamé a usted —explicó Pacho, quien había sido periodista del diario *La Prensa*, de propiedad de mi familia, y quien había llegado a la campaña de Ingrid precisamente por recomendación especial de Juan Carlos.

—Entonces, Pacho, dígale que soy yo quien lo acabo de llamar a usted para hablar con ella. Pásemela, por favor.

—No creo que pase al teléfono, Juan Carlos. Está empeñada en irse y yo quiero decirle a usted que tengo una esposa y dos hijos a los que debo sostener. Ellos, para mí, están primero que mi jefa. Este viaje que quiere hacer Ingrid es una barbaridad: si no la matan, la secuestran. Yo no voy a ir, Juan Carlos, y así se lo acabo de decir a ella. Parece que no hay nada que hacer: ella decidió irse.

—¡Por Dios, dígale a Ingrid que no haga pendejadas!

Después de los múltiples e infructuosos esfuerzos militares desplegados y de otro tipo para convencerla en Florencia de que no partiera a San Vicente del Caguán, a las dos y media de la tarde, aproximadamente, la Policía Nacional reportó oficialmente el paso de Ingrid por el municipio de La Montañita.

Antes de partir hacia San Vicente, entre otras advertencias, cuando llegó en la mañana del 23 al aeropuerto de Florencia, fue informada sobre un retén guerrillero instalado en el sitio de El Cinco, entre los municipios de La Montañita y Pauijl. En ese lugar había un bus-bomba impidiendo por completo el paso en la vía.

Ella, no obstante, anduvo hasta El Cinco y debió detenerse allí. Le resultaba imposible pasar, no solamente porque los guerrilleros se lo prohibían, sino por el vehículo atravesado que tenía un aviso a la vista, puesto por las FARC: "Bus-bomba". Además, la propia vía y los alrededores estaban cercados con minas antipersonas, también llamadas en Colombia "quiebra-patas". En este punto todos fueron obligados a bajar del carro.

Mientras la comitiva de la candidata se apeaba obedientemente del carro por orden de los guerrilleros, uno de ellos activó una mina al pisarla y sufrió en el acto la mutilación de sus dos piernas.

Ingrid Betancourt no tuvo derecho a regresar sino que, desde ese instante, quedó secuestrada entre la manigua amazónica por espacio de seis años, hasta julio de 2008.

Hacia las ocho de la mañana del día siguiente, tres de los compañeros de Ingrid llegaron en un taxi al retén del Batallón "Liborio Mejía", en el que con insistencia y todo tipo de razones se les había recomendado no seguir el camino. Los miembros de la comitiva que regresaron del infierno fueron los encargados de informar al Ejército sobre el secuestro de Ingrid Betancourt y Clara Rojas, ocurrido en el sitio donde la carretera que lleva a San Vicente del Caguán (entre La Montañita y Pauijl) se bifurca con una desviación al municipio de La Unión Peneya. Enseguida, ante la unidad investigativa de Policía Judicial de la seccional del DAS, fue elevada la denuncia judicial número 017 por el hurto del carro oficial Nissan en el que se movilizaba la comitiva de Ingrid Betancourt.

Las fuerzas militares que penetraron a la zona de despeje con la misión de retomarla en su totalidad, emprendieron la búsqueda de Ingrid de manera inmediata, pero el primero de marzo de 2002, Juan Carlos Lecompte, marido de Ingrid Betancourt, me envió una carta en la que solicitó: "el no despliegue de operaciones de rescate militar con el objetivo de recuperar a Ingrid Betancourt Pulecio, mi esposa, y a Clara Rojas, secuestradas el sábado 23 de febrero por las FARC en el Caquetá". Y añadió: "rogamos que se agoten todos los caminos políticos y diplomáticos, sin intentar operación alguna que ponga en peligro sus vidas".

El 23 de febrero tomé la decisión de volver a la clausurada zona de distensión, en esta oportunidad, por razones diferentes a las que me llevaron las cuatro veces anteriores: como jefe de Estado, debía reafirmar la soberanía en esta región del país, darles tranquilidad a sus habitantes y reinstalar el Batallón Cazadores. Las fuerzas militares me pidieron no ir directamente a San Vicente del Caguán en el avión presidencial, como lo hice en oportunidades anteriores. Había aún presencia guerrillera en los alrededores del aeropuerto y existía el peligro de que la nave fuera derribada con un disparo de bazuca. Me recomendaron, en cambio, ir primero hasta la ciudad de Florencia y allí tomar un helicóptero militar hasta el Batallón Cazadores.

—Es mejor llegar a San Vicente en helicóptero porque podemos dar vueltas y entrar por distintas zonas —conceptuó el general Fernando Tapias.

Cuando aterricé en la mañana del 23 de febrero en Florencia, vi a Ingrid, a lo lejos, dentro del terminal de pasajeros. Ella había trabajado en mi campaña presidencial. Pedía con señales de mano que fuera a hablar con ella y le contesté que no. Jurídicamente, no podía llevarla solamente a ella en el helicóptero sin incurrir en participación en política en favor de uno de los candidatos presidenciales. Solamente podría llevarlos a todos o a ninguno, so pena de una sanción disciplinaria que podría llegar hasta la destitución.

Le pedí al general Arcesio Barrero, comandante de la Cuarta División del Ejército, hablar con Ingrid.

—Dígale, general, que no vaya a ir por ahora a San Vicente por carretera y cuéntele lo que está pasando en la zona. Además, que no puedo llevarla ahora sin incurrir en participación en política y discriminación con los demás candidatos que también pidieron ir y aceptaron esperar mientras amaina el peligro.

El general Barrero obedeció la orden de informarle y tratar de disuadirla. Pero no lo consiguió y ella emprendió el viaje que la llevaría con Clara Rojas a un penoso secuestro de seis años que pudo evitar con base en la información múltiple y las recomendaciones que le dieron las fuerzas militares, el DAS y la Policía Nacional.

La inseguridad en la zona era tan real que el Black Hawk en el cual viajé en compañía de los generales Tapias, comandante de las fuerzas militares, y Jorge Enrique Mora, comandante del Ejército, así como del alto comisionado para la paz, Camilo Gómez, recibió impactos de fusil durante el vuelo, según me lo informaron los pilotos luego de haber aterrizado. En efecto, cuando abordé, me llamó la atención que un ayudante de la tripulación pusiera una placa debajo de mi silla.

—¿Eso para qué es?

—Es una pieza blindada para protegerlo de posibles impactos de bala de las FARC durante el viaje —me explicó.

A pesar del pedido comprensible que me hizo el esposo de Ingrid, Juan Carlos Lecompte, de no intentar rescatarla para que su vida no fuera puesta en riesgo, la verdad es que mi gobierno no dejó en ningún momento de actuar en busca de la libertad de ella y de todas las demás personas en poder de las FARC, incluso por la vía armada. La única condición que impuse siempre fue la de preservar la vida de los secuestrados.

En realidad, solamente existían dos caminos, ambos espinosos, para intentar liberarlos: acciones militares de alto riesgo, o negociaciones políticas con la guerrilla. Impartí instrucciones en ambos sentidos e iniciamos algunos movimientos hasta hoy desconocidos.

La vía militar no la restringí en el caso de Ingrid ni de ningún otro secuestrado. De hecho, gracias a ello, por ejemplo, logramos rescatar al periodista y empresario Guillermo "la Chiva" Cortés, quien cayó en poder de las FARC el 22 de enero de 2000 y fue liberado por el Ejército en agosto siguiente.

En el caso concreto de Ingrid Betancourt y las personas que permanecían secuestradas con ella, en su mayor parte policías y militares, así como tres estadounidenses contratistas de la Embajada, tuve la oportunidad de ordenar un complejo operativo sobre la base de información planteada al más alto nivel del Estado por el comandante del Ejército, el general Jorge Enrique Mora Rangel[53].

En abril de 2002, al regreso de un viaje dentro del país, el general Mora me llamó por teléfono con carácter urgente:

—Señor Presidente, tengo una información de enorme importancia que debo poner en su conocimiento.

---

[53] Cuando este libro entró en circulación, en noviembre de 2013, el general Mora hacía parte del equipo negociador enviado a La Habana, Cuba, por el presidente Juan Manuel Santos para discutir un posible acuerdo de paz con las FARC.

—Tan pronto aterrice en Bogotá iré al ministerio de Defensa y nos vemos ahí, General.

Al llegar, me estaban esperando el ministro de Defesa, Gustavo Bell, el comandante de las fuerzas militares, general Fernando Tapias, y el general Mora.

Entramos a una oficina, cerramos la puerta y, sin preámbulos, el general Mora intervino:

—Señor Presidente, durante un patrullaje, unidades del Ejército detectaron la ubicación precisa de un grupo de secuestrados en el que está Ingrid Betancourt.

—Y ¿qué debemos hacer para liberarlos, General?

—Los secuestrados están en poder de un grupo numeroso de guerrilleros, entre los cuales hay algunos miembros del secretariado de las FARC —afirmó, pero no especificó cuáles.

—¿En qué lugar están, General?

—Están ubicados en La Unión Peneya, Caquetá, área selvática, de muy difícil acceso.

—¿Hay plena certeza de que los secuestrados estén ahí?

—¡Presidente, estamos viendo a Ingrid! —contestó enfáticamente.

—¿Qué sugiere que hagamos?

—Precisamente, quiero preguntarle cuáles son sus órdenes.

—Defender la vida de Ingrid y todos los secuestrados a toda costa, pero si hay miembros del secretariado y hay oportunidad de capturarlos, adelante —le dije.

—La información que tenemos es muy importante y debemos actuar rápido —anotó Mora.

—Voy a convocar inmediatamente al Consejo de Seguridad para que tomemos la mejor decisión posible, General.

Impartí las instrucciones de rigor para una reunión inmediata de dicho consejo en el Ministerio de Defensa. Asistieron el ministro de Defensa, Gustavo Bell, el ministro de Justicia, Rómulo González, el secretario general de la presidencia, Gabriel Mesa, mi secretario privado, Juan Hernández, el fiscal general, Luis Camilo Osorio, el procurador general, Edgardo Maya, el comandante de las fuerzas militares, general Fernando Tapias, el comandante del Ejército, general Jorge Mora Rangel y, si la memoria no me falla, el comandante de la Policía Nacional, general Luis Ernesto Gilibert.

Tan pronto estuvo instalado el Consejo, le ordené de plano al general Mora:

—General, explíqueles en detalle cuál es la situación —y procedió a hacer una exposición pormenorizada según la cual, desde la distancia, unidades del Ejército lograron ver con toda claridad a varios miembros no especificados del secretariado de las FARC junto con Ingrid y el grupo de secuestrados que estaba con ella sufriendo los tormentos del clima, las infamias cotidianas cometidas contra ellos por la guerrilla y la opresión del encierro.

—Mi posición es que debemos intentar un operativo militar inmediato, principalmente para capturar a los del secretariado que estén allá —les anuncié a los asistentes.

—Estoy de acuerdo —anotó el general Mora.

—Además, el operativo deberá incluir el rescate de los secuestrados y hacerse preservando sus vidas —expliqué—, pero los convoqué porque quiero oír sus opiniones y consejos.

—Yo apoyo su decisión, Presidente. Me parece que es lo correcto —opinó el fiscal general.

—Yo también apoyo la operación en los términos que usted la plantea, Presiente —agregó el procurador general de manera valiente, soporte que valoré enormemente, pues pocos meses atrás Consuelo, su esposa y al mismo tiempo mi ex ministra de Cultura, había muerto secuestrada durante un operativo militar de rescate como el que el general Mora debería emprender en pocas horas.

Tan pronto impartí mi autorización a la operación militar que traería a la libertad a algunos de los secuestrados, la reunión se prolongó hasta bien entrada la noche para analizar los detalles que deberían ser tenidos en cuenta y conocer otros aspectos de la seguridad del país.

Todos nos fuimos a dormir esperanzados en tener pronto buenas noticias de los secuestrados, pero el tiempo comenzó a correr y, a pesar del seguimiento minucioso que personalmente le hice al tema, la operación de rescate jamás se llevó a cabo y el general Mora tampoco explicó nunca por qué no la hizo, a pesar de tener la autorización clara y oportuna del presidente de la República, que era lo único que le hacía falta para ponerla en práctica. Hoy sigo esperando su respuesta.

Cuatro meses después de la ruptura de las conversaciones con las FARC y de haber sido secuestrada Ingrid Betancourt, el comisionado de paz recibió un mensaje de esa guerrilla preguntando si el Gobierno estaría interesado en hacer una negociación rápida para conseguir la libertad de los soldados, policías y el grupo de políticos que tenían secuestrados, todos los cuales sumaban más de setenta personas.

Para que no hubiera duda de la propuesta, esta también le fue hecha al ministro de Trabajo, Angelino Garzón[54]. El mensaje en este caso lo envió, al parecer, el comandante de las FARC Jorge Torres Victoria, alias "Pablo Catatumbo". Unos días después, a la salida del Congreso, el ministro de Justicia fue abordado

---

[54] Angelino Garzón, caracterizado dirigente sindical de izquierda, en 2010 fue elegido vicepresidente de Juan Manuel Santos.

por una persona que le trasmitió la misma idea y le preguntó si eso era viable.

Con la confirmación del mensaje le pedí de inmediato al comisionado Camilo Gómez y a los dos ministros diseñar una estrategia para concretar esta posibilidad y, por distintas vías, enviaron pronto una respuesta aceptando ver la posibilidad de negociar la pronta libertad de los secuestrados.

Luego, se estableció que el conducto dentro de las FARC sería "Pablo Catatumbo", quien tenía en su poder a un buen número de secuestrados, entre ellos a los doce diputados del Valle del Cauca retenidos simultáneamente el 11 de abril de 2002.

El equipo del gobierno revisó los mecanismos legales y operativos que podía aplicar en caso de llegar a un acuerdo con las FARC. A su vez, la guerrilla nos hizo saber que liberarían a los más de setenta secuestrados políticos, policías y soldados que tenían en su poder, incluyendo a Ingrid Betancur, a cambio de la liberación de varios guerrilleros presos en cárceles colombianas.

Basados en la experiencia de la liberación de más de trescientos soldados y policías al comienzo de mi gobierno, el comisionado y los dos ministros diseñaron un esquema viable basado en la aplicación del Derecho Internacional Humanitario. Las FARC propusieron poner en libertad a cuarenta guerrilleros a cambio de la liberación de todo el grupo de soldados, policías y políticos.

Los cuarenta guerrilleros susceptibles de ser liberados deberían estar enfermos o incursos en delitos que no fueran de lesa humanidad. Ninguno, además, podría tener rango de importancia en la guerrilla. Este era el mismo criterio que habíamos aplicado al comienzo de mi gobierno para la liberación de trece guerrilleros a cambio de trescientos soldados y policías que liberó la guerrilla.

Estábamos a finales de julio y el tiempo apremiaba porque mi gobierno expiraría el 7 de agosto. Era cuestión de horas. Las FARC confirmaron haber recibido la respuesta del gobierno pero, según dijeron, estaba siendo estudiada por el secretariado para su aprobación. "Catatumbo" sostuvo que las posibilidades eran ciertas. Tan solo tres días antes de terminar mi gobierno, recibimos un último mensaje de las FARC en el cual nos decían que había poco tiempo y que ya no era posible hacer el intercambio. El tiempo no alcanzó.

No obstante, mi última respuesta a las FARC como presidente fue clara: "Para la libertad de un secuestrado sólo se requiere de un minuto y la voluntad de hacerlo".

Después de su liberación, Ingrid Betancourt preparó una acción judicial para exigir del Estado colombiano una indemnización por quince mil millones de pesos (cerca 7,8 millones de dólares). Alegó que su secuestro fue culpa de los militares encargados de recuperar la zona de distensión.

"El general Barrero me dijo: haga lo que tenía previsto y váyase por carretera", aseguró Ingrid a periodistas.

"Es una mentira que yo le haya dado las garantías de seguridad. A ella se le advirtió el riesgo", declaró el general Barrero.

Ingrid, sin embargo, mantuvo la tesis según la cual le fue retirada la escolta y ella enviada a las fauces de las FARC.

"Se me señaló como una persona imprudente y loca que había, prácticamente, buscado el secuestro", declaró Ingrid en julio de 2010 a Caracol Radio, de Colombia, cuando se desató una ola nacional de críticas e indignación debido a la demanda que intentó interponer contra el país.

Omar Garzón, jefe de escolta en Florencia de la propia Ingrid Betancourt, así como el general Mora, aseguraron en esa oportunidad que ella fue advertida de manera suficiente y explícita acerca de los peligros que correría al transitar por una carretera que las FARC intentaban controlar a sangre y fuego.

"A ella lo que la secuestró fue su temperamento, ella quiso irse. Prácticamente se le pegó a la guerrilla, ella sabía qué iba a pasar. Ella se creyó amiga de ellos y creyó que eso iba a tener un impacto en su campaña", explicó el escolta Garzón a periodistas.

Desde el inicio de los diálogos con las FARC, creé el Frente por la paz contra la violencia, bloque formado por la mayor parte de los partidos y movimientos políticos (desde el conservador hasta el comunista), encargado de mantener informados a sus directivos y seguidores sobre lo que sucedía en la mesa. Todos entraron a participar con entusiasmo y cuando se acabó el proceso los convoqué para pedirles que, de la misma manera como me acompañaron en la paz, lo hicieran ahora en la guerra inevitable planteada por las FARC. Nadie acudió al llamado.

Mi propósito fue el de llegar a un acuerdo político para indicarle al país que el Frente ahora respaldaría la confrontación militar tras habérsela jugado con el Gobierno tratando de encontrar una solución negociada y pacífica. Esto habría permitido que las fuerzas aglutinadas inicialmente para alentar las negociaciones pudieran ir a las urnas con la oferta de una política firme y consistente de acciones militares contra quienes se negaron a pactar la paz. De hecho, robustecí en todo sentido a las fuerzas militares, como nunca antes, precisamente para tomar iniciativa y ventaja sobre el enemigo ante un fracaso en la mesa de diálogos.

La actitud del Frente le abrió el espacio de un momento para otro a Álvaro Uribe, quien apenas registraba dos por cien-

267

to de popularidad en las encuestas de opinión, pero agitaba la necesidad de la guerra contra las guerrillas renuentes a la paz y ganó como hombre de la guerra.

VIII
LOS FUSILES QUE TUMBARON A FUJIMORI

—Señor presidente, sé que le va a costar trabajo creer lo que voy a contarle, pero no tengo más remedio —me sorprendió el coronel Germán Jaramillo, director del DAS, a mediados de agosto del año 2000.

—No se preocupe, coronel, yo le creo —le respondí sin saber lo que me diría.

—El presidente Alberto Fujimori, de Perú, hace parte de un negocio de cincuenta mil fusiles rusos AK-47[55] que las FARC compraron recientemente —me reveló Jaramillo mientras abría una carpeta cargada de documentos de Inteligencia del Estado con vistosos sellos de "Ultra secreto".

—Me resulta muy difícil creerlo, coronel. Lo podría pensar de algún otro presidente vecino, menos de Fujimori, declarado anticomunista de extrema derecha —le respondí.

—Señor Presidente, lo tenemos confirmado por fuentes humanas nuestras y por verificaciones con fuentes internacionales. Además, la información coincide con claras evidencias que ha recogido el Ejército Nacional en zonas donde ha combatido recientemente con las FARC.

—¿Está seguro de que es Fujimori?

[55] Prestigioso fusil soviético de asalto de fuego rápido diseñado en 1944 por el militar Mijaíl Timoféyevich Kaláshnikov. El AK-47 suele ser considerado el mejor fusil del mundo y un prodigio de la tecnología rusa.

—Si no es Fujimori, es su gobierno, lo que resulta ser más o menos lo mismo. También hay gente estrechamente unida a él, señor Presidente.

—Me parece gravísimo. De ser cierto, debemos reclamarle al Perú y entregarle la información al gobierno de Estados Unidos, pues Fujimori ha sido un enemigo cada vez más insidioso del Plan Colombia. Trata de despertar la animadversión de otros gobiernos de la región contra el nuestro y considera que la nueva lucha colombiana contra las drogas va a trasladar el narcotráfico a su país.

—Los cincuenta mil fusiles y un lote de granadas soviéticas, señor Presidente, fueron comprados por el gobierno peruano al de Jordania y ya ha traído diez mil en cuatro vuelos (dos mil quinientos en cada uno). La guerrilla le entregó un cargamento de cocaína al narcotraficante más poderoso de Brasil (Luiz Fernando da Costa, alias "Fernandinho"[56]) y este, a cambio, dio

---

[56] También es conocido como el Pablo Escobar de Brasil. Nació en 1967, en la ciudad de Duque de Caxias, estado de Río de Janeiro. Su organización criminal fue conocida como "Comando Vermelho". Comenzó asaltando bancos y comercios. Llegó a saquear depósitos del Ejército de Brasil y vendió las armas de fuego del botín entre narcotraficantes de Río de Janeiro. Fundó su imperio criminal en la favela Beira-Mar, de Río de Janeiro, y se convirtió en el principal narcotraficante de su país. Mantuvo vínculos con políticos y empresarios de Brasil. En 1996 fue condenado a doce años de cárcel en el estado de Minas Gerais pero escapó al año siguiente mediante una cadena de multimillonarios sobornos a policías, jueces y custodios carcelarios. Se estableció en Paraguay, donde se unió con el clan familiar de narcotraficantes de apellido Morel y estableció una red para la compra y venta de armas que aprovisionaba en pequeñas cantidades a las FARC a cambio de remesas de cocaína. Está preso en Brasil desde cuando fue capturado durante mi gobierno, en abril de 2001, en desarrollo de la operación militar "Gato Negro". Se trata del narcotraficante extranjero más poderoso capturado en Colombia durante mi administración. Fue condenado en su país a treinta años de prisión.

el dinero con el que las FARC le pagaron al gobierno del Perú
—precisó el coronel Jaramillo al exponerme el que podría ser
el éxito más brillante de su carrera policial, o el peor de los
fiascos.

—¿Está seguro, coronel? —le pregunté, consciente de que
podría herir la susceptibilidad profesional de este oficial de policía, brillante y leal.

—Completamente seguro, señor Presidente.

Muy pocos días después de mi reunión con el coronel Jaramillo, el 21 de agosto, fue convocada una rueda de prensa en
el Palacio de Gobierno, en Lima, que tuvo impacto mundial
inmediato. Por primera vez en más de una década del régimen
fujimorista se hizo presente Vladimiro Montesinos, máxima
cabeza del Servicio de Inteligencia Nacional (SIN), así como
alto consejero de seguridad del Gobierno y asesor presidencial.
También estuvieron el ministro de Defensa, Carlos Bergamino;
el de Interior, Walter Chacón, lo mismo que el jefe nominal del
SIN, almirante Humberto Rozas. La conferencia fue conduci-
da con elevado optimismo por el presidente Fujimori, quien,
frente a enormes mapas y fotografías montados sobre caballetes,
echó por tierra, en apariencia, el informe secreto del DAS. Explicó cómo el SIN logró detectar, durante los meses de marzo,
abril y julio de 1999, tres vuelos clandestinos que partieron de
Amán, Jordania, para llevar a Colombia diez mil flamantes fusiles AK-47 adquiridos por las FARC. De acuerdo con Fujimori,
la eficacia de los sabuesos peruanos fue tal que, además, frustró,
felizmente, un cuarto envío que se iba a realizar en noviembre. Las armas hicieron escala en Canarias y Guyana y fueron
lanzadas con paracaídas sobre selvas del sur colombiano, donde
llegaron a su destino final: las FARC. Por su parte, el carguero
soviético empleado para transportar las armas en los distintos
vuelos, después de lanzarlas sobre las selvas colombianas, aterrizó en Iquitos, capital del departamento amazónico peruano

de Loreto, expuso el presidente. Este prodigio de los servicios de inteligencia se llamó "Plan Siberia". Las armas, conforme a esta versión, fueron adquiridas por inescrupulosos ex militares peruanos.

La presencia solemne de los ministros y de Montesinos subrayó la trascendencia y la virtual autenticidad del informe rendido por el presidente, quien, con entusiasmo y convicción, se extendió en explicaciones detalladas que ilustró señalando las fotos y los mapas con un puntero de madera.

Montesinos hizo una intervención breve con el propósito de afirmar que los organismos de seguridad colombianos no estaban al tanto del Plan Siberia, desmantelado, en últimas, gracias a su talento.

Los despachos de las agencias internacionales de noticias comenzaron a llegar por torrentes y me pusieron a dudar entre la versión de Fujimori y la de mi jefe de inteligencia que, de todas maneras, tenía mucha más información que la peruana. Además, me asaltó de inmediato una primera razón para sospechar de las palabras de Fujimori: ¿si él sabía desde abril del año anterior del tráfico de armas por qué nunca me dijo nada y permitió que entraran al país, según él, tres embarques?

Pero hubo otra reflexión inmediata que me impidió darle crédito a la versión de Lima: que Colombia ignoraba por completo el tráfico de armas, como lo dijo Montesinos. Por el contrario, en distintos combates contra las FARC, el Ejército Nacional meses atrás, había capturado fusiles AK-47 que sometió al estudio del Grupo Interinstitucional de Análisis de Antiterrorismo (GIAT), especializado en el rastreo de armas. Estos exámenes determinaron el origen inequívoco del arsenal: Jordania. Nuestros militares no solamente hallaron las armas sino también los paracaídas utilizados para lanzarlas sobre la zona de Barranco Minas, en el departamento amazónico de Guainía. Quienes se encargaron de alistar las cajas dentro de las que iban los fusiles para que descendieran adecuadamente a tierra fueron técnicos seleccionados de la Fuerza Aérea Peruana, de acuerdo con la investigación del DAS.

—La punta del hilo en esta investigación —me explicó el coronel Jaramillo—, se inició por dos vertientes: la primera fueron fuentes humanas del DAS según las cuales las FARC estaban negociando una gran cantidad de fusiles para rearmar sus diferentes frentes de guerra. En este caso, el negocio se haría a través de una persona que tenía contactos con las FARC y con narcotraficantes. La otra vertiente fue el Ejército Nacional, que nos entregó los seriales de gran cantidad de fusiles de fabricación rusa decomisados en el sur del país.

A través del GIAT se hizo el rastreo técnico para establecer el origen de los fusiles encontrados mientras el grupo de inteligencia del DAS verificó datos entregados por un informante que narró, con pelos y señales, la adquisición de los fusiles. Al cotejar la versión de la fuente con la información obtenida en el rastreo de los seriales de los fusiles, no cabía duda sobre la responsabilidad del gobierno de Perú.

—Señor Presidente —me reiteró el coronel Jaramillo cuando me entregó el informe clasificado con la categoría de "ultra secreto" —los cotejos de los números de los fusiles nos permitieron establecer que vinieron de Jordania. Pero lo más grave es que fueron vendidos por el gobierno jordano al de Perú, con certificaciones y contratos debidamente firmados por ambos.

La versión de Fujimori resultaba para nosotros aventurada, incongruente e inaceptable. Tanto es así que le pedí al canciller, Guillermo Fernández de Soto, llamar a Lima para rechazar los términos de la rueda de prensa y advertir que fue Colombia el país que descubrió el tráfico de armas antes que el SIN. Incluso, el día de la rueda de prensa ya habíamos decomisado una buena cantidad de fusiles. Pero, lo más escandaloso, expresó luego el canciller en su reclamo, era que, de acuerdo con nuestras investigaciones, el arsenal fue adquirido a Jordania por el propio gobierno peruano.

Ante el desmentido tajante y airado de Colombia a las versiones de Fujimori, el canciller peruano, Fernando de Trazegnies Granda, se comunicó con el colombiano Fernández de Soto con el objeto de ver si podía bajarle la espuma al escándalo. Le explicó los supuestos alcances de las declaraciones de su presidente y ofreció disculpas por cualquier malentendido que hubiera podido disgustar a nuestro país.

Nuestra reclamación, entretanto, coincidió con una reacción inicial de Jordania, cuyo primer ministro, Ali Abu al-Ragheb, desmintió al Perú: "Los generales peruanos que compraron a Jordania armas que fueron posteriormente vendidas a las FARC no estaban en retiro" sino que eran "generales en ejercicio". Aseguró que se trató de un contrato de compraventa de gobierno a gobierno.

El día de la infortunada rueda de prensa en Lima, el DAS ya había capturado en el sur de Bogotá a un piloto colombiano que se encargó de guiar a los aviadores rusos que llevaron las armas para conseguir que las lanzaran exactamente en los lugares convenidos entre Perú y las FARC. Más aún: en los archivos de la Interpol, para ese momento, ya estaba inscrita una orden colombiana de arresto contra el principal traficante de armas de la operación, el ciudadano libanés Soghanalian Sarkis Alexandrette, mejor conocido como "El mercader de la muerte"[57].

---

[57] Legendario traficante de armas, célebre por haber aprovisionado a las guerrillas de Nicaragua durante la guerra civil; a Irak en la guerra con Irán; a Ecuador en la guerra con Perú y a Argentina en la guerra de las Malvinas. También, vendió armas al Frente Polisario, de Mauritania y al partido de las falanges libanesas durante la guerra civil de El Líbano, entre 1975 y 1990. En los años ochenta fue uno de los principales proveedores de armas de fuego de Saddam Hussein. En algunas oportunidades tuvo la protección de la CIA, pero también

Contra toda evidencia, Fujimori dispuso que su embajador ante las Naciones Unidas entregara una nota de protesta a su colega jordano. El canciller peruano, Fernando de Trazegnies, explicó que tal reproche fue entregado al embajador de Jordania en la ONU (Nueva York) ya que Perú carecía de embajada en Amán. "Esto, realmente, se ve que es una cosa montada, de manera que el gobierno del Perú ha presentado una nota de protesta formal [...] a través, como repito, del embajador de Jordania ante las Naciones Unidas", declaró de Trazegnies sin explicar en qué podría consistir el montaje.

Volví a examinar la investigación del DAS, anterior a las supuestas revelaciones de Fujimori, y le pedí al coronel Jaramillo conceder una rueda de prensa para demostrar que el gobierno del Perú estaba mintiendo de manera inexplicable e hizo una exposición en la que mostró cómo alias "el Negro Acacio"[58],

---

fue perseguido por ella, aunque su sentido comercial siempre careció de ideologías. El Departamento de Justicia de Estados Unidos lo acusó por el envío de armas a Irak y fue condenado a cárcel. No obstante, recobró pronto la libertad para cooperar de nuevo con la CIA en la era Clinton y en 2001 abrió oficinas en Francia y Jordania, desde donde sirvió de intermediario en el negocio del gobierno peruano para aprovisionar a las FARC. Murió en Virginia Gardens, Florida (Estados Unidos) en 2011, a los ochenta y dos años de edad, debido a una insuficiencia cardiaca.

[58] Tomás Medina Caracas, nacido en Santander de Quilichao, Cauca, en 1965. Ingresó en 1987 a las FARC, donde fue apadrinado por alias "Iván Márquez". El alias "Negro Acacio" se lo impuso el jefe militar de la organización, alias Mono Jojoy, en honor a un combatiente de la Revolución cubana. La célula guerrillera a la que pertenecía (Frente 16) le reportaba a la organización una cuota mínima anual de ciento cincuenta millones de dólares, producto del narcotráfico. Comandaba un grupo de doscientos combatientes, asentados en la pequeña población amazónica de Barranco Minas, departamento de Guainía. Fue el primer miembro de las FARC pedido en extradición por Estados Unidos. Delatado por algunos de sus compañeros, murió el 2 de septiembre de 2007 durante un bombardeo de la Fuerza Aérea a un campamento guerrillero en Curumaribo, departamento amazónico del Vichada.

jefe de las operaciones de narcotráfico de las FARC, le suministró al narcotraficante brasileño, Fernandinho, la droga nece-
saria para obtener el dinero con el que las FARC le pagaron al
gobierno del Perú el precio de las armas. Estas, por su parte,
fueron conseguidas con la intermediación del "El mercader de
la muerte".

El pago fue hecho en Suiza y sobre este punto en particular, Jordania nunca quiso contestar la pregunta del canciller
colombiano respecto de la manera como fueron movidos los
dineros del negocio con Perú.

La apasionante investigación del DAS logró demostrar que
entre los tripulantes de los vuelos que llevaron las armas a Colombia hubo treinta y dos rusos y ucranianos, treinta y seis
peruanos, entre ellos un grupo de especialistas de la Fuerza
Aérea peruana; dos francoamericanos y dos colombianos. Uno
de estos últimos fue el informante principal del DAS, de gran
valor, pues era el lugarteniente principal de "el Negro Acacio".

El arsenal había sido fabricado entre 1984 y 1985 en una
planta soviética situada en Alemania oriental. A la misma serie alfanumérica de los que llegaron a Colombia pertenecieron otros cuantos miles de fusiles con los que fueron armadas
las guerrillas sandinistas de Nicaragua y del Frente Farabundo
Martí para la Liberación Nacional, FFMLN, de El Salvador.

Las reacciones de rechazo de mi gobierno a las falsedades
de mi colega peruano lo indujeron a ofrecerme colaboración
para aclarar su versión sobre el episodio. Versión que rehusaba
rectificar.

Tan pronto Fujimori me ofreció cooperación le dije que
enviaría a Lima, para demostrar que la versión peruana era falsa,
al coronel Jaramillo, quien viajó acompañado por el investigador estrella del caso, el detective del DAS Jorge Morán. En
el aeropuerto fueron recibidos por el agregado de Policía a la
embajada de Colombia en Perú, el coronel Benigno Esteban

Piñeros Londoño, y los tres fueron atendidos de inmediato por Vladimiro Montesinos en su propia oficina del SIN.

Los tres colombianos fueron invitados a tomar asiento en una salita y prácticamente obligados a sentarse en puestos fijos.

Al regreso, Jaramillo me hizo un relato de la misión cumplida:

—Nos hicieron sentar en una salita y cuando miré, encontré al frente un televisor y una videograbadora VHS con un bombillito rojo encendido.

—¿Los grabaron?

—Eso, señor Presidente, le pregunté ahí mismo a Montesinos: "¿Esto es una grabación? ¿Me van a grabar todo lo que vamos a hablar aquí? Yo traigo cosas muy confidenciales que no debe saber sino el delegado del presidente Fujimori, que es usted".

"No, cómo se les ocurre que los esté grabando", contestó Montesinos.

"Mire, señor Montesinos, le pido que apague esa grabadora de VHS y que nos sentemos allá, en esa mesa con cuatro asientos", exigió Jaramillo mientras cambiaba de lugar sin esperar a que Montesinos estuviera de acuerdo, "aquí, además, es más cómodo", agregó el director del DAS.

"No, esta sala no tiene ningún problema", replicó Montesinos mientras apagaba la VHS, "esto está conectado pero no encendido", agregó.

"No, señor, yo me siento aquí", insistió Jaramillo y Montesinos obedeció.

Los tres policías colombianos desplegaron sobre la mesa la documentación del caso de las armas, la mayor parte de la cual era desconocida por Montesinos. No pudo disimular la preocupación que le causaron las evidencias de que miembros del gobierno peruano, incluido él mismo, eran parte del negocio cuyo resultado final a Colombia no le representaba más que muerte.

Jaramillo le mostró, entre otras evidencias, los contratos firmados entre Perú y Jordania, fotografías de la mayor parte de los militares peruanos que participaron en la operación; fotos de los paracaídas encontrados en la selva, la relación de las series de los fusiles hallados por el Ejército colombiano, los datos exactos del carguero soviético Ilyushin Il-76 con capacidad para cargar cuarenta toneladas utilizado para la entrega y la historia contada por el piloto colombiano que viajó en la cabina guiando a los rusos que lo conducían y que luego fue arrestado por nuestra justicia.

A medida que pasaban las evidencias frente a sus ojos, Montesinos no musitaba palabra. Solamente daba la sensación de querer que se lo tragara la tierra.

—Con la cantidad de información y de documentos que le presenté, Montesinos no atinaba a decir nada —me explicó Jaramillo—, excepto monosílabos, principalmente "sí", "ah", "ya". Únicamente al comienzo de la reunión me dijo que contaría con el apoyo suficiente de Perú para aclarar las cosas.

—¿Montesinos le entregó a usted alguna información? —le pregunté.

—Nada. Al terminar la reunión fui yo quien le dejó algunos documentos importantes para que se los entregara a las autoridades judiciales, cosa que seguramente no hizo. Pero yo me regresé a Bogotá con todos nuestros informes confidenciales y reservados del DAS.

La presencia en Lima de la delegación del DAS y las informaciones que llevó golpearon con fuerza la ya deteriorada estabilidad política del tambaleante Fujimori. Los medios locales no pusieron en duda los informes que posteriormente les suministró Jaramillo en Bogotá, incluso los utilizaron para desbaratar por completo las versiones difundidas por el mandatario en su rueda de prensa.

Después de la reunión con su par peruano, Jaramillo se reunió en la noche con la embajadora en Lima, María Cristina Zuleta de Patiño. Le relató el encuentro y el fastidioso episodio con la filmadora de video casero que estaba encendida en la oficina. Luego, se sentaron a ver las noticias y se toparon con una verdadera bomba de última hora: una serie de videos en los que Montesinos aparecía sobornando con abultados fajos de dinero a opositores del gobierno peruano en la misma sala donde acababa de estar el coronel Jaramillo. Estas filmaciones pasaron a la historia con el nombre de "Vladivideos"[59].

—Señor Presidente —me contó Jaramillo a su regreso—, esto parece increíble: esos videos los filmó Montesinos con la misma grabadora que le hice apagar y en el mismo sitio de su oficina donde insistió que me sentara.

Apenas un mes después, en octubre de 2000, coincidí en Brasilia con el presidente Fujimori con ocasión de la Cumbre de América del Sur en la que quiso conceder una nueva rueda de prensa sobre el tema de las armas, pero fue disuadido por sus asesores diplomáticos. Le pedí con insistencia a mi canciller aprovechar este evento para concretar un encuentro mío con el mandatario peruano para pedirle una explicación sobre el caso de las armas para las FARC adquiridas por su gobierno en Jordania.

La entrevista se hizo en el hotel donde nos alojamos. Acompañado por su canciller y yo por el mío, el Fujimori soberbio y decidido de otros tiempos llegó menguado y visiblemente

---

[59] Los "Vladivideos" comenzaron a ser difundidos el 14 de septiembre de 2000. Fueron adquiridos a una fuente del SIN por el periodista y congresista opositor Luis Ibérico, quien los entregó a Canal N.

nervioso. Llevaba consigo un portafolio con cierre de clave y al tratar de abrirlo olvidó de súbito la combinación. Fracasó ensayando varias posibilidades y optó por pedir un destornillador para abrirlo por la fuerza. Cuando lo consiguió, debido a su nerviosismo, rodaron al piso varios manojos de documentos con los que pretendía saldar el episodio de las armas pero, en realidad, entre ellos no había nada que desmintiera o superara la investigación de la inteligencia colombiana.

Enseguida, me dirigí a mi colega peruano:

—Alberto, este es el momento para expresarte la indignación por la manera como participó tu gobierno en el asunto de las armas adquiridas en Jordania. Es incalificable que Perú se haya prestado para algo tan perverso como rearmar al terrorismo en Colombia.

Aparte de los papeles sin valor que cargaba en su maletín, Fujimori no llevó ningún argumento para deliberar conmigo.

—Si tú sabías, Alberto, que esto estaba ocurriendo ¿por qué no me contaste? ¿Cómo fue posible que Perú adquiriera un arsenal de semejante naturaleza para vendérselo a la organización ilegal más poderosa de mi país? Las porciones de esas armas que ya han recibido las FARC han ocasionado muchas muertes de colombianos.

Fujimori y yo teníamos relaciones cordiales y siempre traté de preservar los lazos históricos entre Colombia y el Perú.

—Piensa por un momento, Alberto, cuál habría sido tu reacción y la de tu país si el gobierno colombiano hubiera servido de intermediario clandestino para rearmar, a tus espaldas, a las organizaciones terroristas del Perú.

Fujimori no tuvo una respuesta convincente, ni aun mínima, aunque intentó varias y volví a tomar la palabra:

—Eso sí, Alberto, no vayas a decir lo mismo que has dicho en público: que no informaste a las autoridades colombianas por temor a que filtraran los detalles de tu supuesta operación. Por una parte, eso quiere decir que no confías en mí, tu colega que tiene la responsabilidad de compartir y preservar secretos de Estado. Pero esto es lo de menos. Lo más grave es que no hubo operación peruana distinta a la compra misma de las armas en Jordania y su inconcebible venta a las FARC.

Yo conocí los pormenores de este tráfico de armas primero y de manera mucho más amplia que Fujimori y, por tanto, agregué:

—Alberto, si me hubieras informado el asunto antes de dar una rueda de prensa yo te habría dicho y demostrado que ibas a incurrir en un error descomunal. Quizás, con la información que yo te habría confiado, tus servicios de inteligencia se habrían abstenido de inducirte al error que cometiste. Con esa información en la mano pudiste preguntarles si estaban seguros de que no te mentían con el objeto de cubrir una cadena de ilícitos lanzando una denuncia insostenible.

—¿Por qué no hiciste pública la investigación del DAS? —me preguntó Fujimori.

—Si examinas la realidad del tema de las armas, difundirlo de parte mía te habría hecho el mismo daño que te hizo la versión que propagaste en la rueda de prensa. Si lo hubiera publicado, la incidencia negativa en el proceso político peruano, además, habría sido devastadora. Mantengo siempre el criterio de que mi obligación como jefe de Estado de Colombia es no entrometerme en los asuntos internos de ningún país, cosa, por cierto, que tú no has hecho frente al caso colombiano. Por último, no lo divulgué esperando a que el caso fuera judicializado por completo y nuestras autoridades hubieran logrado capturar a todos los implicados. Nunca se me pasó por la cabeza organizar un espectáculo con este caso de tanta gravedad. Prueba de ello es que las reacciones han estado siempre a cargo de la Cancillería y del director del DAS.

Un mes después de este encuentro, el 21 de noviembre de 2000, Fujimori abandonó la Presidencia de la República, huyó del país y se radicó en Japón, donde obtuvo la nacionalidad por derecho propio, pues sus padres nacieron allí.

Nunca hubo certeza absoluta del destino que tuvieron los cuarenta mil fusiles AK-47 restantes del lote de cincuenta mil que Perú le compró a Jordania para entregárselos a las FARC. El coronel Jaramillo cree que no salieron de Amán y quedaron en las bodegas de las fuerzas militares jordanas.

La justicia colombiana inició un proceso penal contra Vladimiro Montesinos por el tráfico de las armas adquiridas en Jordania y desistió de él cuando Perú certificó en 2007 que lo había procesado y condenado a veinte años de prisión por esos mismos hechos y con las mismas evidencias del DAS suministradas por mi país.

Hasta hoy, ninguna gestión diplomática o investigación judicial ha podido certificar el valor exacto de la operación para la compra de los fusiles, aunque en despachos de prensa e investigaciones judiciales se habló de unos quince millones de dólares, de los cuales cerca de siete millones fueron, al parecer, la suma que recibió Jordania. El DAS solamente logró establecer que el pago fue hecho en Suiza por medio de una transferencia desde una cuenta de "el mercader de la muerte" a otra del gobierno jordano.

Las utilidades de los militares y funcionarios peruanos que intervinieron en la operación fueron pagadas en Perú con una parte del dinero que entregó el narcotraficante brasileño, Fernandinho, a cambio de un cargamento de cocaína que recibió de las FARC.

Alberto Fujimori nunca quiso rectificar su versión equivocada e insostenible sobre las armas adquiridas en Jordania.

IX
REUNIÓN SECRETA
DE CLINTON CON CUBA

En las postrimerías de mi gobierno, en el año 2002, auspicié en Cartagena de Indias una reunión con empresarios de diversas partes del mundo a los que agradecí por haber confiado en mi país invirtiendo en él de manera generosa. A otros los convoqué en el mismo evento para invitarlos a seguir el ejemplo de los primeros y aprovechar el estado de seguridad y confianza que Colombia prometía mantener, basado en el orden institucional y el fortalecimiento de las fuerzas militares y de policía, lo que logré consolidar en un esfuerzo sin precedentes.

Con ese evento también tuve el propósito de destacar que el fin del proceso de paz con las FARC no frustraría la existencia de las condiciones necesarias para que Colombia continuara una carrera de crecimiento económico que aun hoy se mantiene entre las primeras de América Latina.

La figura central del evento en Cartagena fue el prestigioso ex presidente de los Estados Unidos, Bill Clinton, declarado amigo y admirador de mi país desde cuando comenzamos a trabajar juntos para poner en marcha el Plan Colombia. No ha variado su encanto por la obra de Gabriel García Márquez, a quien ha descrito como "mi escritor favorito". La fascinante visión de una realidad mágica auténticamente colombiana, siempre presente en la obra de Gabo, además de su talento universal e insuperable, han marcado el vivo interés y la profunda amistad del ex mandatario con Colombia.

Bill Clinton llegó al evento con la reina Noor de Jordania y Luis Alberto Moreno (embajador de Colombia en Washington para ese momento), a bordo del avión particular de la familia Pritzker, de Chicago, dueña de la cadena de hoteles Hyatt y una de las más acaudaladas de Estados Unidos.

Uno de los primeros en llegar fue el magnate mexicano Carlos Slim, que estuvo presente en todos los actos programados, la mayor parte en el Centro de Convenciones de Cartagena.

La reunión de empresarios coincidió con otra que se desarrollaba en el Hotel Santa Clara de Cartagena, de Camilo Gómez, alto comisionado de paz, con una delegación cubana encargada de intermediar en el proceso de diálogos con la guerrilla del Ejército de Liberación Nacional (ELN) en busca de que dejaran las armas e ingresaran a la vida civil. Esa agrupación armada ilegal mantuvo abierta la opción de desmovilizarse a pesar del fin de las negociaciones con las FARC. El grupo cubano de buena voluntad lo encabezaba el propio canciller, Felipe Pérez Roque, joven político de las entrañas de Fidel Castro, quien ocupó ese cargo entre 1999 y 2009, y mantuvo estrechas relaciones de amistad y cooperación con Colombia.

Hice coincidir los dos sucesos con el objeto de tratar de satisfacer un pedido especial hecho por Fidel Castro con anticipación y bajo reserva absoluta: un encuentro confidencial de su canciller con el ex presidente Clinton.

Cerca de un año atrás, durante una reunión en Nueva York con Gabriel García Márquez y Julio Londoño Paredes, embajador de Colombia en Cuba, ambos le preguntaron a Clinton si estaría dispuesto a reunirse en algún momento con un delegado de Fidel Castro y no rechazó la posibilidad.

Al llegar a la ciudad, Pérez Roque me buscó para saludarme y trajo una solicitud inusitada.

—Presidente, ¿usted cree que sea posible una cita privada aquí, en Cartagena, con el presidente Clinton? Usted sabe que es un pedido especial del comandante Fidel —me indicó Pérez Roque con cierta solemnidad.

—No sé todavía, Felipe, pero voy a averiguar enseguida si existe la posibilidad.

—Debe ser una reunión de la que no se entere nadie —pidió.

—Haré mi mejor esfuerzo, Felipe. Más tarde le cuento si puedo lograr algo.

De entrada, supuse que sería difícil que Clinton tuviera una reunión con el canciller cubano. Si bien en ese momento ya no era presidente de Estados Unidos y eso le daba mayor libertad personal de acción, su enorme prestigio nacional e internacional podría verse perjudicado de todas maneras. Incluso, la principal damnificada, a lo mejor, sería su esposa, Hillary, quien se encontraba estrenando su cargo de senadora por el estado de Nueva York, que ejerció desde 2001 hasta 2009. No obstante, también podía ser posible que a Clinton le interesara encontrarse con uno de los contradictores más hostiles y enconados de los Estados Unidos para despejar dudas y saber qué lo animaba a hablar con él.

Estados Unidos y Cuba no tienen relaciones diplomáticas y Washington mantiene un embargo según el cual es ilegal cualquier trato comercial de personas y empresas estadounidenses con el régimen castrista. La única relación bilateral se mantiene a través de oficinas de intereses de ambos agregadas a las estructuras de las embajadas de Suiza en Washington y La Habana. Cuando Cuba pertenecía a España, Washington propuso comprar la isla y desde la independencia cubana, en 1902, Estados Unidos ocupa en la isla la Bahía de Guantánamo, que hace parte de la provincia del mismo nombre.

En cuanto Pérez Roque me hizo la propuesta se la consulté a Luis Alberto.

—Fidel Castro quiere que su canciller pueda reunirse en secreto con Clinton, ¿usted qué opina?

—Pregúntele a ver qué dice. A lo mejor le interesa —dedujo Luis Alberto.

Me dirigí al presidente Clinton apenas lo vi y le notifiqué el pedido cubano. No se sorprendió ni tuvo dudas.

—Bueno, pero que sea una reunión privada —pidió con su acostumbrada gentileza.

—Entonces, voy a hacer los arreglos para que puedan reunirse en privado, en la Casa de Huéspedes.

Enseguida le transmití a Luis Alberto Moreno la respuesta de Clinton y le pedí que dispusiera lo necesario para que se pudieran ver en medio de la mayor privacidad posible. Luego, busqué a Pérez Roque:

—Felipe, el presidente Clinton acepta gustoso reunirse con usted.

—Maravilloso. Muchas gracias, Presidente.

No hubo dificultades para concretar el histórico encuentro, hasta hoy secreto (de él sólo supimos el canciller, Guillermo Fernández de Soto, Luis Alberto Moreno, Julio Londoño, mi embajador en Cuba, y yo), excepto que Clinton no hablaba español ni Pérez Roque inglés. Pero este escollo fue solucionado por el propio Luis Alberto que ofreció ser el traductor.

Era el sábado 29 de junio de 2002, un día luminoso y tórrido de verano caribeño. Clinton estaba vestido de camisa clara y Pérez Roque de guayabera. El encuentro fue marcadamente amistoso y el ex presidente estaba en verdad satisfecho de compartir con el cubano.

Clinton mostró gran conocimiento de Cuba y su historia, y no lo tomó por sorpresa el tema que más inquietaba a Pérez Roque y, por consiguiente, a Fidel Castro: el embargo.

El canciller sugirió que Clinton pudiera llegar a ser una suerte de interlocutor informal y de buena voluntad entre Cuba y el gobierno de Estados Unidos para la eventual búsqueda de soluciones a las viejas y hondas diferencias entre los dos países.

Pérez Roque, además, invitó a Clinton a visitar la isla y el ex presidente le respondió con entusiasmo que tenía la ilusión de lograr una tertulia con Fidel y García Márquez, de quien no evita oportunidad para expresar su admiración.

Clinton se refirió de manera extensa al embargo y reveló que en la primera parte de su segundo gobierno tuvo la intención de encontrar la manera de levantarlo, para lo cual conversó con líderes del exilio radicados en Estados Unidos, de quienes escuchó sus inalterables y enfáticos argumentos para mantener bloqueada a la isla. No obstante esta oposición, mantuvo la voluntad de echar a andar un proceso con el fin de rehabilitar algún día las relaciones bilaterales, pero todo se echó a perder, explicó, pues cuando esto parecía progresar, la Fuerza Aérea Cubana derribó, en 1996, dos avionetas civiles del grupo de exiliados anticastristas "Hermanos al Rescate" y mató a sus cuatro ocupantes. Esta acción avivó el repudio nacional al régimen comunista y sepultó las esperanzas reales de mitigar el trato de Estados Unidos a la isla.

Durante esta reunión secreta de Clinton con el canciller cubano no hubo ninguna clase de acuerdo. Sirvió para que cada uno de los dos conociera de primera mano los criterios y el interés mutuo que siempre ha existido.

El encuentro se desarrolló en un salón de la Casa de Huéspedes (donde se alojó Clinton) que para ese momento exacto se encontraba casi completamente despoblada con el objeto de evitar cualquier filtración.

Al terminar, el ex presidente y el canciller se despidieron de manera amistosa y ambos partieron en lanchas distintas hacia el Centro de Convenciones de la ciudad. Clinton entró por un lado y, para evitar suspicacias de los periodistas, Pérez Roque ingresó por otro, improvisado a última hora, que resultó ser nada menos que la sala de prensa principal. Los reporteros congregados allí, que escribían en sus computadores o hablaban por teléfono con sus jefes para coordinar sus despachos informativos, voltearon a mirarlo. Algunos no lo reconocieron y otros solamente lo vieron aparecer en la puerta y, aturdido, desaparecer de inmediato, como si hubiera tratado de entrar por equivocación al baño de las damas. Ninguno sospechó nada de su presencia inesperada a pesar de no ser un empresario ni Cuba figurar en ningún punto de la agenda.

Solamente mi colega colombiana y gran amiga Cecilia Orozco abrió los ojos con malicia y le comentó a Camilo Gómez: "Me parece muy raro que Clinton y Pérez Roque hayan estado al mismo tiempo aquí, en Cartagena".

Clinton fue el plato fuerte del encuentro de empresarios, todos querían conversar con él e intervino ante ellos de manera generosa para invitarlos a invertir en Colombia con la certeza de que el futuro del país sería seguro y promisorio como el de pocos. Igual que a los demás invitados, le fue puesta en la muñeca derecha una pulsera de hilo con los colores de la bandera colombiana.

—No debe quitársela nunca. Los indígenas de la Sierra Nevada de Santa Marta recomiendan tenerla puesta hasta el día en que solamente el desgaste la haga caer —le expliqué.

Clinton no solamente llevó la pulsera durante toda su estadía, sino que aún hoy la mantiene puesta.

Recientemente, cuando sufrió un infarto y debió ser sometido a una cirugía de urgencia, los médicos alistaron unas tijeras para quitársela por razones de higiene, pero él, en medio del dolor, se opuso de manera tajante y no hubo más remedio que esterilizarla.

Estas manillas con el tricolor colombiano resultaron de una propuesta que me hizo mi buen amigo el publicista de Medellín Juan Carlos Molina tan pronto se terminó el proceso de paz con las FARC. Tenían el propósito de expresar amor y solidaridad con el país y a los pocos días de haber comenzado su producción millones de personas las llevaban y las siguen llevando sin conocer muy bien su origen.

Durante una cena de gala que ofrecí en el Castillo de San Felipe de Bajaras, Clinton tocó el saxofón y en una reunión privada posterior nos encontramos con el presidente electo, Álvaro Uribe, a quien saludó y aconsejó mantener las relaciones con Estados Unidos bajo un criterio de amistad bipartidista, que fue la clave para sacar adelante el Plan Colombia durante mi gobierno.

En compañía del canciller Guillermo Fernández de Soto y de Julio Londoño, Uribe, invitado especial por mí a Cartagena, también se reunió en privado con Pérez Roque, de quien recibió la promesa de Fidel Castro de continuar cooperando en los esfuerzos por la paz que quisiera poner a andar durante su próximo gobierno. Durante esta tertulia, el presidente electo anunció que ratificaría al embajador colombiano en La Habana.

La reunión reservada entre Clinton y el canciller cubano en Cartagena muestra la exitosa política internacional de mi gobierno en beneficio de los intereses nacionales. Logró un balance perfecto al tener simultáneamente las mejores relaciones históricas con Estados Unidos y Cuba. Dos interlocutores fundamentales para Colombia en ese momento.